姿勢と動きのコンディショニング

スポーツ障害予防の教科書

動きケア® パーソナルトレーナー
土屋 真人 著

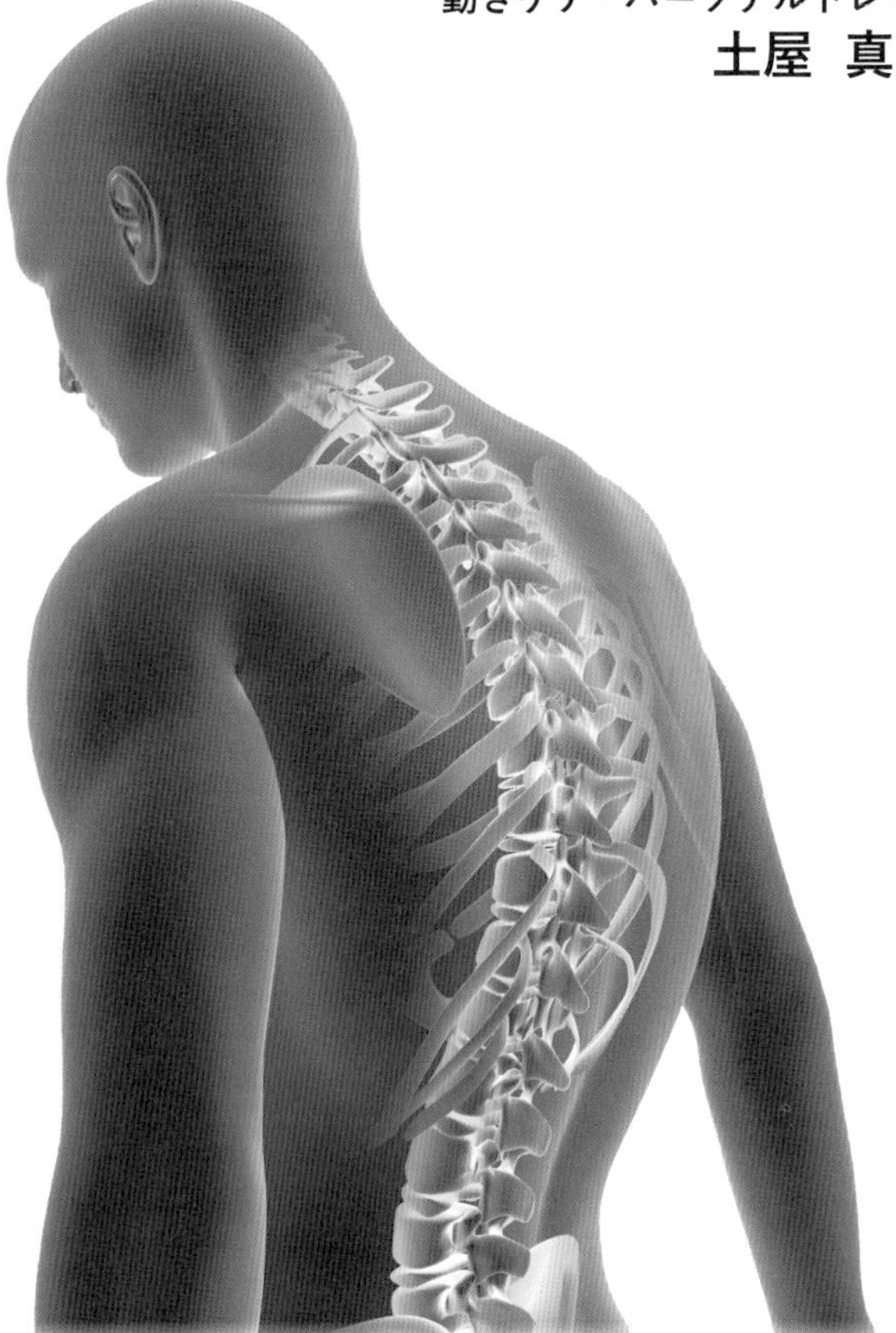

日本文芸社

はじめに

大きなケガで夢をあきらめないために

　高いレベルを目指して一生懸命に練習してきた子どもたちや学生アスリートの皆さんが大きなケガをして夢をあきらめた話を今まで何度も耳にしました。これは本当に残念なことです。スポーツをすれば小さなケガはつきものかもしれませんが、夢をあきらめるような大きなケガは何とか避けたいものです。

　大学院でスポーツ障害予防を学び、現場や選手を長年みてきた経験から、大きなケガを回避し、ハイレベルなパフォーマンスを発揮する選手には2つの共通の特徴があると感じています。そのひとつが「身体のつくり」を

理解し、自身の身体への意識が高いことです。ふたつ目は、「身体の部分だけでなく、全体をみる」ことができ、全体のバランスを大切にするということです。今、トップレベルで活躍する選手たちから発信される言葉やトレーニング内容からもこのことは納得していただけると思います。

本書では、現場に活かすための「身体のつくり」のとらえ方や「部分だけでなく、全体もみる」こともわかりやすくまとめています。「トップレベルを目指したい」「ケガで夢をあきらめたくない」という選手の皆さん、サポートする指導者の方、父兄の方にも手に取っていただけたら幸いです。そして本書を活用し、夢に近づいていただけたら、とても嬉しく思います。

土屋真人

PROLOGUE

スポーツ障害予防の教科書

姿勢と動きのコンディショニング

CONTENTS

PART 2 動きケア®による予防と改善

PART 3 自分の身体チェック

PART 4 部分・動きケア®エクササイズ

PART 5 連動エクササイズ

本書に出てくる用語解説

本書では動きケア®でよく使っているものの、一般的にはなじみのない用語が出てきます。それぞれの用語については各ページで詳しく解説しますが、まずは簡単に用語の意味をまとめました。本書を読み進める前に目を通していただくと、より理解が深まります。

動きケア®

「身体の部分や全体の動きを整え調整する」ことによって、すべての人に必要な動き・姿勢・習慣を身体に負担がかからないものに変え、痛みや不調を改善し、楽に身体を動かせるようにするメソッド

部分分け

動きケア®（ベーシック）では人体を10の部分に分けて見ていく。

○部位運動

痛みや不調がある部位以外の部位の運動を指す。対して×部位運動は痛みや不調がある部位の運動を指す

○方向運動

2つの意味がある。ひとつは「動かしやすい」「よく動く」「気持ちいい」などの快感覚がある方向への運動という意味。もうひとつは、「痛い」「動かしにくい」「違和感がある」などの不快感覚がある方向運動の逆の運動という意味である

△方向運動

痛みはないけどやりにくさなど不快感を伴う方向への運動

×方向運動

痛みを感じる方向への運動

上虚下実

肩の力が抜け、おへその下あたりに力が集約し、重心が下がってどっしりと地に足がついている状態

下虚上実

肩に力が入り、足腰がふらふらして力が入らない、重心が上がって浮足立っている状態

序章

動きケア®とは

動きケア®の基本的な考え方

本来持っている動きができれば我々は元気で活動的である

動きケア®とは、「身体の部分や全体の動きを整え調整する」ことによって、すべての人に必要な動きや姿勢、習慣を身体に負担がかからないものに変え、痛みや不調を改善し、楽に身体を動かせるようにするメソッドになります。この序章では、動きケア®の基本的な考え方について述べていきます。

動きケア®の前提にあるのは、「身体は動くべきところが、動くべき方向へ、十分なだけ動くこと。それによって身体の各部がそれぞれの役割を果たし、身体全体が協調して動けば、本来我々は元気で活動的である」ということです。もう少し詳しく解説しましょう。身体の各部それぞれが役割を果たすとは、各部の基本運動が不快感や痛みを伴うことなく十分な可動域で動かせる（力が出せる）ことを意味します。また、身体全体が協調して動くとは、スムーズな複合運動で動かせたり、各部をスムーズに連動させることができることを意味します。複合運動についてですが、野球の投球動作に例えるとただ単に腕を振る動作ではなく、腕を外旋（外側にねじる）させた状態から内旋（内側にねじる）するように腕を振ります。これは各部位の基本運動と呼ばれる運動が合わさっているのです。こうした動きを複合運動と呼びます。また下半身や上肢、肩甲帯や指先など、様々な部位が連動します。

本来持っている機能が発揮できないと痛みや不調が…

逆説的になりますが、現在身体に痛みや不調を抱えている方は、①身体各部の基本運動のいずれかに不快感や痛みがあったり、十分な可動域で動かせない、②スムーズな複合運動（基本運動の複合運動）で動けない、③スムーズな連動（身体各部の連動）で動けない（力が出ない部位がある）、といった状態にあることが多いのです。別な表現をすると「本来動くべきところが、動くべき方向に、十分に動いていない。そのため本来の複合運動や連動の動きがスムーズにできなくなっている」ことになります。

動きケア®はこのような状態を改善することが目的であり、そのための具体的な方法を本書のなかで紹介していきます。

動きケア®の前提、「身体は動くべきところが、
動くべき方向へ、十分なだけ動くこと。
それによって身体の各部がそれぞれの役割を果たし、
身体全体が協調して動けば、
本来我々は元気で活動的である」
ということ

動きケア®による人体の分け方と部位ごとの基本運動

身体の部位を10に分ける

動きケア®では、人体を10の部分に分けて見ていきます（左のイラスト）。詳細については66ページから紹介しますが、ここでは概略をつかんでいただけたらと思います。

このように部位分けをしたら、部分的に十分に動いていないところを動くようにし、最終的には連動によって本来の動きへ仕上げていきます。ここでポイントとなるのは、痛い部位を無理に動かさないことです。例えば肩に痛みがある場合には肩を無理に動かさず、その上下に位置する部位を動かします。それは「胸郭部」や「肩甲帯」、「骨盤部」や「股関節」になります。どこかの部位に痛みがある場合、その上下の部位の動きが不十分であったり、可動域が狭くなっているケースが多いのです。そして上下の部位の基本運動を行うことで本来の動きを取り戻し、痛みや不調を改善します。

人はどこかに痛みや不調がある場合、習慣（動きや姿勢）のなかに過度の負担がかかる癖ができてしまっています。その動きや姿勢を基本運動や複合運動、連動を通じて本来の動きや姿勢に戻すのです。つまり、身体を整える発想によって行う運動が動きケア®になります。

それぞれの部位ごとの基本運動は14、15ページにまとめました。チェックの仕方や基本運動の詳細は後ほど説明します。

1 ▶ 身体を10の部位に分ける

↓

2 ▶ 十分に動いていない部位を動くようにする

↓

3 ▶ 連動によって本来の動きへ仕上げる

身体の部分分け

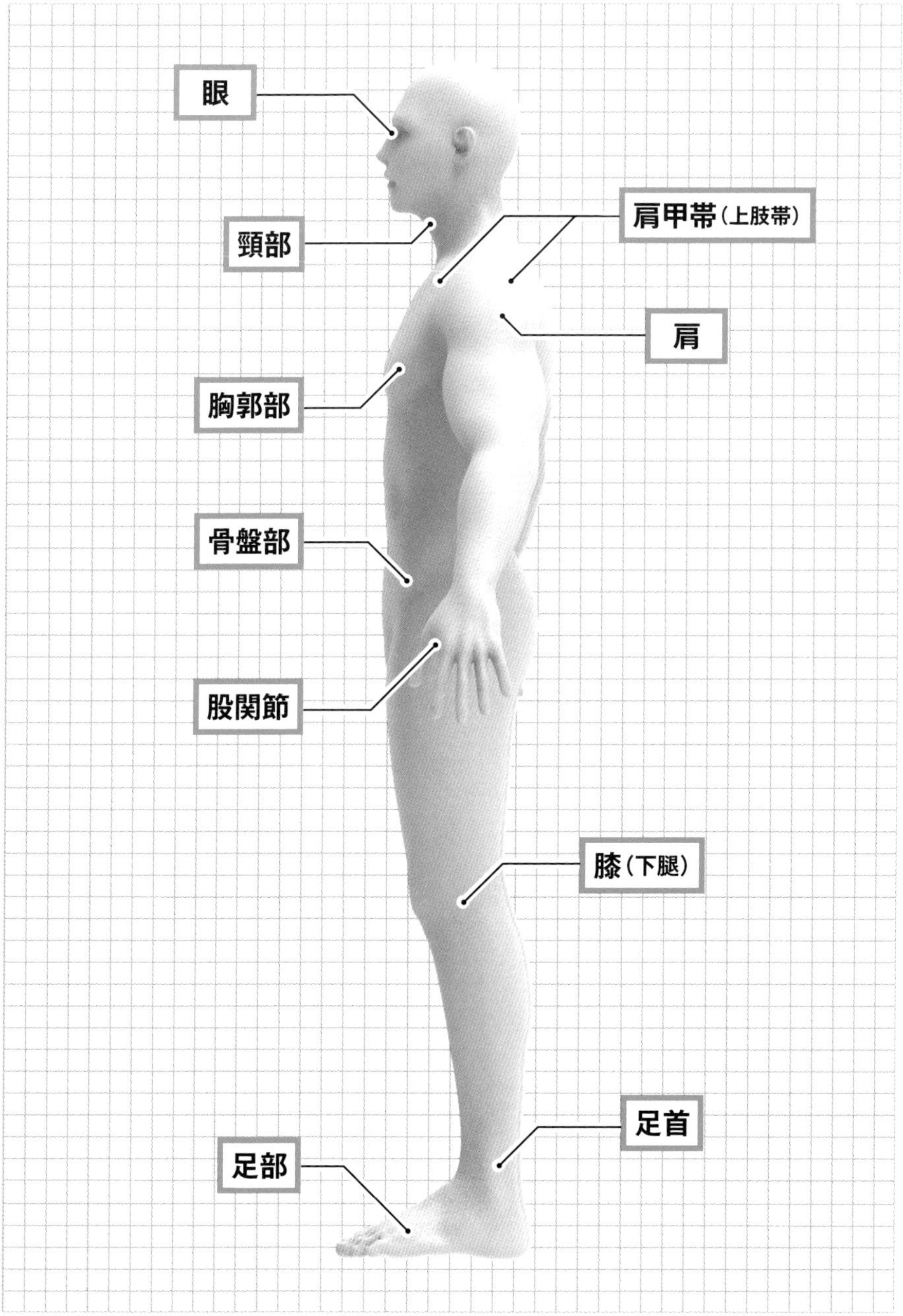
眼
頸部
肩甲帯（上肢帯）
肩
胸郭部
骨盤部
股関節
膝（下腿）
足首
足部

部位	基本運動
眼 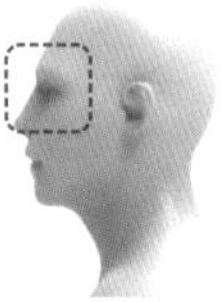	❶上 ⬌ ❷下 ❸左 ⬌ ❹右 ❺左斜め上から右斜め下（右斜め下から左斜め上） ⬌ ❻右斜め上から左斜め下（左斜め下から右斜め上） ❼右回し ⬌ ❽左回し ❾寄り目
頸部 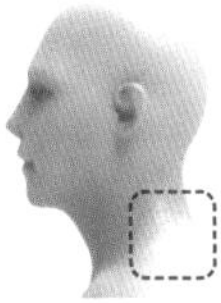	❶屈曲 ⬌ ❷伸展 ❸左側屈 ⬌ ❹右側屈 ❺左回旋 ⬌ ❻右回旋 ※チェックでのみ使う
胸郭部 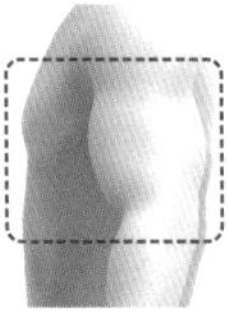	❶屈曲 ⬌ ❷伸展 ❸左回旋 ⬌ ❹右回旋 ❺左側屈 ⬌ ❻右側屈 ❼拡大 ⬌ ⑧縮小
肩甲帯（上肢帯） 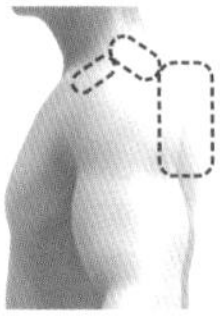	❶挙上 ⬌ ❷下制 ❸外転 ⬌ ❹内転 ❺上方回旋 ⬌ ❻下方回旋
肩 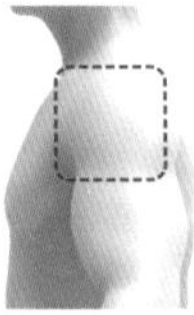	❶屈曲 ⬌ ❷伸展 ❸外転 ⬌ ❹内転 ❺外旋 ⬌ ❻内旋 ❼水平屈曲 ⬌ ❽水平伸展

各部位の基本運動（動きケア®・ベーシック編）

部位	基本運動
骨盤部 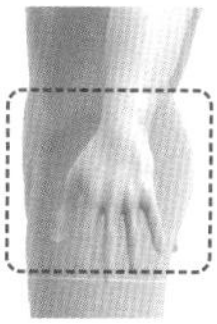	①前傾 ⬌ ②後傾 ③左上傾け ⬌ ④右上傾け ⑤腹圧
股関節 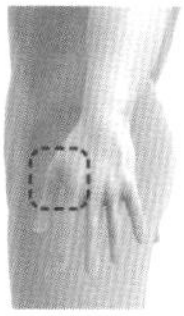	①屈曲 ⬌ ②伸展 ③外転 ⬌ ④内転 ⑤外旋 ⬌ ⑥内旋
膝（下腿） 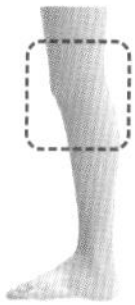	①屈曲 ⬌ ②伸展 ③外旋 ⬌ ④内旋 ※③④は膝屈曲時のみ
足首 	①背屈 ⬌ ②底屈 ③外がえし ⬌ ④内がえし ⑤外旋 ⬌ ⑥内旋
足部 	①外がえし ⬌ ②内がえし ③外転 ⬌ ④内転 ⑤足指屈曲 ⬌ ⑥足指伸展

Column

コラム 1

麻酔科医からみた動きケア®

動きケア®を実践、指導くださっている麻酔科医・医学博士の岡本隆行先生は、動きケア®を次のようにみていらっしゃいます。「動きケア®は理論と技術の発展に欠かせない情報、実践の共有を広く可能にするものであると確信しています。その理由は、簡潔に言うと 1. 筋の持つ基本的な動きの原理に基づいている 2. 人体の動的構造に則して全体が組み立てられている 3. 部分から始めて、常に全体へと繋がるように構成されている 4. 自覚的にはもちろん、他覚的にも結果、効果が検証できる 5. 部分と全体が有機的につながっているため、道筋が検証できる動きケア®は発展性、普遍性のあるシステムとしてとてもよく考えられています。観察→評価→介入→再評価と検証→観察→部分から全体へ、全体から部分へとこのサイクルを回すことで、全体を見失うことなく前に進んでいくことができます。また、各段階がとてもわかりやすく出来ていて、自身で容易に評価することができ、その評価をクライアントはもちろん第三者とも共有、発展させることが出来ます。すでに活躍されているトレーナーや施術のプロの方もぜひご自身の身体で体感していただきたいです。考え方や技術の進歩に繋がるような何かしらのヒントが必ず得られるものと思います。」

私が動きケア®を構築し始めてから30年以上が経ちました。構築するにあたり、2つのフィルターを常に通してきました。ひとつめは、「身体のつくり、しくみ」に照らし合わせて説明できるものであること。ふたつめは、自分が行ってみて成果があがったものであること、です。私は、50年以上のスポーツ活動の中で、幸いにも（？）足部、足首、膝、股関節、腰、胸郭部、肩、肩甲帯、首、眼、すべてのケガ・故障、不調を経験しています（笑）本書で動きケア®の内容をできるだけわかりやすくまとめました。ぜひ、お役立てください。

PART 1

姿勢の見方と基本運動

立位姿勢をみる基準① 前後

姿勢を判断するポイントも〝動き〟だった

立位姿勢をみる場合、姿勢だけで判断し、「正しい姿勢に気をつける」ことで改善しようとするやり方が多いように感じます。しかし、「姿勢の固定化」がある場合、このやり方は時間がかかり、うまくいきません。「姿勢の固定化」とは、特定の筋がこわばっていたり、弱くなっている状態が長く続いている状態です。この状態のままで、正しい姿勢に戻して維持しようとすること自体、たいへんなストレスがかかり、うまくいかないのです。「姿勢の固定化」の有無は〝動き〟を使って判断します。

それでは、まず、立位姿勢の骨盤前傾具合から姿勢をみてみましょう。この判断には、骨盤前側の突出部（＝上前腸骨《じょうぜんちょうこつ》棘《きょく》）と後側突出部（＝上後腸骨棘《じょうこうちょうこつきょく》）を使います。19ページのイラストのように、横からこの突出部と突出部を結んだ線の傾きを見ます。この傾きの後ろの幅が指一本分（1㎝程度）であれば標準的な骨盤前傾具合、それより大きい場合は骨盤過前傾、それより小さい場合は骨盤後傾と判断してみてください。

続いて動いてみて、「姿勢の固定化」を確認してみましょう。ここでは、20ページのように四つばい位になり、腰を反らす・丸める動きを使います。骨盤過前傾姿勢の場合、腰を反らした時痛みを感じたり、腰を丸める動きの可動域が少なくなっていたら、骨盤過前傾姿勢が固定化している可能性があります。

また、骨盤後傾姿勢の場合、腰を丸めた時痛みを感じたり、腰を反らす動きの可動域が少なくなっていたら、骨盤後傾姿勢が固定化していると判断できます。

姿勢チェックで、骨盤過前傾姿勢や骨盤後傾姿勢と判断されても、腰を反らしても丸めても痛みがなく十分な可動域で動かせる場合は「姿勢の固定化」はないので、「正しい姿勢」に気をつけるだけで改善できるでしょう。しかし、「姿勢の固定化」がある場合は、こわばりが固定化している筋などをゆるめたり、弱くなっている筋に力がでるようにしてあげないと姿勢の改善もうまくいかないのです。

このように姿勢チェックでは、姿勢だけで判断するのではなく、動きと合わせて判断することがとても重要になります。

立位での骨盤の傾きチェック

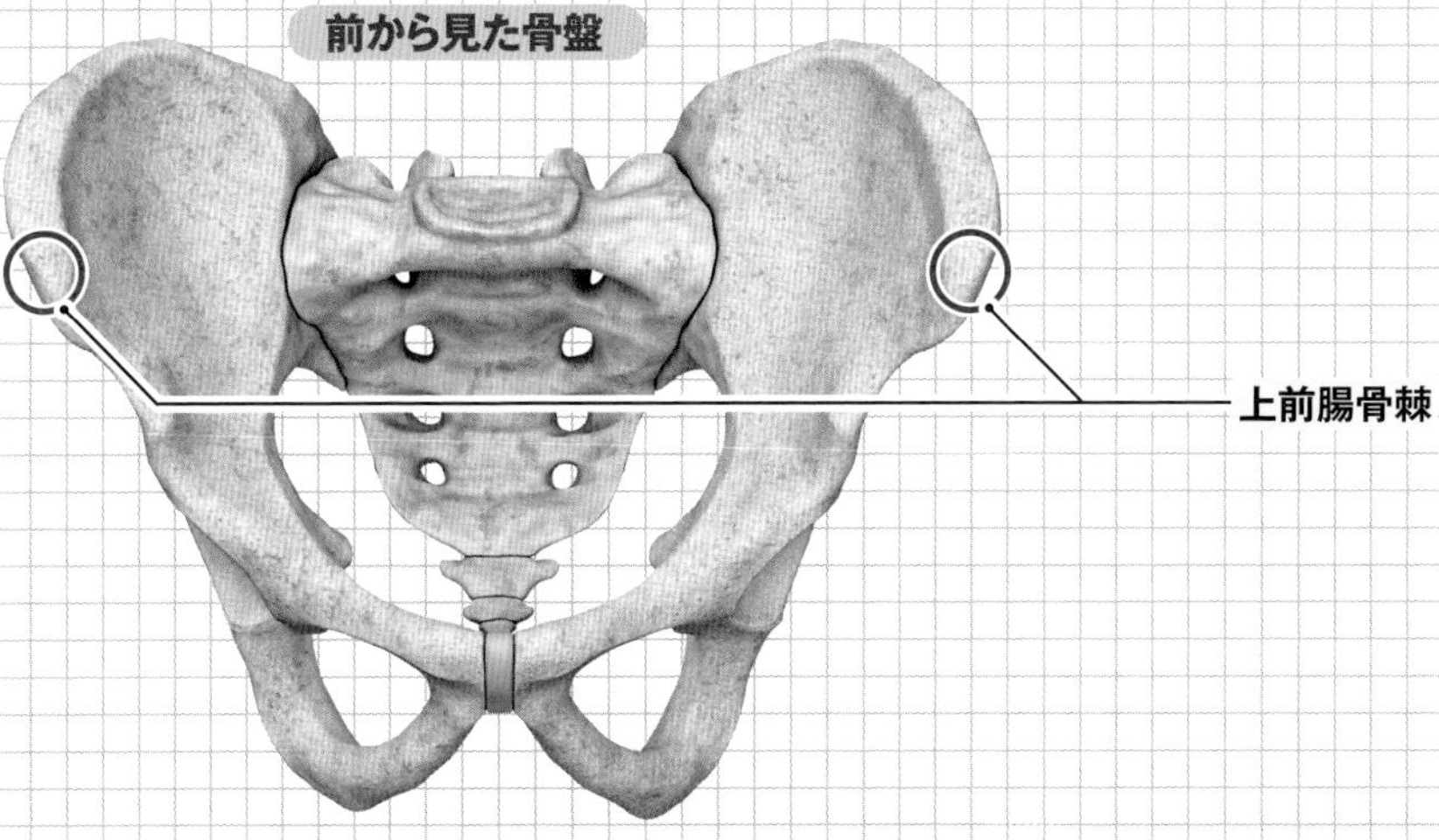

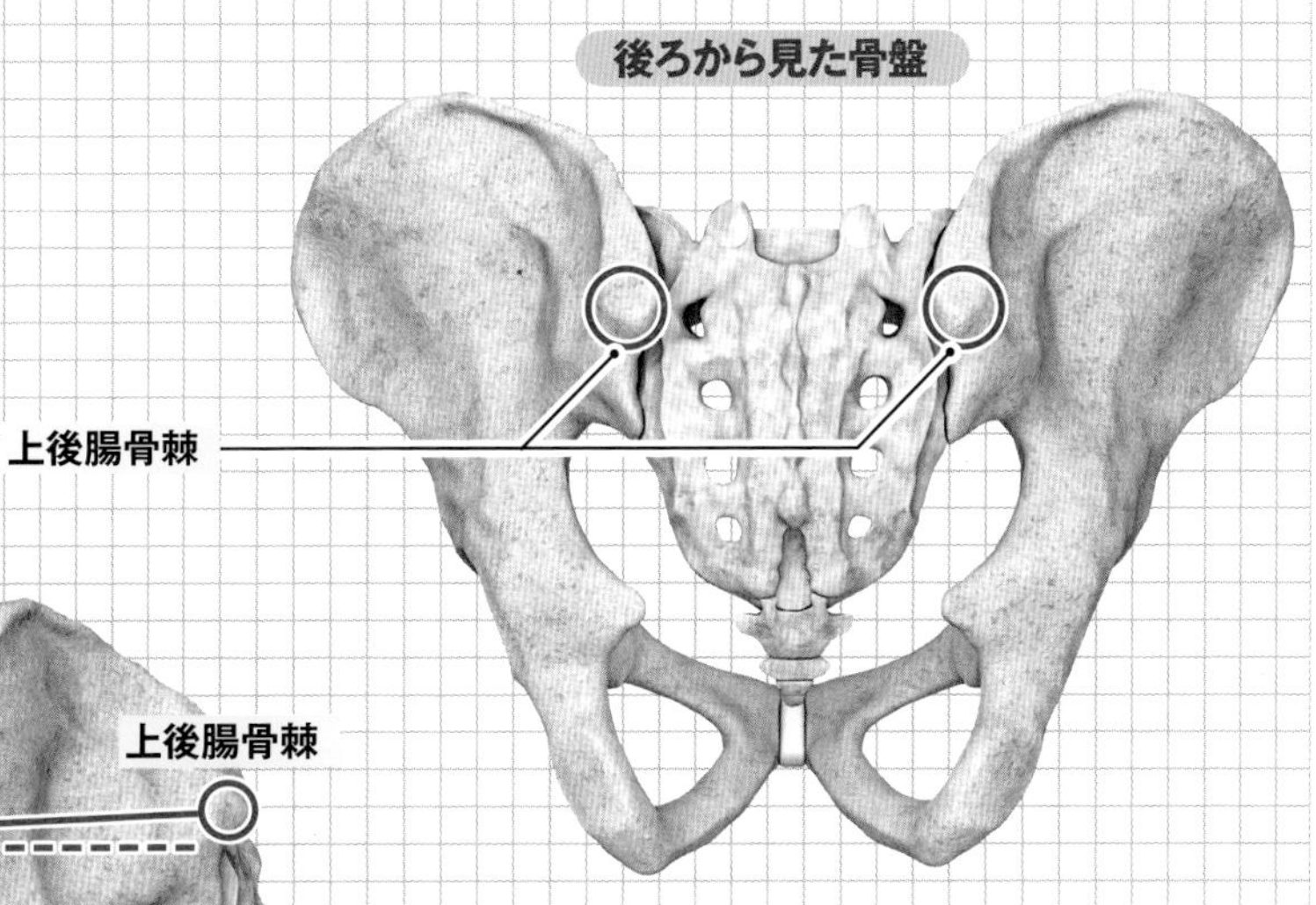

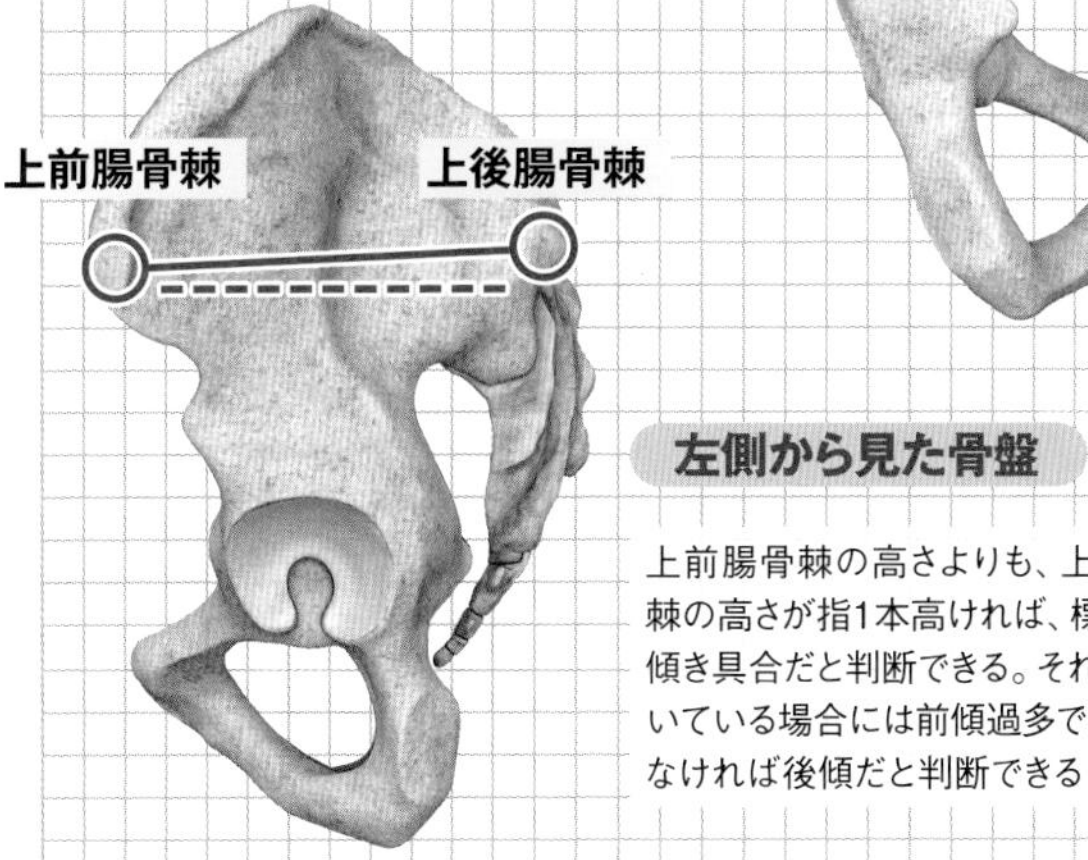

上前腸骨棘の高さよりも、上後腸骨棘の高さが指1本高ければ、標準的な傾き具合だと判断できる。それ以上傾いている場合には前傾過多であり、少なければ後傾だと判断できる

四つばい位になり腰部を反らせる

可動域が少ない例 ✕

標準的 ○

四つばい位になり腰部を丸める

可動域が少ない例1 ✕

背中の輪郭に直線部がある。背筋にこわばりがあるかもしれない

標準的 ○

可動域が少ない例2

骨盤の立ち方が少ない。腹部筋が弱いかもしれない

股関節の筋と立位姿勢

骨盤過前傾姿勢 ×

➡こわばり(柔軟性の低下)があるかもしれない筋
①腸腰筋　②恥骨筋
③縫工筋　④大腿直筋
⑤大腿筋膜張筋
⑥小殿筋 など

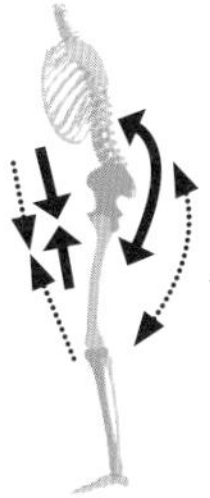

➡筋力低下があるか、筋力低下しやすい筋
①大殿筋　②大腿二頭筋
③半腱様筋　④半膜様筋
⑤深層外旋六筋 など

骨盤後傾姿勢 ×

➡筋力低下があるか、筋力低下しやすい筋
①腸腰筋　②恥骨筋
③縫工筋　④大腿直筋
⑤大腿筋膜張筋
⑥小殿筋 など

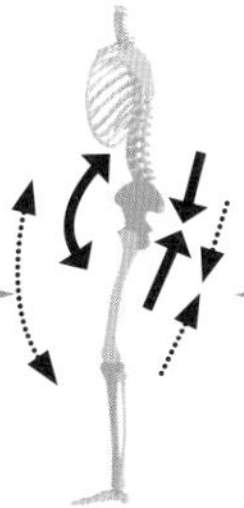

➡こわばり(柔軟性の低下)があるかもしれない筋
①大殿筋　②大腿二頭筋
③半腱様筋　④半膜様筋
⑤深層外旋六筋 など

○

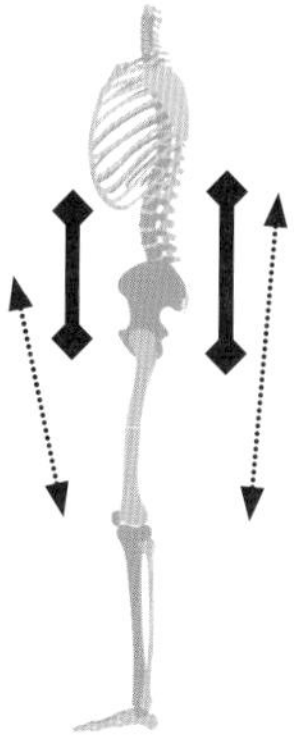

標準的

前後の筋肉が適度に力を発揮し、適度に緩んでいる状態

体幹の筋と立位姿勢

骨盤過前傾姿勢 ×

➡筋力低下があるか、筋力低下しやすい筋
①腹直筋　②外腹斜筋
③内腹斜筋 など

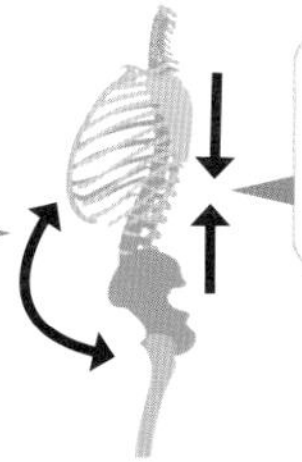

➡こわばり(柔軟性の低下)があるかもしれない筋
①脊柱起立筋
②短背筋群 など

骨盤後傾姿勢 ×

➡こわばり(柔軟性の低下)があるかもしれない筋
①腹直筋　②外腹斜筋
③内腹斜筋 など

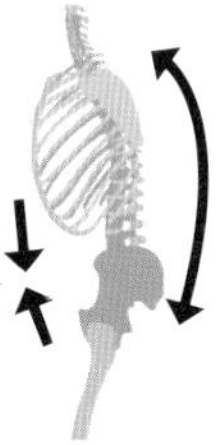

➡筋力低下があるか、筋力低下しやすい筋
①脊柱起立筋
②短背筋群 など

○

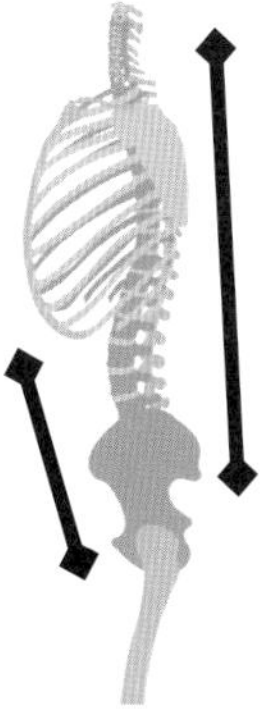

標準的

前後の筋肉が適度に力を発揮し、適度に緩んでいる状態

立位姿勢をみる基準② 左右

左右のポイントの水平さ&背骨と動きで左右傾きをチェック

立った姿勢で左右のバランスを見る場合には、次の部位をポイントにします。

その部位とは耳たぶ（耳垂）、肩先（肩峰）、骨盤の上端（腸骨稜の最上部）、膝のお皿（膝蓋骨）になります。（23ページ）。

基本的にはそれぞれのポイントが水平になっているかが基準になります。もう一つ後ろから背骨の配列もみてみましょう。ここでは、背骨（椎骨）の配列をS字や逆S字、C字や逆C字と表わしています（24ページ）。後ろからみた背骨の配列はほぼ真っすぐになっていることが標準的です。

続いて動きのチェックをします。四つばい位になってもらい、左右それぞれからお尻の方を見るように、胴体を横曲げ（側屈）してみます。（25ページ）。この時、左右の可動域に差がなく、つっぱり感なども感じないようなら、姿勢は固定化していないので、姿勢改善のためには正しい姿勢に気をつければ大丈夫なレベルと考えられます。

ところが次のようなケースもあります。先ほど立位で基準にしたポイントが左の写真☒のように傾いていたとします。

その場合には25ページの写真☒のように胴体の左側の筋が本来よりも短くなっているので、そのあたりの筋などがこわばっている（＝反対側の筋は力を出しにくくなっている）可能性があります。動きチェックで右側へ胴体を側屈すると反対側より可動域が少なかったり、つっぱり感を感じたりすると、その状態が固定化している、つまり、「姿勢の固定化」があると判断できます。この場合は、正しい姿勢に気をつけるだけでは、改善まで時間がかかるレベルです。筋にこわばりがある、筋が十分に力を発揮できない状態は、〝動き〟にあらわれます。姿勢が固定化している場合、関係している関節が本来できるはずの基本的な運動が十分にできなくなっている場合がほとんどです。

逆に言えば、その姿勢に関係している関節の基本運動を十分にできるようにしてあげることで固定化した姿勢を改善することができるのです。このあたりはまだまだ一般的になっていない考え方かもしれません。スポーツ傷害予防のために上手に役立ててほしいと思います。

立位での左右の傾きチェック

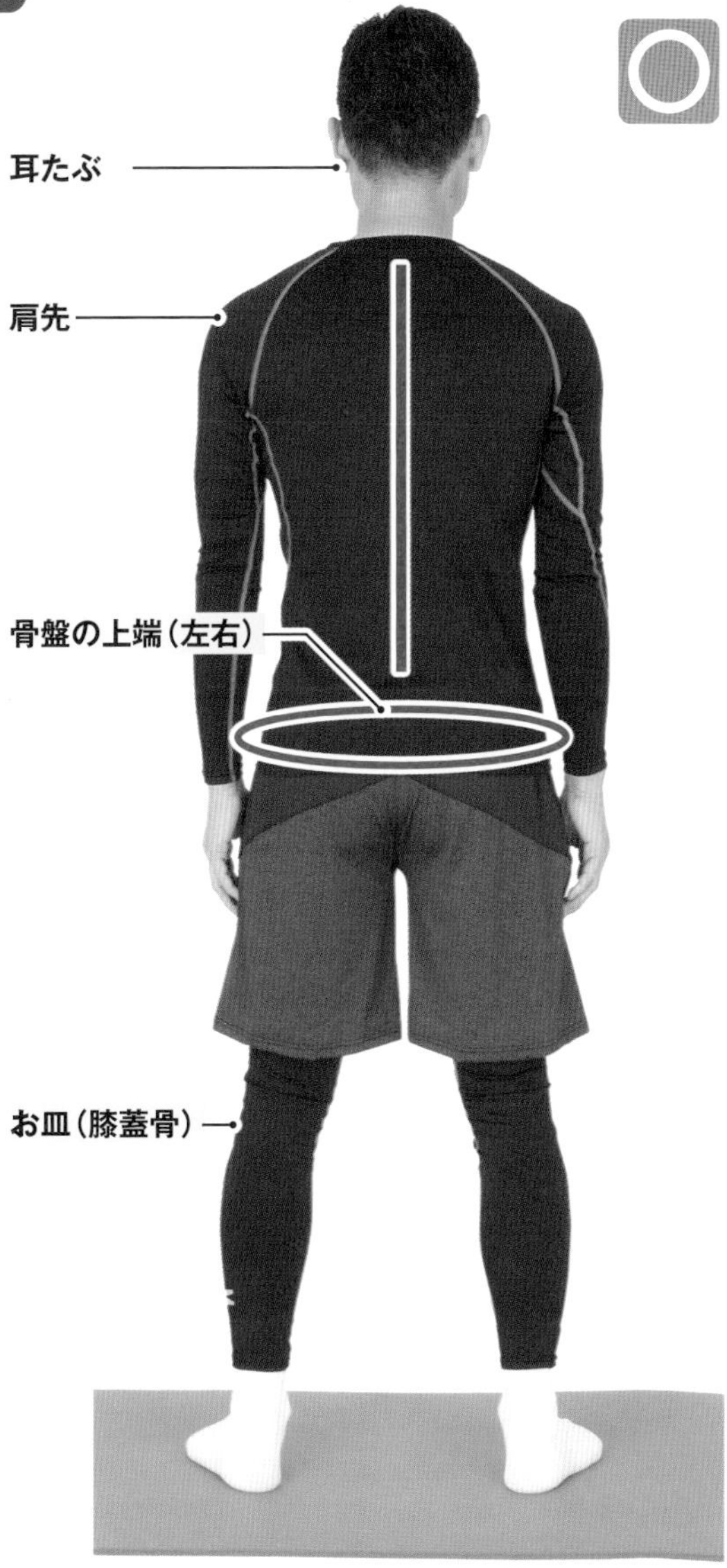

これら左右の箇所が
ほぼ水平に近ければ
標準

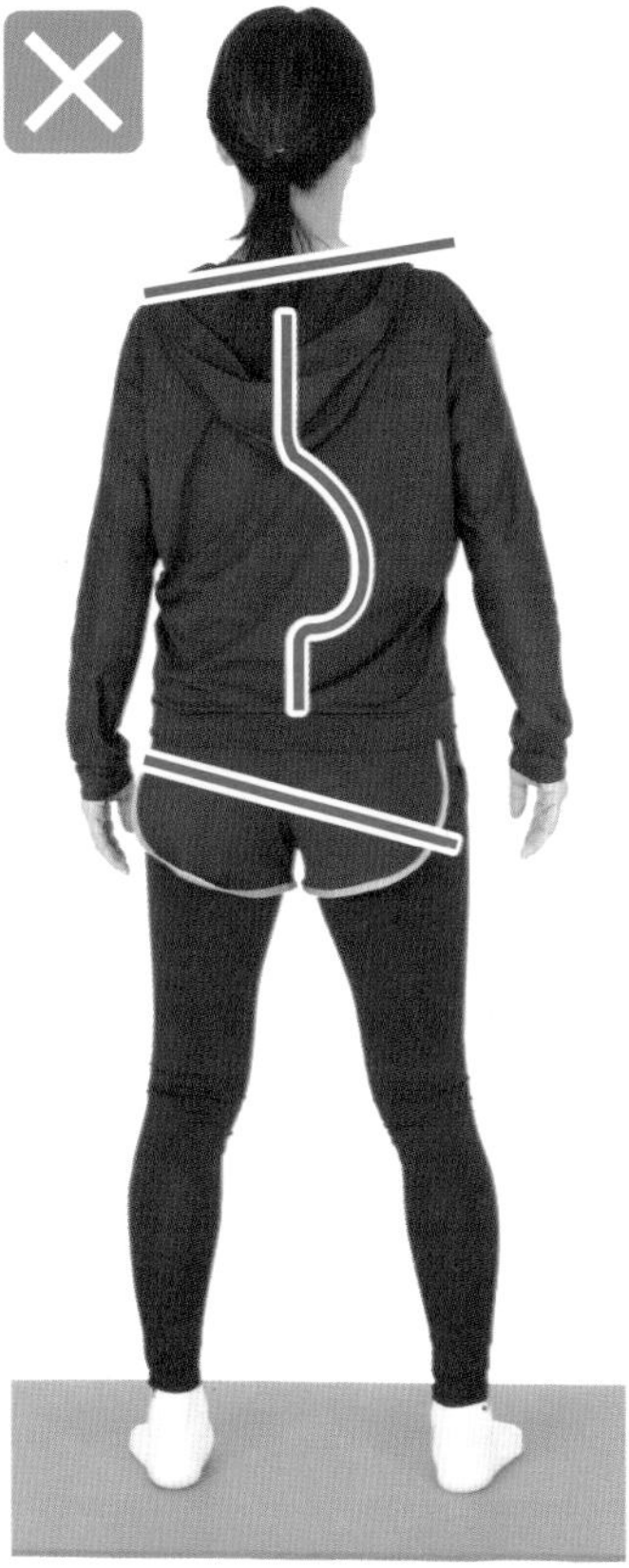

多かれ少なかれ多少
の左右差がある。これ
らの傾きのチェックと
同時に背骨の配列も
見る必要がある

いろいろな背骨（椎骨）の配列

S字

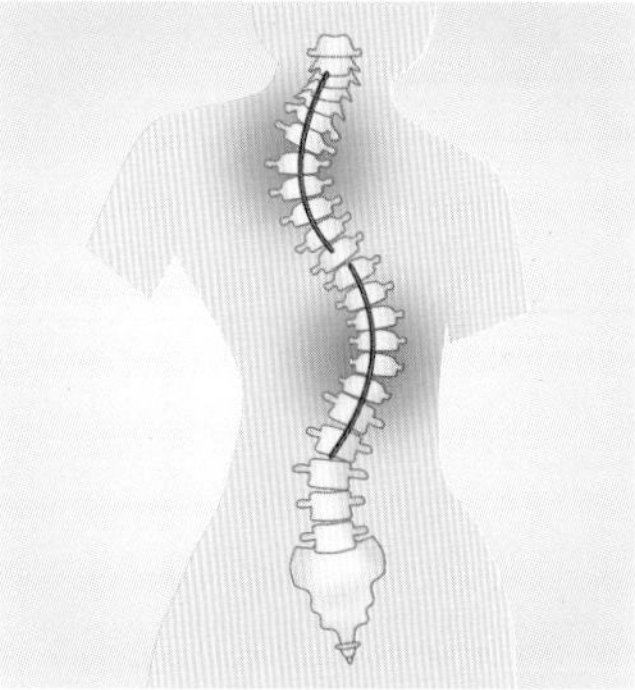

逆C字

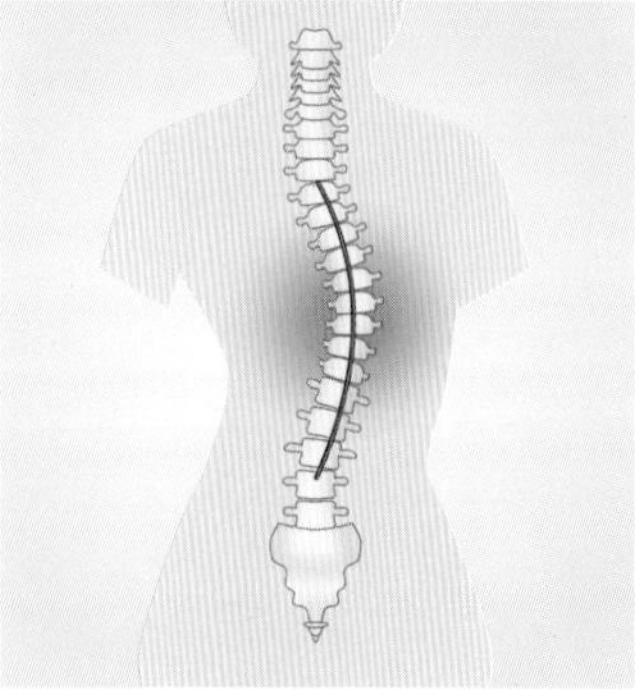

C字

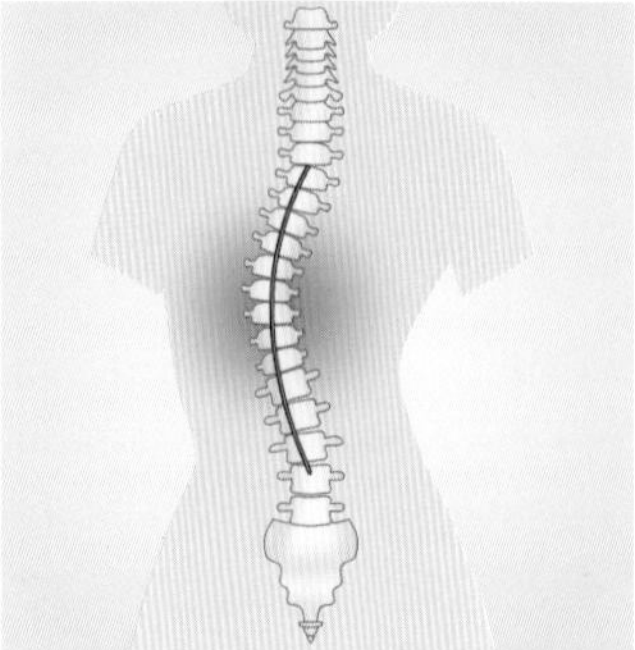

正常

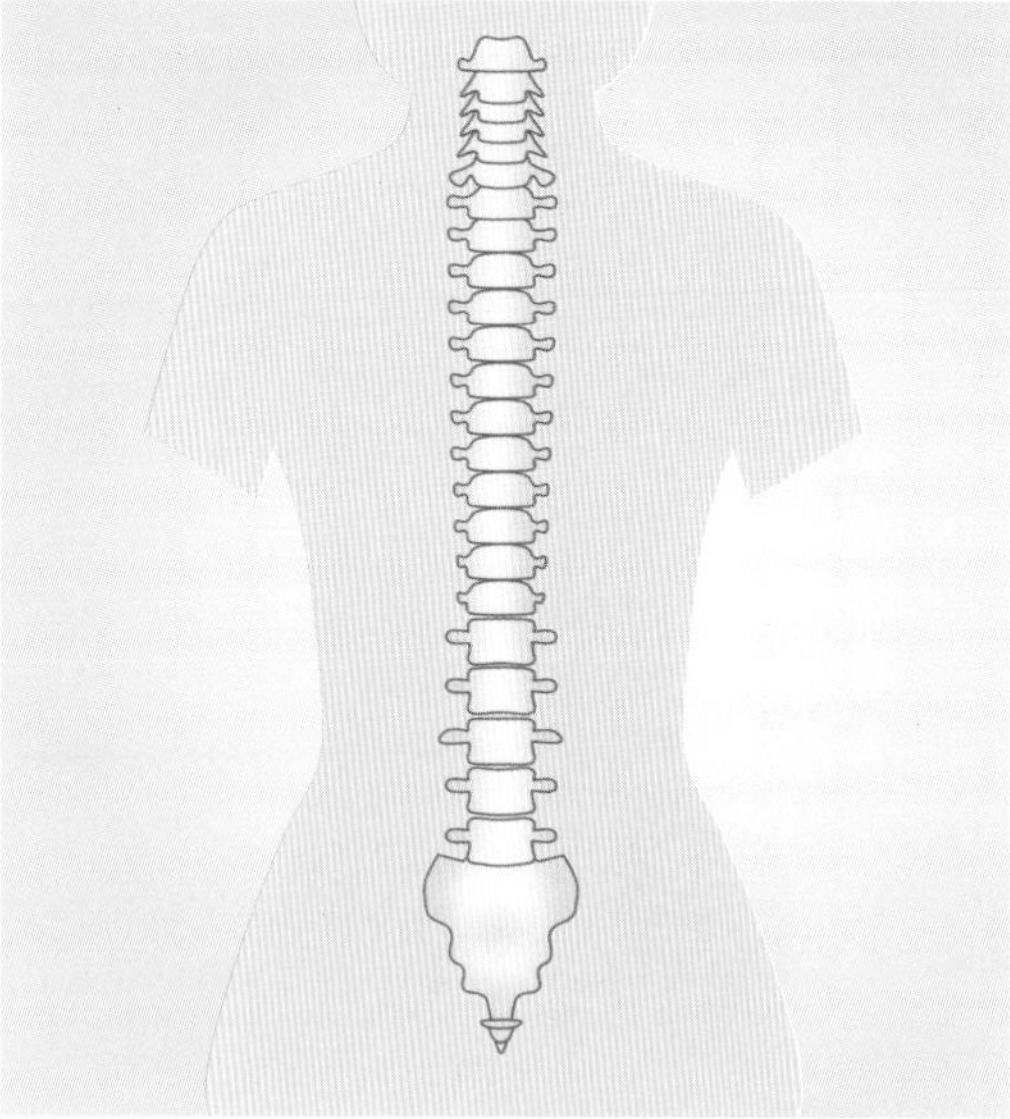

逆S字

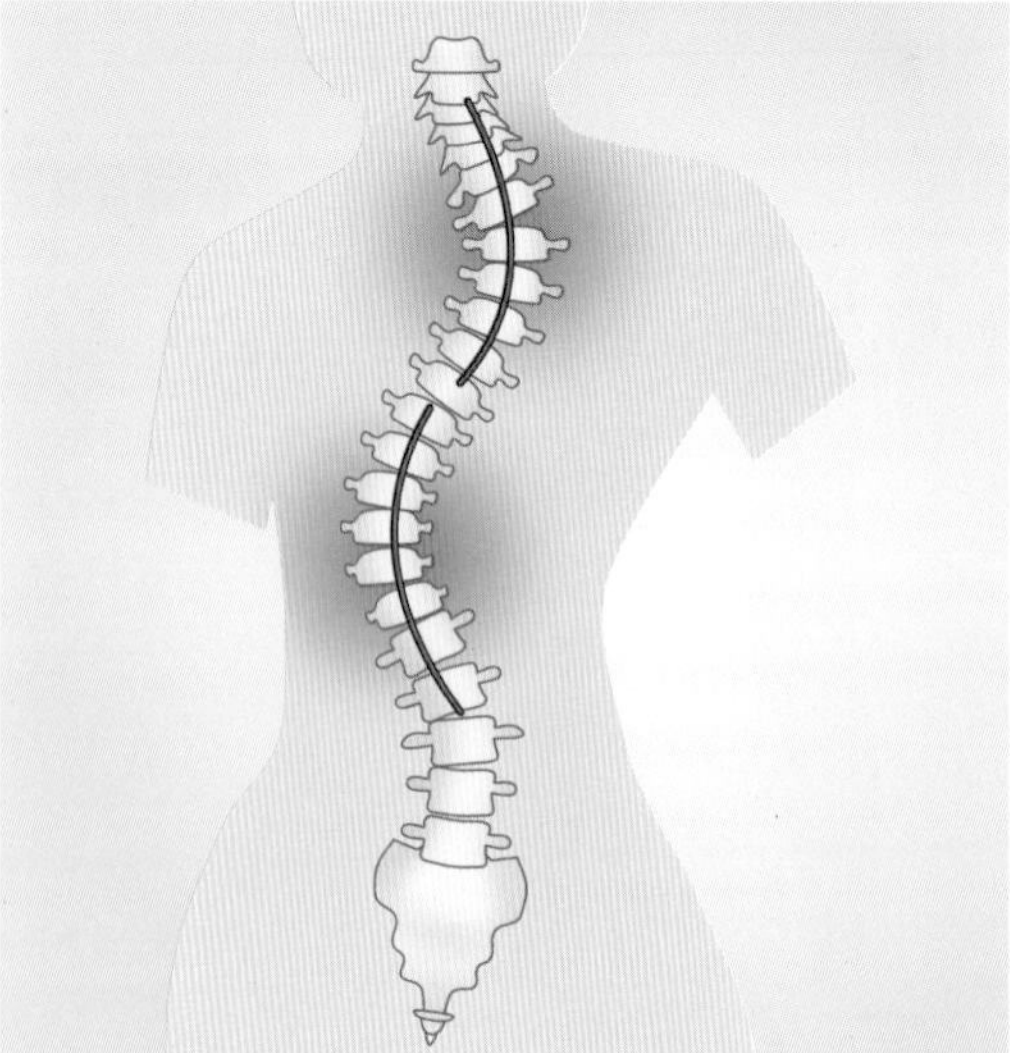

背骨（椎骨）の配列も見て左右のバランスを確認する

四つばい位で左右バランスの動きチェック

横から

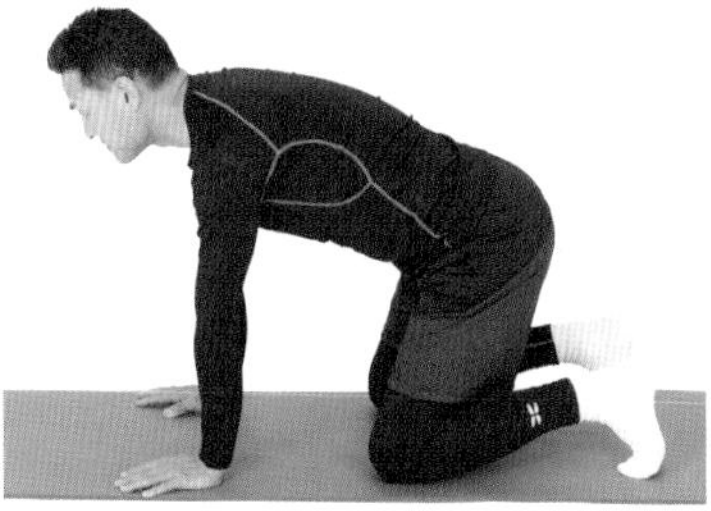

上から

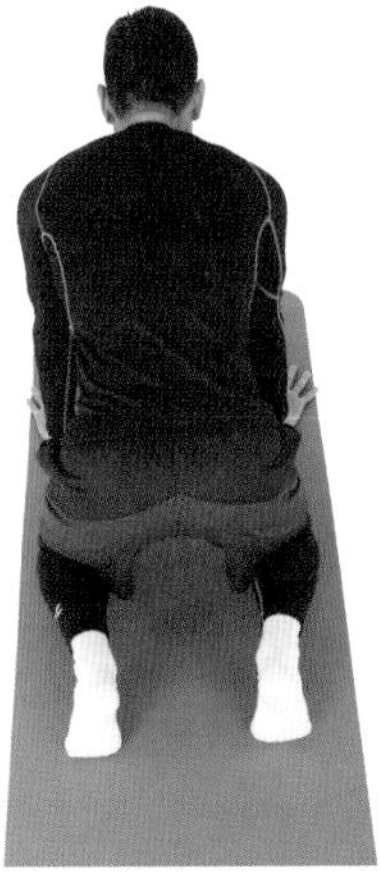

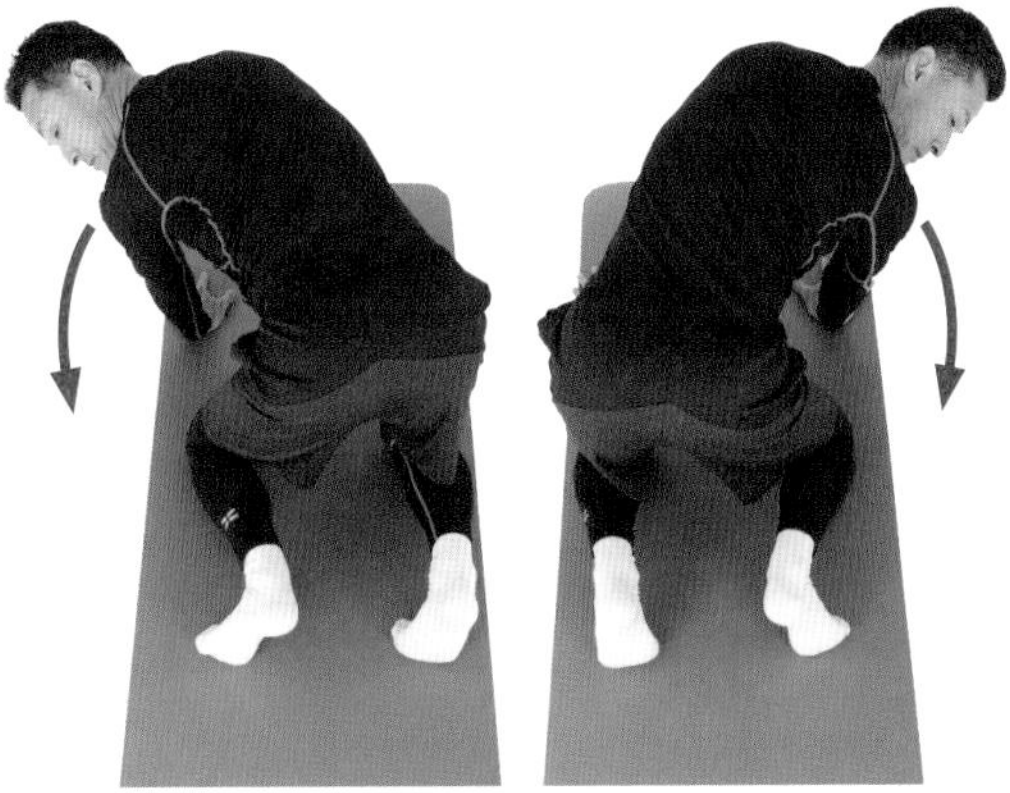

お尻の後方を見るように胴体を側屈してみる

この左右傾き姿勢で胴体の右側屈のほうがやりにくかったら、「姿勢の固定化」があると判断できる

立位姿勢をみる基準③ ねじれ

左右のねじれはまず、骨盤と膝から

姿勢チェックの最後にねじれの見方を紹介します。まずは立った姿勢で膝のお皿（膝蓋骨）と19ページで紹介した骨盤の上前腸骨棘のそれぞれの左右を前後差で判断します。左右どちらのお皿、上前腸骨棘が前に出ているかを見ます。

　続いて動きのチェックですが、立位での膝の曲げ伸ばしをします。その時に意図的に右側の膝と上前腸骨棘を前に出したり、左側の膝と上前腸骨棘を前に出したりします。膝を少し内側に入れるような感じでもよいでしょう。

　違和感や可動域など左右差なくできる場合は姿勢の固定化はありません。しかし、この時、注意したいのが姿勢チェックで前にでている側と動きチェックで前に出しやすい側が一致しているケースです。例えば、姿勢チェックで右側の膝と上前腸骨棘が前に出ていて、動きチェックでも右側の膝と上前腸骨棘が前に出しやすいとします。このような場合は、「姿勢が固定化」していると判断でき、すでに右側の膝が前にでやすい＝左側は前に出しにくいという動きのクセができてしまっています。

　スポーツ選手にとって、このねじれの動きは、障害予防やパフォーマンスの観点から重要です。例えば、右膝が前に出やすい、内側に入りやすいとしましょう。このクセは、人によって違いますが、右足の母指球の痛み、外反母趾、偏平足、足裏の痛みなどにつながります。膝が内側に入って足裏の母指球側ばかりで床をけると脛の痛み（シンスプリント）や膝の内側に痛みがでたりします。さらに、膝が内側に入る動きは股関節の動きでは内旋（内ねじり）になりますが、この動きは股関節には負担がかかる動きですから、股関節の痛みや不調につながることもあります。右側の膝が前に出やすい＝左側は前に出しにくいという動きのクセはパフォーマンスにも影響します。例えば①スキーやスケートの右へのターンが苦手②野球で右への動きが苦手（盗塁のスタートや守備での動き）③サッカーやバスケットのディフェンスでいつも右側から抜かれてしまうなどにあらわれたりします。

　このように、「姿勢の固定化」はスポーツ障害やパフォーマンス低下にも大きく影響を与えます。

立位での身体のねじれチェック

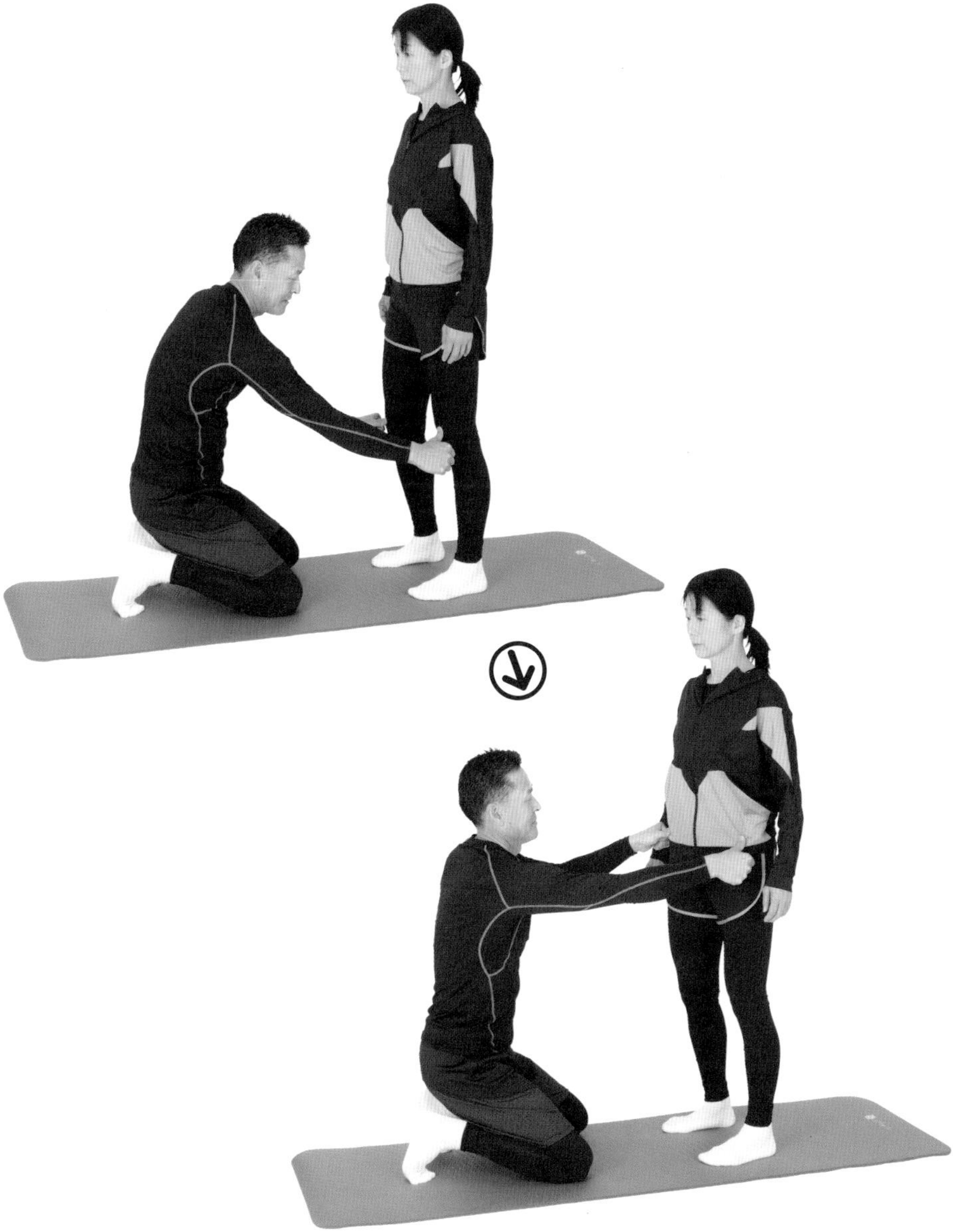

膝のお皿（膝蓋骨）の前後差を見たり、骨盤の
上前腸骨棘に指を当ててねじれを知る

立位での脚の曲げ伸ばしでねじれの動きチェック

横から

正面から

脚の曲げ伸ばしをしながら意図的に左右の膝と股関節を前に出す。膝を内側に入れる感じでもよい

姿勢の歪みはパフォーマンスにも影響する

シンスプリント

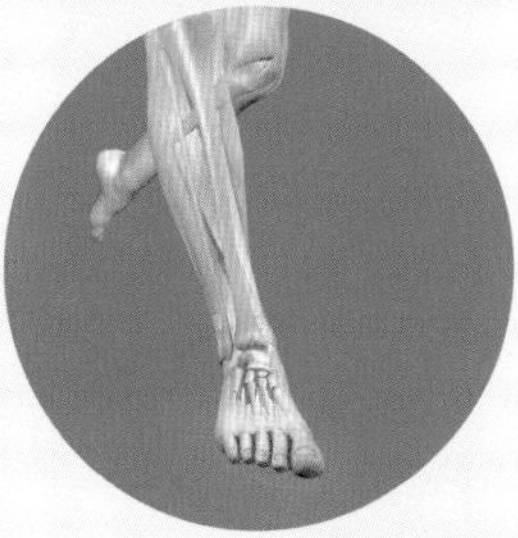

偏平足

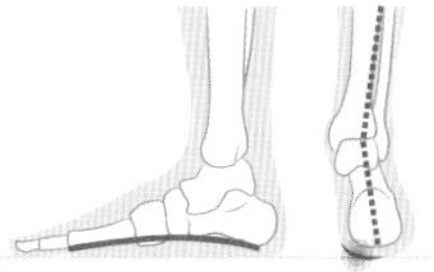

外反母趾

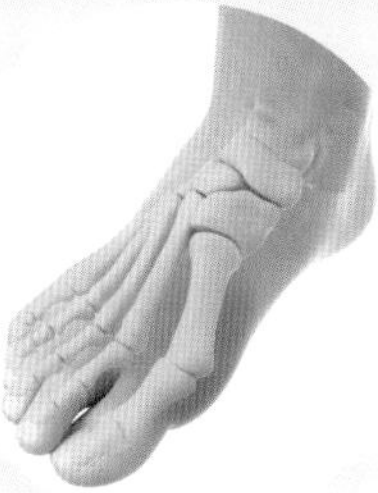

股関節痛

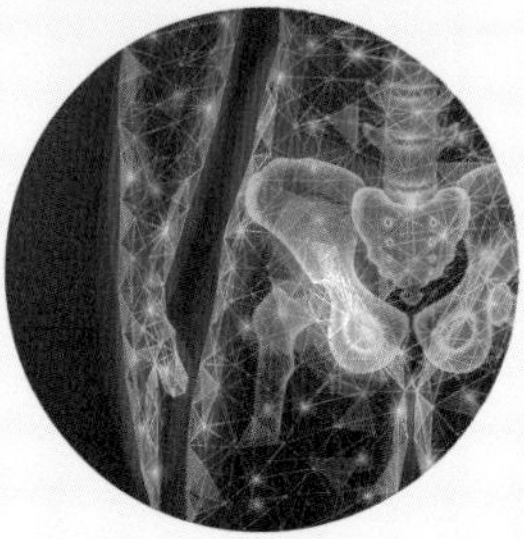

膝痛

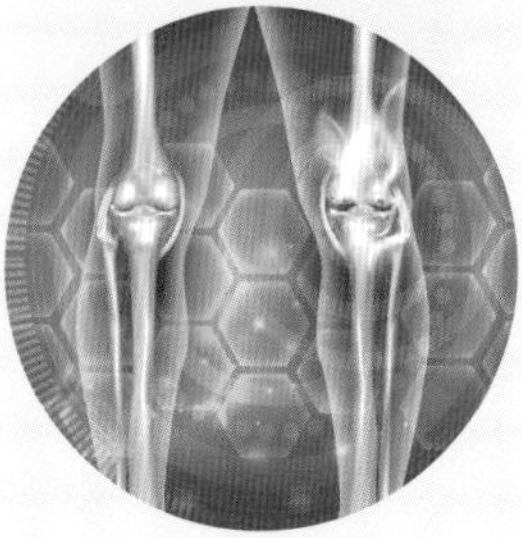

歪んだ姿勢は障害予防の面からもパフォーマンスの面からも早急に解決したい

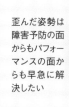

痛い部位が直接悪いわけではない

姿勢と動きの関係を知ることで動きケア®への理解が深まる

これまで①前後、②左右、③ねじれの3つの観点からの姿勢の見方を紹介しました。そして一般的な姿勢の見方とは異なる「姿勢の固定化」という考えや判断するための動きでのチェックについても紹介しました。これまで紹介した方法を使って、まずは皆さん自身の姿勢をチェックしてみてください。「姿勢を気をつければ大丈夫な状態」か、「姿勢に気をつけるだけでは改善に時間がかかってしまう状態」かを判断できるはずです。

姿勢（骨配列）を支えているのは筋です。私たちの姿勢（骨配列）が固定化され、本来のものと大きく違っていたら、それを支えている筋も十分に機能していないはずです。そのことが身体各部の基本運動のなかに十分にできない動きとして表れてくるのです。それを修正するメソッドが動きケア®ですが、具体的なメソッドに入る前にもう1点知っておいてもらいたいことがあります。それが私たちの身体は連動して動いているという事実です。このことがわかると、痛い部位に負担をかけているのは他の部位であるケースも見えてきます。その具体的な解説は膝、肩、首という3つの部位を例にして、32ページから紹介します。ここでは「なぜ痛い部位が直接悪くないのか」という意味を知っていただき、その理論が分かれば動きケア®についての理解が高まると思います。

姿勢（骨配列）が本来のものと大きく違っていたら、身体各部の基本運動の中に必ず十分にできない運動がある。

ここまでの内容

立位姿勢と動きチェックで姿勢の固定化を確認する

前後のチェック

CHECK POINT

立位でのチェック

上前腸骨棘と上後腸骨棘の傾きを計る→指1本分が標準値になる

動きでのチェック

四つばい位で腰部を反る・丸めることで痛みや可動域の減少が姿勢と一致していないかを確認する

左右のチェック

CHECK POINT

立位でのチェック

耳たぶ、肩先、骨盤上端（左右）、膝のお皿という4か所をポイントにして水平さを確認する。また背骨の配列を確認する

動きでのチェック

四つばい位で側屈することで痛みや可動域の左右差が姿勢と一致していないかを確認する

ねじれのチェック

CHECK POINT

立位でのチェック

膝のお皿や上前腸骨棘（左右）に指を当てて前後差（＝ねじれ）を確認する

動きでのチェック

立位での脚の曲げ伸ばしで意図的に片方の上前腸骨棘と膝を前に出す。それによって痛みや可動域の左右差が姿勢と一致していないかを確認する

※姿勢の固定化がある場合には、正しい姿勢に気をつけるだけでは改善までに時間がかかる。"動き"を使ったほうが効率的に改善できる

膝に過度な負担がかかるのは？

膝の痛みの要因は他の部位にある

スポーツ動作や日常動作のほとんどは、全身の連動で成り立っています。そのため、身体の部分が十分に動いていなかったり、身体全体がうまく連動して動けていないと身体の部分（部位）に過度な負担がかかることになり、スポーツ障害が起きやすくなります。膝に過度な負担がかかる動きとしては、膝の曲げ伸ばしの際に①つま先よりも膝が大きく前に出ること、②つま先の方向と異なる方向に膝が曲がる（膝が過度にねじれる）ことが挙げられます。

まずは①の動きですが、左の画像1を見ていただくと、立位で脚の曲げ伸ばしをした際に、膝がつま先より前に大きく前に出ていません。一方で画像2を見ていただくとつま先よりも膝が大きく前に出ていることがわかります。脚を前に踏み出した際の画像3では、膝がつま先よりも前に出ていません。一方で画像4は膝がつま先よりも大きく前に出ています。さらに34ページの画像を見ていただくと、画像1は膝がつま先と同じ方向を向いておりねじれていません。一方で画像2は膝がつま先よりも内方を向いています。また画像3は膝がつま先よりも外方を向いています。

さて、続いて左ページの画像1の股関節に注目してください。この画像では股関節（脚のつけ根）が曲がっています。一方で画像2では股関節が真っすぐになっています。つまり膝に痛みがあったとしても膝が悪いのではなく、股関節が十分に曲がっていないため、膝に負担がかかって痛みが生じているケースがあるのです。他の部位も見てみると、胸郭部が伸びないと骨盤は前傾できないため、股関節を曲げることはできません。また、足部が回内足になっていると、土踏まずが潰れて足部が傾くため、結果として膝が内側に入り、膝関節が過度にねじられた状態になります。これによって膝に痛みが生じている可能性もあります。

このように「股関節」や「骨盤部」、「胸郭部」や「足・足部」が十分に動いていないことが膝に過度の負担を与え、痛みや怪我のリスクを高めることにつながるのです。

身体にやさしい動きと膝に過度の負担がかかる動き①

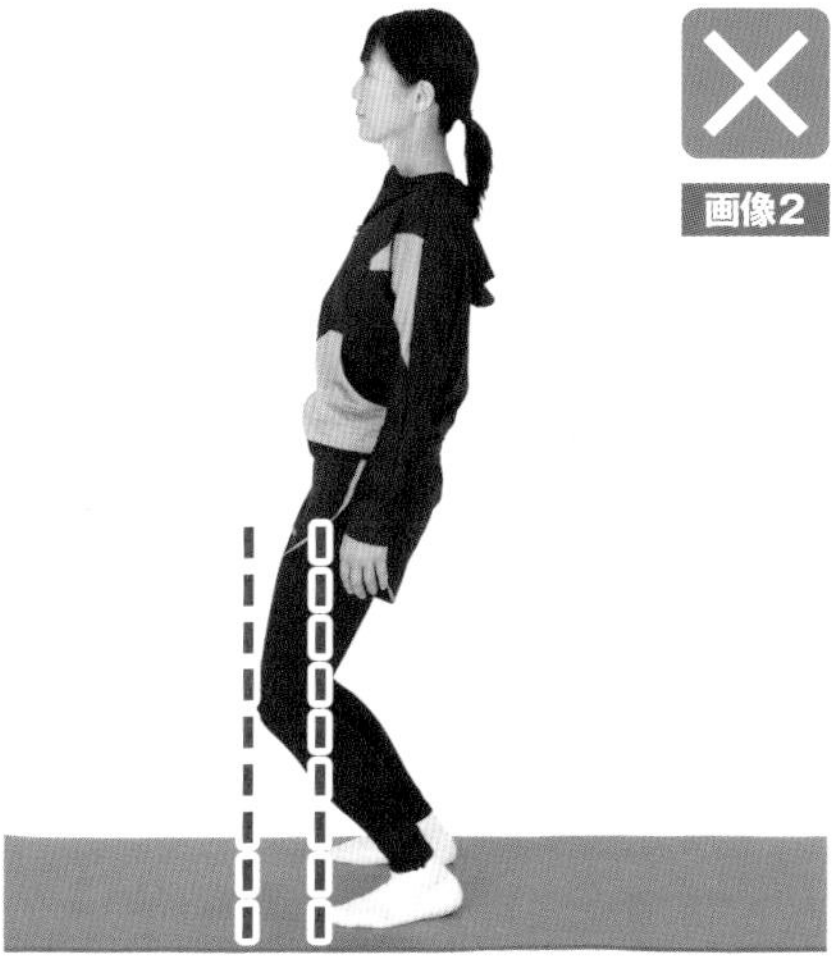

膝がつま先よりも大きく前に出て、膝に負担がかかっている状態。また股関節に着目すると曲がっていない

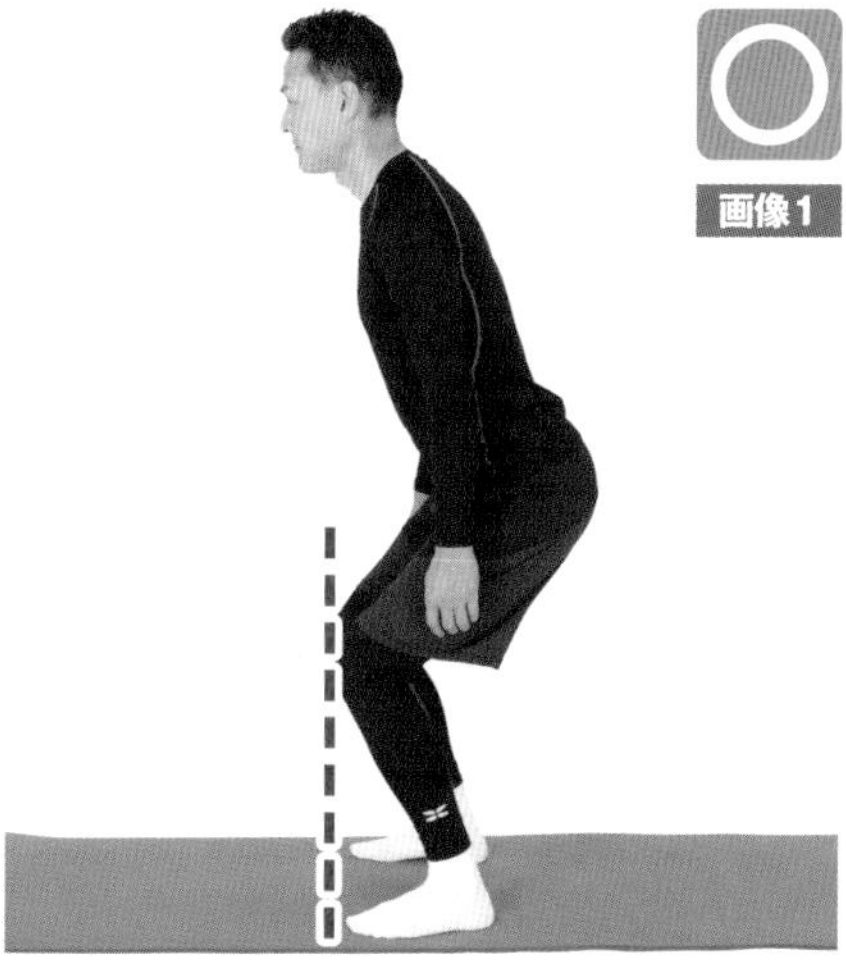

膝がつま先よりも大きく前に出ていない。また股関節に着目するとしっかりと曲がっている

片脚を踏み出した際に、膝がつま先よりも大きく前に出てしまっている。また胸郭部に着目すると丸まっている

片脚を大きく踏み出した際に、膝がつま先よりも大きく前に出ていない。また胸郭部に着目すると適度に伸びている

身体にやさしい動きと膝に過度の負担がかかる動き②

✕

画像2

膝がつま先よりも内方に入っている。また足部に着目すると土踏まず側に体重が集まっている

✕

画像3

膝がつま先よりも外側に向いている。また足部に着目すると小指側に体重が集まっている

○

画像1

膝とつま先が同じほうを向いている。また足部に着目すると足裏全体に体重が乗っている

不調部位が“膝”の場合

○部位運動（痛くない部位の運動）

不調がある“膝”のとなり部位から順にみていき、十分にできなくなった基本運動をできるようにしてあげます。

不調の「膝」は○方向運動

膝の基本運動

①**曲げる**（屈曲）

②**伸ばす**（伸展）

③**内旋**（膝を曲げた状態で、内ねじり）

④**外旋**（膝を曲げた状態で、外ねじり）

のうち、痛くないor不快感がない動き（=○方向運動）を行います。

※○方向運動がない場合は行いません。

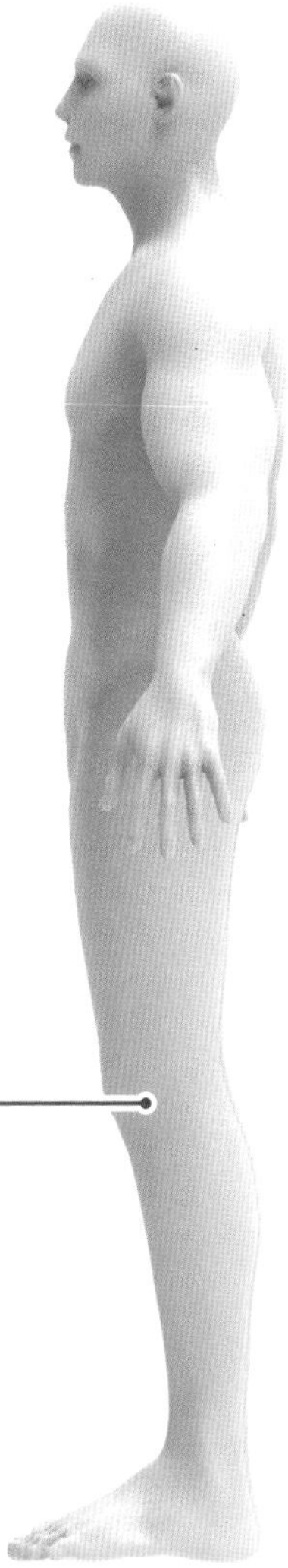

- □ 眼
- □ 胸郭部
- □ 肩甲帯
- □ 肩
- □ 骨盤部
- □ 股関節
- □ 膝（下腿）
- □ 足首
- □ 足部

「連動」で仕上げ

肩に過度の負担がかかるのは？

肩の痛みの「要因」は肩の上下の部位にある

続いて肩への過度な負担を考えてみます。まずは一般的に多い誤解についてですが、上肢とは鎖骨から先を指します（画像1）。ところが多くの方は上肢とは上腕骨から先のこと（画像2）だと認識しています。そのため腕を挙げようとしたときに上腕骨から先を動かそうとするのですが、純粋に上腕骨から先が挙がるのは肉眼的には90度弱くらいになります。我々が耳の横辺りまで大きく腕を挙げられるのは、「肩甲帯」（肩甲骨と鎖骨）が動いているからなのです（画像3）。

さて、「腕が挙がらない」という方は、肩甲帯が十分に動いていない人が圧倒的に多くなります。さらに、一度その場で背中を丸めた状態（猫背）で横から腕を挙げてみてください。どうでしょうか？　挙げにくいと思います。胸郭部・伸展（反る）の動きが不十分な状態で、肩甲骨も前に出て腕を挙げにくい形です。続いて今度は背中を伸ばして（胸郭部を伸展して）腕を挙げてみてください。するとやりやすいと思います。このように「腕が十分に挙がらない」「肩が痛い」といった方は、実は肩甲帯や胸郭部の動きが十分できないために肩に過度の負担をかけている可能性があります。「胸郭部」や「肩甲帯」、「骨盤部」「股関節」など肩以外の部位が十分に動いていないことが肩に過度の負担を与え、痛みや怪我のリスクを高めることにつながります。

特に野球やテニス、水泳といった肩よりも高く腕を挙げるスポーツでは、肩への負担を軽減するためにも、他の部位に目を向けてみてください。

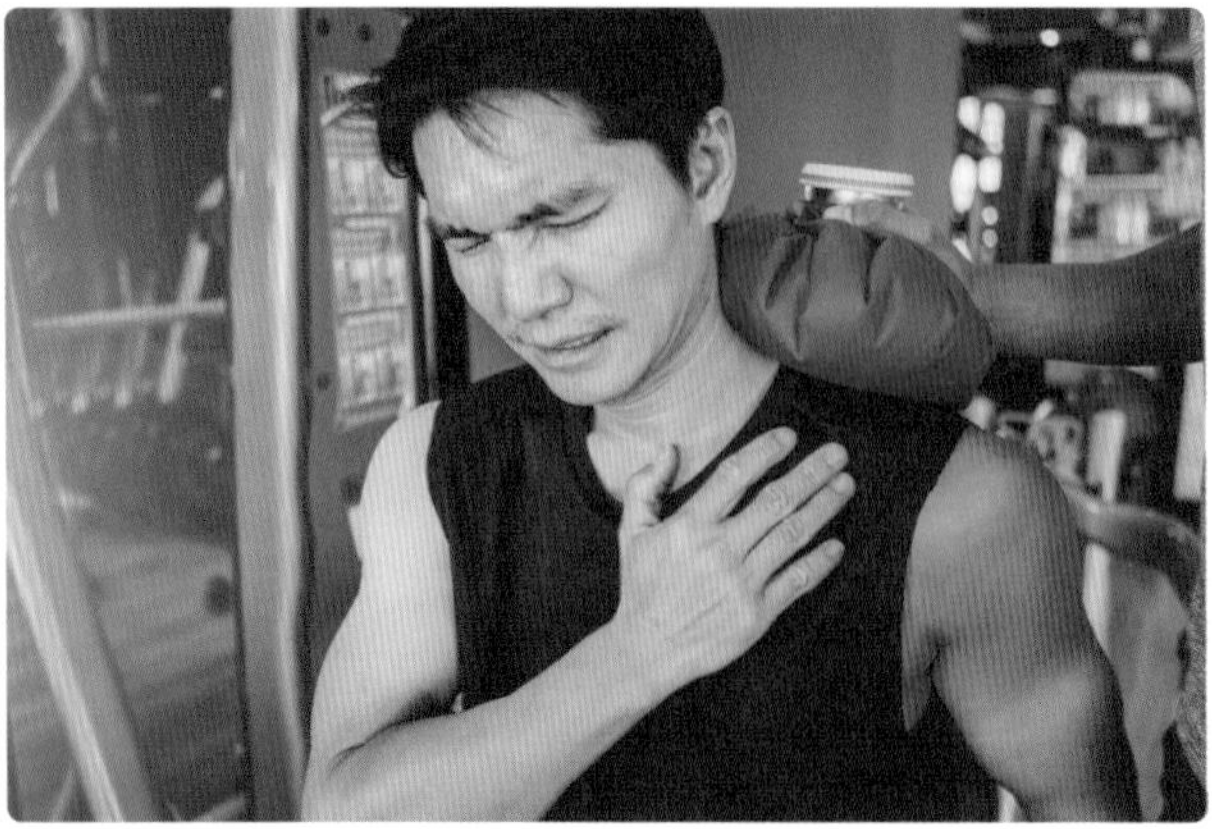

画像1 上肢の認識

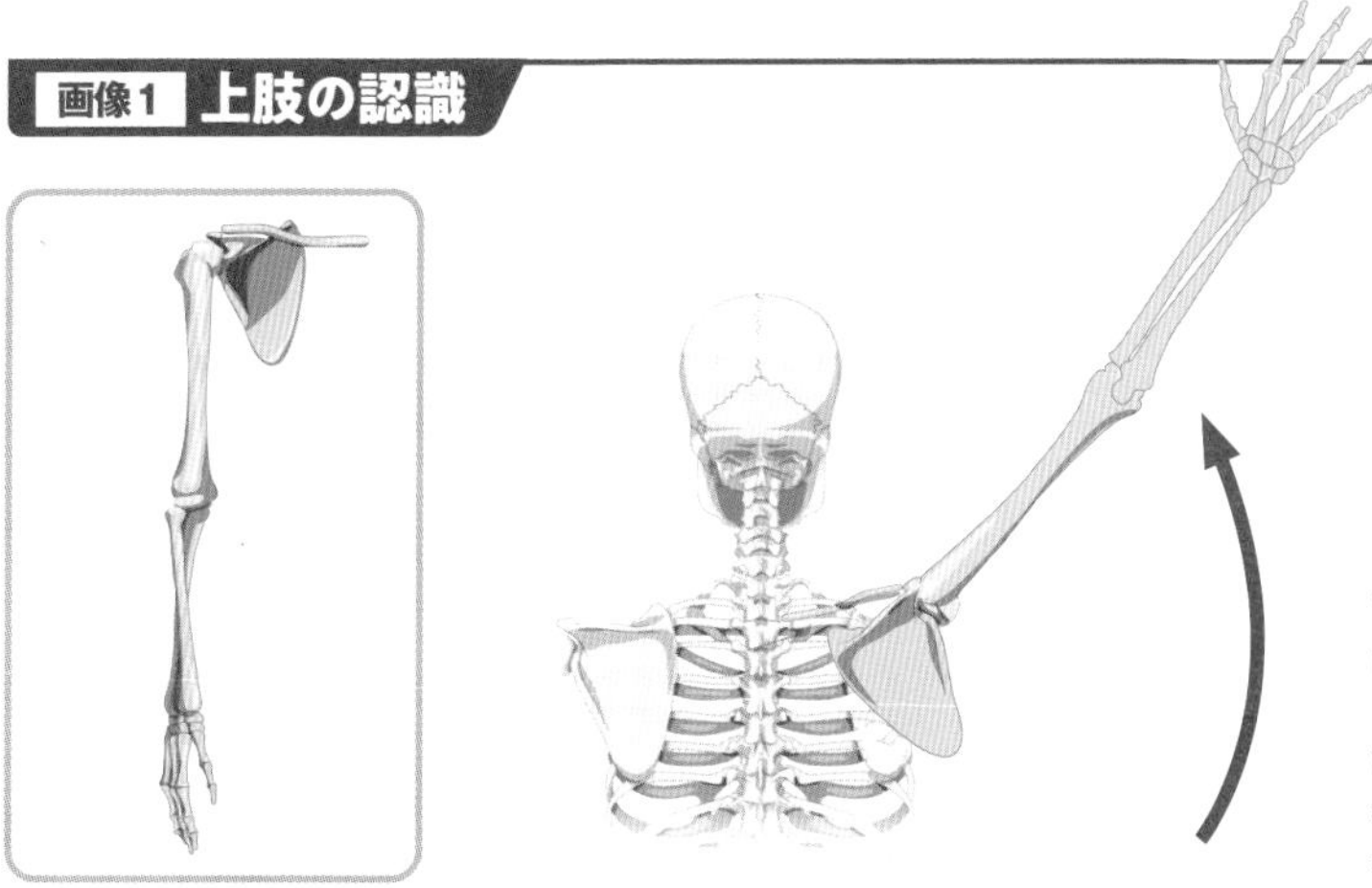

画像3のように肩甲帯とは肩甲骨と鎖骨のことを指す。肩甲帯が動くことで耳の横辺りまで大きく腕を挙げられる

画像2 一般的な上肢の認識

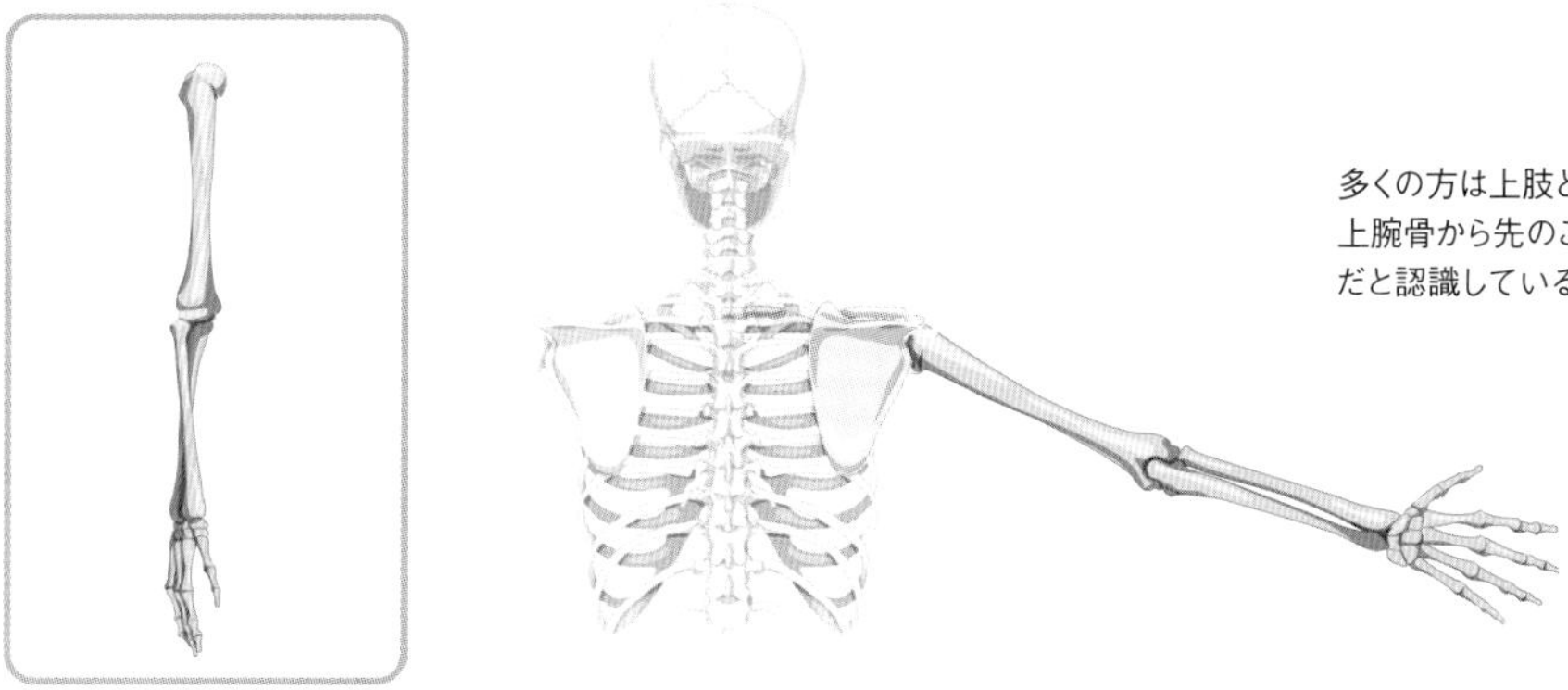

多くの方は上肢とは上腕骨から先のことだと認識している。

画像3 肩甲帯とは

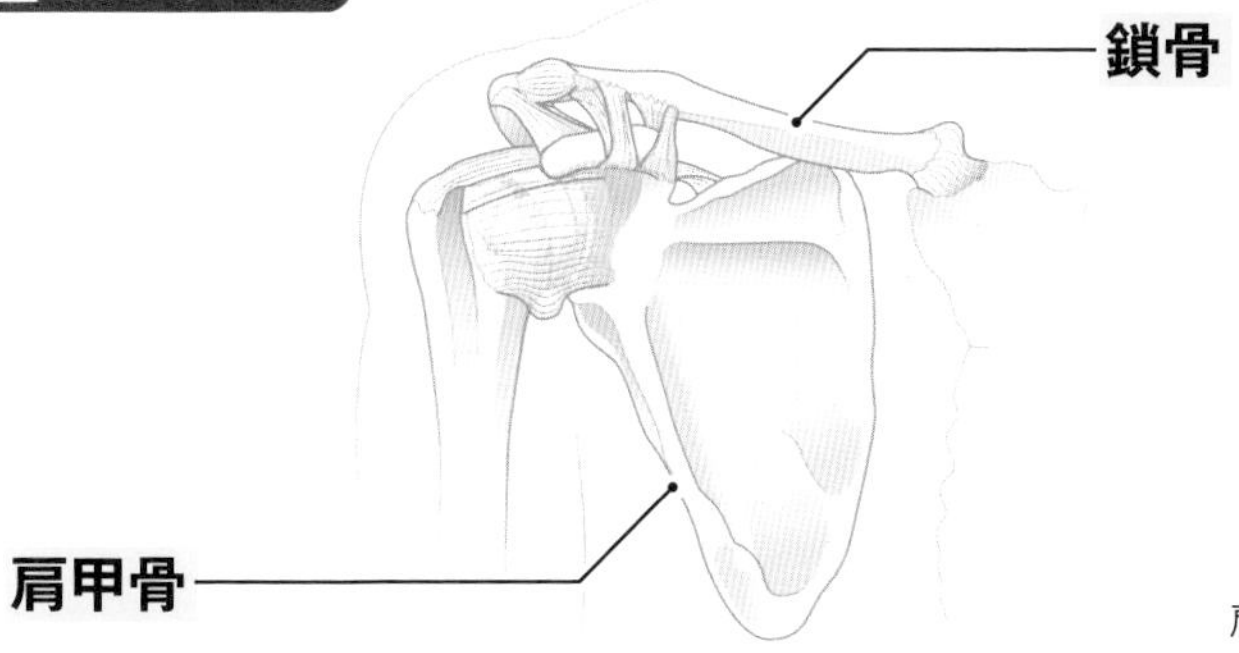

肩甲帯とは肩甲骨と鎖骨を指す

身体にやさしい動きと肩に過度な負担がかかる動き

胸郭部が伸展できないと肩甲骨も前に出たままになるので、横から腕を挙げると肩に負担がかかる

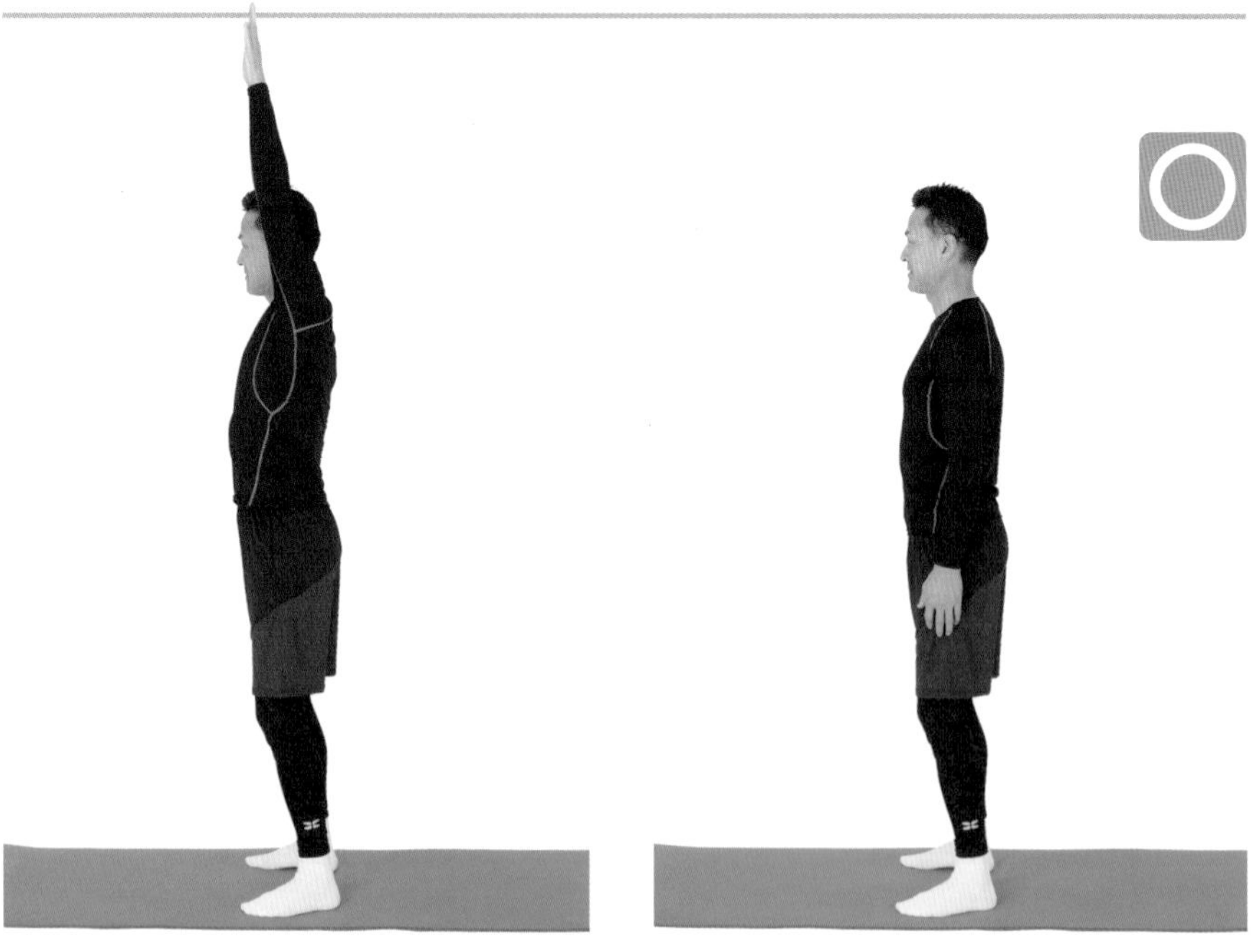

胸郭部が伸展できると、肩甲帯も内転（後ろに引く）できるので横から腕を挙げやすい

不調部位が“肩”の場合

○部位運動（痛くない部位の運動）

不調がある“肩”のとなり部位から順にみていき、十分にできなくなった基本運動をできるようにしてあげます。

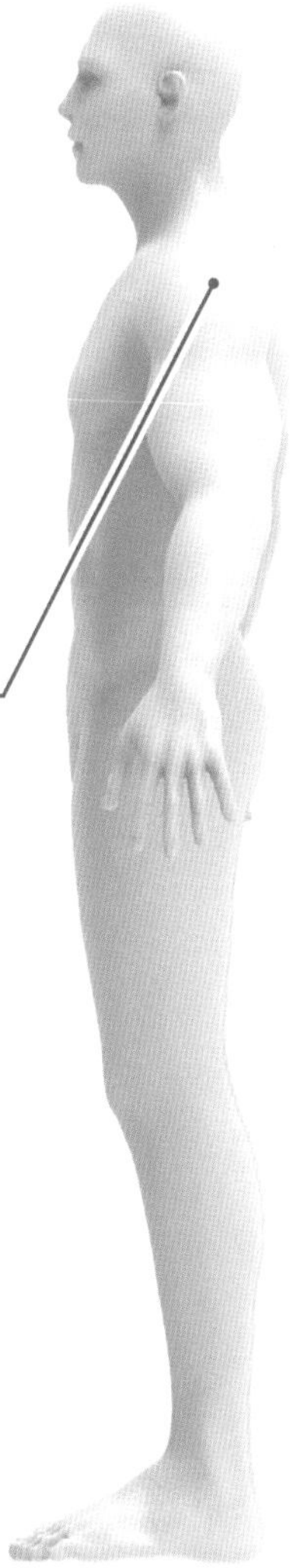

不調の「肩」は○方向運動

肩の基本運動

①腕・前への動き（屈曲）
②腕・後ろへの動き（伸展）
③腕・外方への動き（外転）
④腕・内方への動き（内転）
⑤腕・外ねじりの動き（外旋）
⑥腕・内ねじりの動き（内旋）

のうち、痛くないor不快感がない動き（=○方向運動）を行います。

※○方向運動がない場合は行いません。

- □ 眼
- □ 胸郭部
- □ 肩甲帯
- □ 肩
- □ 骨盤部
- □ 股関節
- □ 膝（下腿）
- □ 足首
- □ 足部

「連動」で仕上げ

首に過度な負担がかかるのは？

首の負担の要因は その上下に問題がある

今度は首の負担について考えてみます。首の不調で多い例は、上（空や天井）を見ることができなくなることです。首を後ろに動かす可動域が少なくなってしまった状態です。本来は首を後ろに動かすと顔の面と床が水平になるくらい動きます。そのうえでやっていただきたい動きが、肩甲骨を前に出した姿勢で上を向くことです。この状態では上を向く動きが十分にできないことが体感いただけるでしょう。続いて左右の肩甲骨を背骨に近づけて上を向いてください。そうすると楽に上を見ることができます。つまり首が後ろに動かせない原因は首にあるのではなく、肩甲骨の位置や動きが不十分の場合があるということです。また、左右の肩甲骨背骨に近づけるためには、胸郭部が伸展しなければなりません。胸郭部の伸展の動きが不十分であることが、首への過度な負担につながることも見えてきます。

次にイスに座って背もたれに当てるように骨盤を後傾させて肩甲骨を背骨に近づけてみてください。肩甲骨を背骨に十分に近づけることができないと思います。続いて骨盤を立てるようにして座り、肩甲骨を背骨に近づけてください。すると肩甲骨を動かしやすいと思います。

先ほど胸郭部が丸まって肩甲骨が前に出たままだと、首に過度の負担がかかると述べましたが、なぜそのようになっているかというと、骨盤が後傾しているからかもしれないのです。つまり首以外の部位が要因で首に過度の負担がかかっている場合は、首以外の部位の動きをよくすることで首への負担軽減につながるわけです。

このように実際に身体を動かしてみると、人の身体が連動していることを実感できるでしょう。痛みや不調部位を改善するためには、他の部位を見ることが大切になるのです。

これまで膝と肩、首を例に「過度に負担がかかる要因」を解説してきましたが、動きケア®の基本となる考え方の1つになります。この考えをご理解いただいたうえで、次の「スポーツ障害予防のための3つの重要ポイントと捉え方」に進んでください。

肩甲帯が十分に動かないと首に過度の負担がかかる

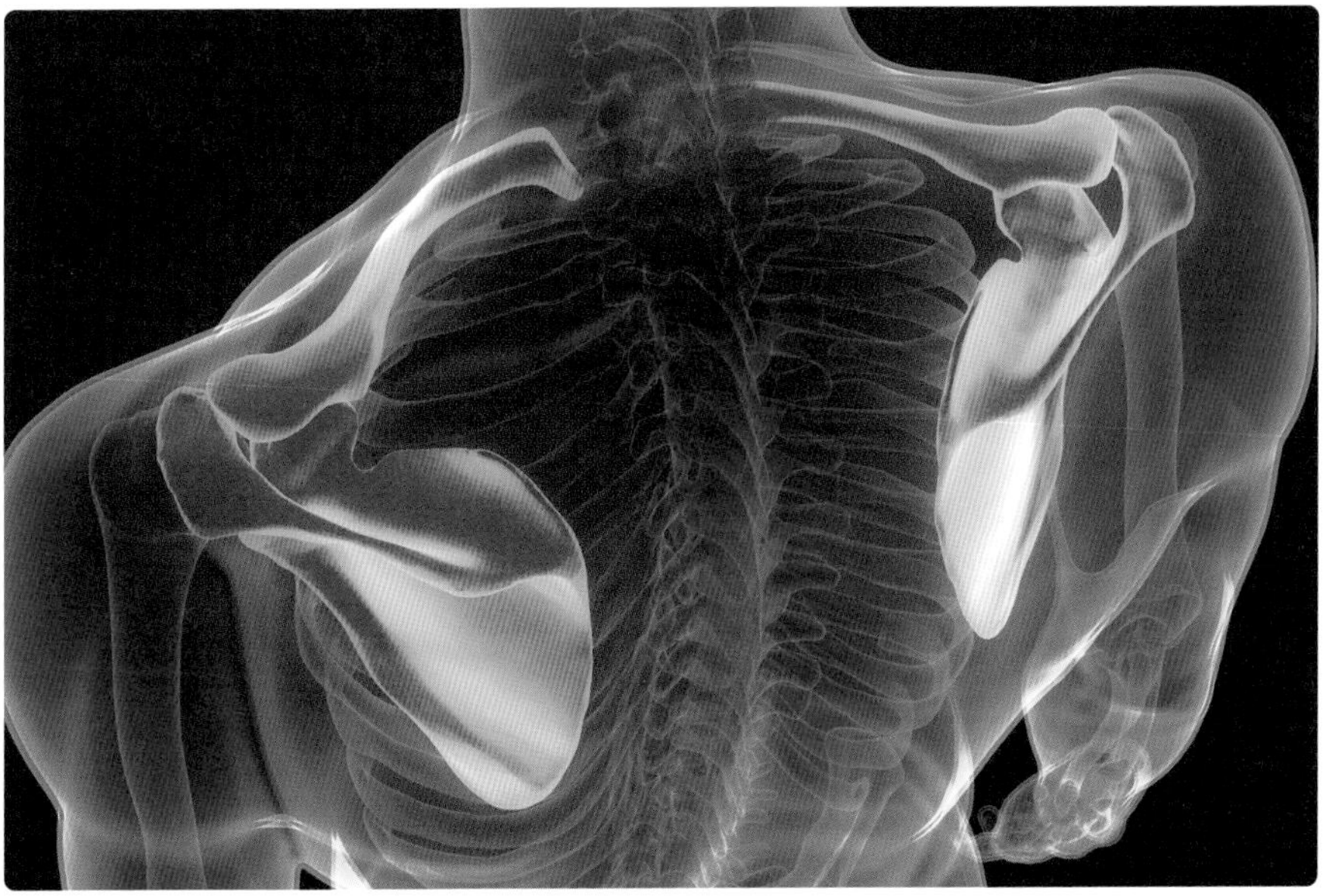

骨盤が十分に動かないと首に過度の負担がかかる

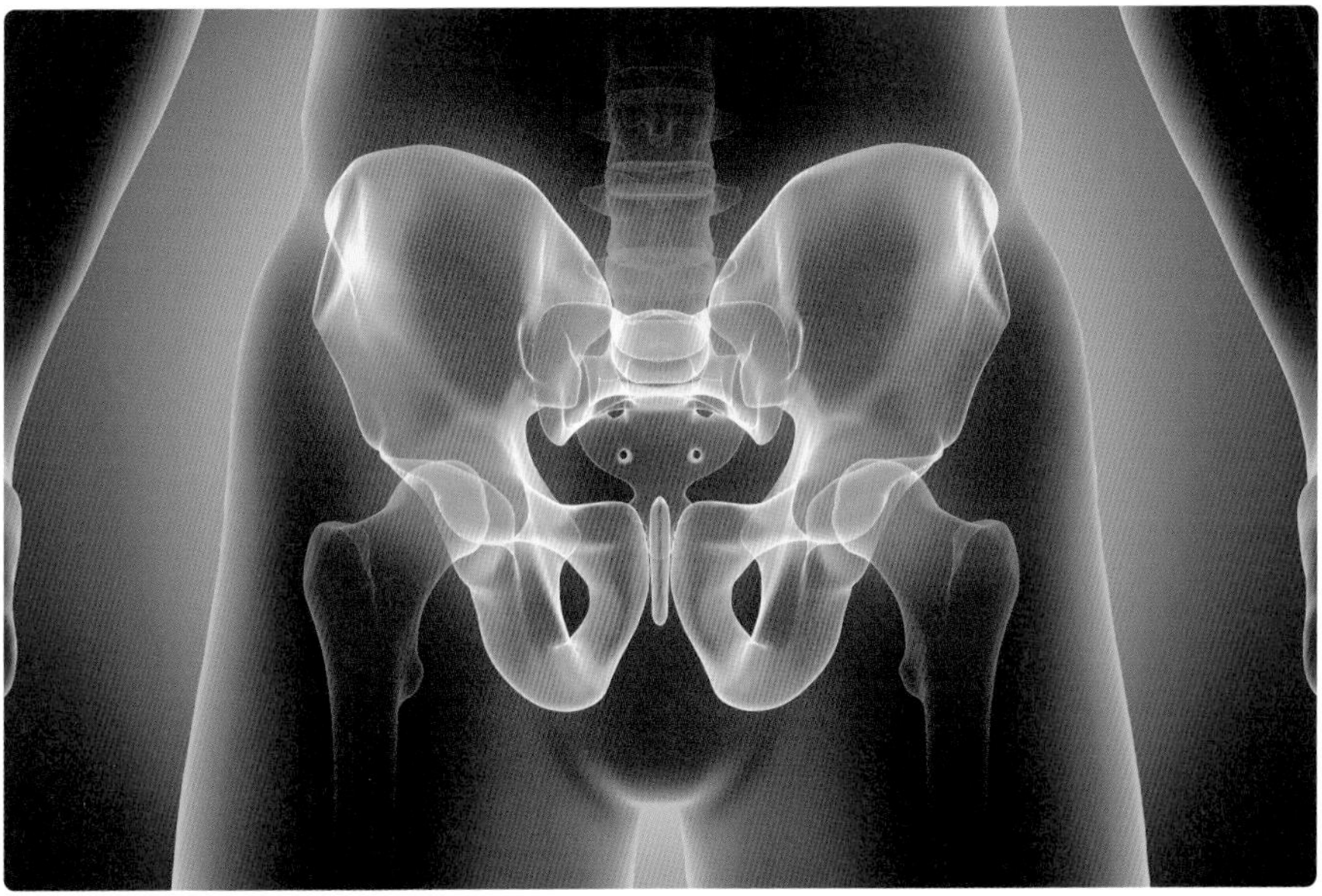

動きケア®による首の不調や怪我予防へのアプローチ（基本）

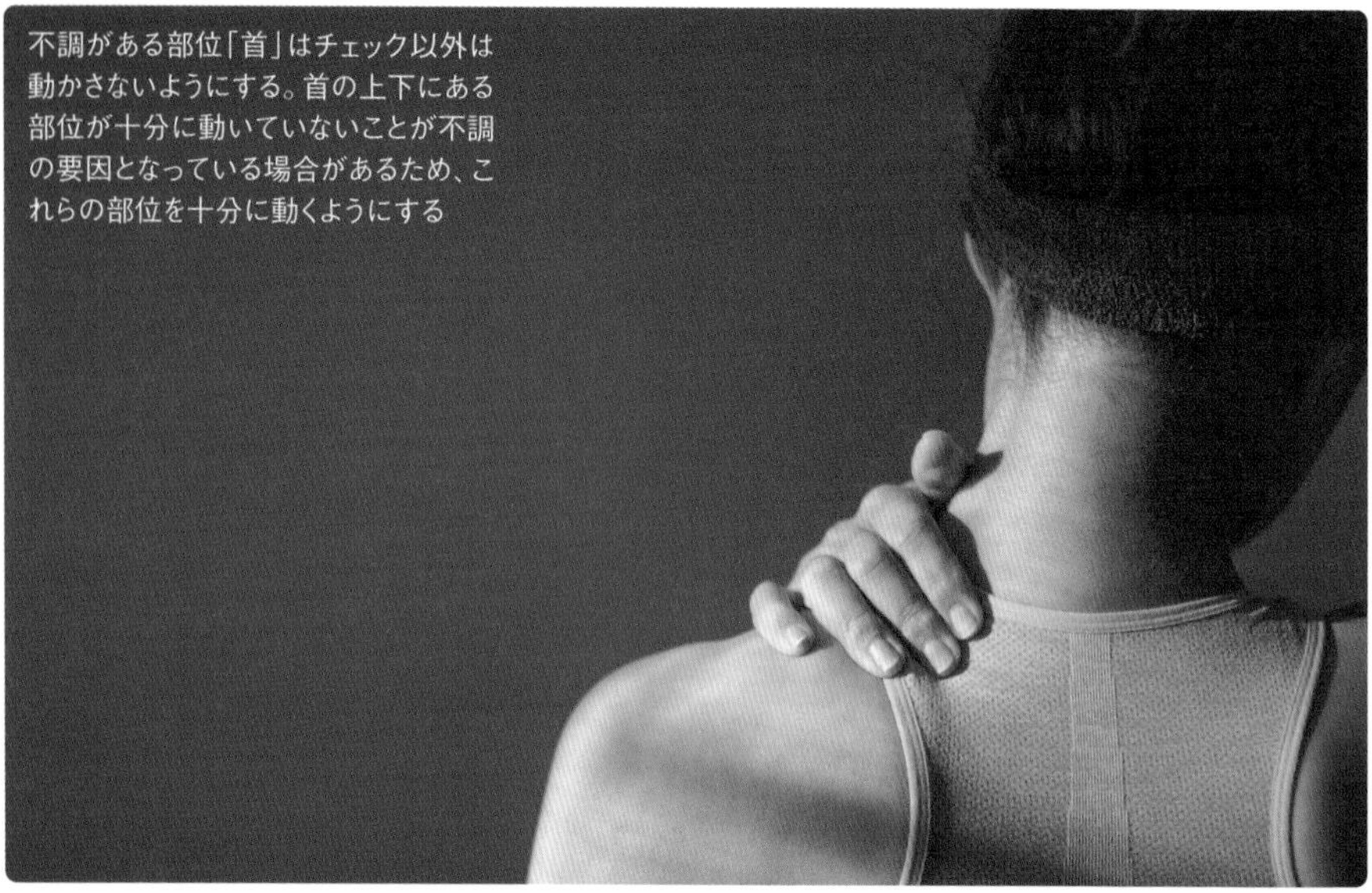
不調がある部位「首」はチェック以外は
動かさないようにする。首の上下にある
部位が十分に動いていないことが不調
の要因となっている場合があるため、こ
れらの部位を十分に動くようにする

眼	眼球運動で十分にできなくなっている動きを探す ➡その動きを十分にできるようにする
頸部	➡チェック以外は基本動かさない
胸郭部	十分にできなくなっている動きを探す ➡その動きを十分にできるようにする
肩甲帯	十分にできなくなっている動きを探す ➡その動きを十分にできるようにする
肩	十分にできなくなっている動きを探す ➡その動きを十分にできるようにする
骨盤部	十分にできなくなっている動きを探す ➡その動きを十分にできるようにする

不調部位が“首”(頸部)の場合

○部位運動（痛くない部位の運動）

不調がある“頸部”のとなり部位から順にみていき、十分にできなくなった基本運動をできるようにしてあげます。

不調の「首」はチェックのみで動かす

首の基本運動

①前曲げ（屈曲）
②後曲げ（伸展）
③右側屈
④左側屈
⑤右ねじり（右回旋）
⑥左ねじり（左回旋）

※頸部は積極的に動かしたり、直接的な外圧をかけることはしません。他の部位の動きを使って改善していくのが原則です。

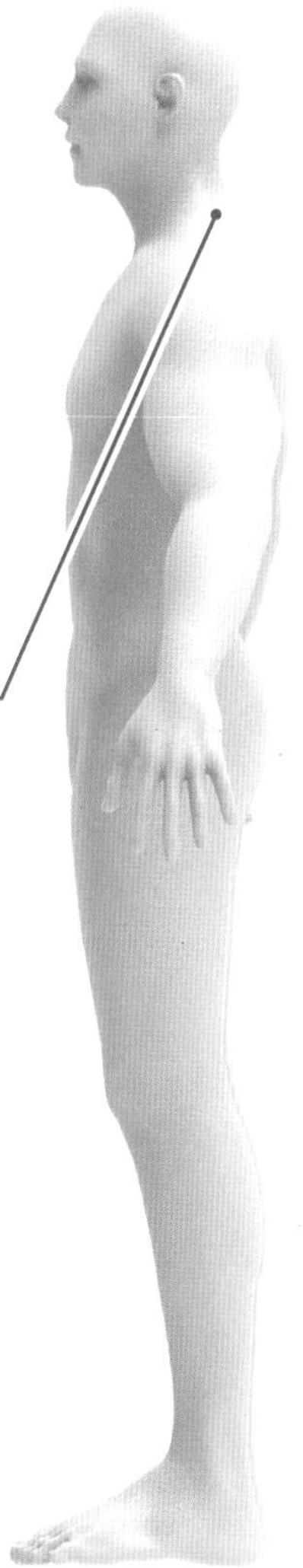

- □ 眼
- □ 頸部
- □ 胸郭部
- □ 肩甲帯
- □ 肩
- □ 骨盤部
- □ 股関節
- □ 膝（下腿）
- □ 足首
- □ 足部

「連動」で仕上げ

3つの重要ポイント① 足部

身体の土台となる足部の重要性

身体の土台となる足部。重力下での地球では、床（地面）と接地する足部に身体全体の動きの結果が表れます。ここでは足部を見るときに重要となる基本について解説します。

　まずは46ページの足部のアーチ構造（イラスト2）です。このアーチ構造は、①母指球（母指）からかかとにかけての内側縦アーチ、②小指球（小指）からかかとにかけての外側縦アーチ、そして③横のアーチ構造である横アーチがあります。このアーチの役割には「身体全体のバランス保持」「衝撃の吸収や緩衝」「バネ作用による効率よい推進力の獲得」などがあります。この役割を最大限に発揮させるためには、かかと・母指球（母指）・小指球（小指）の3点にバランスよく荷重すること（イラスト1）であり、3点をバランスよく使って動くことが重要です。足の裏や他の部位に痛みが生じている場合には、例えば母指球（母指）側ばかり使っているなど、偏りがある可能性があります。冒頭で述べたように足部は身体の土台です。そのため、足裏に偏ったバランス荷重や使い方があると、他の部位にも影響し、痛みや不調の要因となるのです。

　足裏の使い方を知るためには、足裏にできたタコ（ベンチ）やウオノメ（鶏眼）をチェックすることもおすすめです。いつも荷重する箇所の皮膚が厚くなるからです。足裏の偏った使い方は下腿骨・距骨・踵骨の配列（レッグヒールアライメント）や足首の動き（内がえしと外がえし）などにも影響します。本来は47ページのイラスト3の標準的のような配列になっていることが望ましいのですが、先ほどの3点でバランスよく立てていないと、アライメントが回外足（内方に反る配列）や回内足（外方に反る配列）になってしまう場合もあります。かかとばかりに荷重した後ろ重心で立っていると、足指が床（地面）から浮いてしまう浮指が習慣になり、全身の配列や動きに影響を与えます。

　さらに外反母趾や内反小趾もチェックしてみてください。母指がつけ根から外方に曲がってしまうのが「外反母趾」。小趾がつけ根から内方に曲がってしまうのが「内反小趾」です。中足指節関節（母趾の第2関節と他の足指の第3関節）を

イラスト1 3点でバランスよく立つ

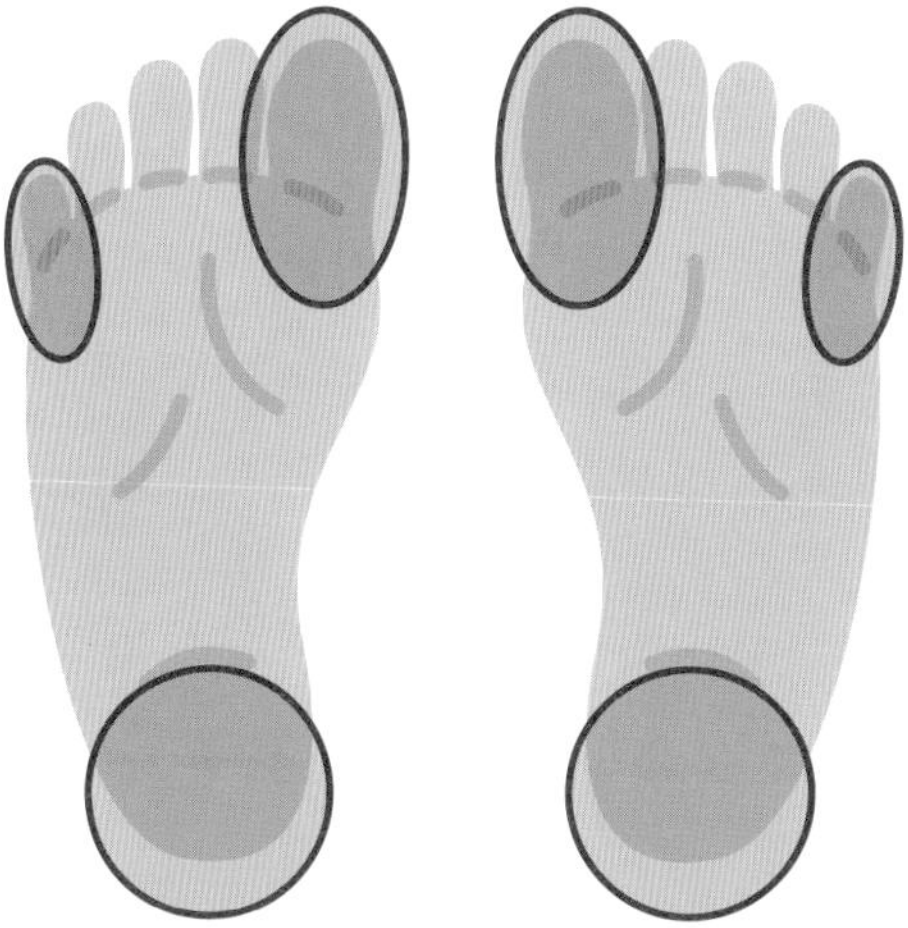

「身体全体のバランス保持」「衝撃の吸収や緩衝」「バネ作用による効率よい推進力の獲得」といった役割を最大限に発揮させるためには、かかと・母指球（母指）・小指球（小指）の3点でバランスを取って立つことが基本になる

曲げる筋は、横アーチ支持の働きも持っています。つまり足指を曲げる筋が機能しないと、横アーチが崩れやすくなるわけです。

横アーチが崩れると足幅が広くなってしまう（開帳足）ので、バランスを取るために母趾と小趾の配列が変化するのです。この見方のポイントが47ページのイラスト4で、15度を基準に見るようにします。20度を基準にして見る場合もありますが、動きケア®では未然に傾向を把握して予防するため、15度を基準にしています。

足部は身体の土台であるため、足部を改善することが他の部位の不調の改善につながることがよく見られます。まずはこの土台の状態を十分に把握してください。

イラスト2 足部のアーチ構造

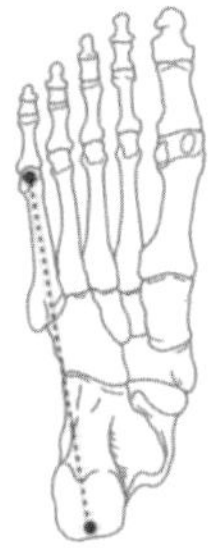

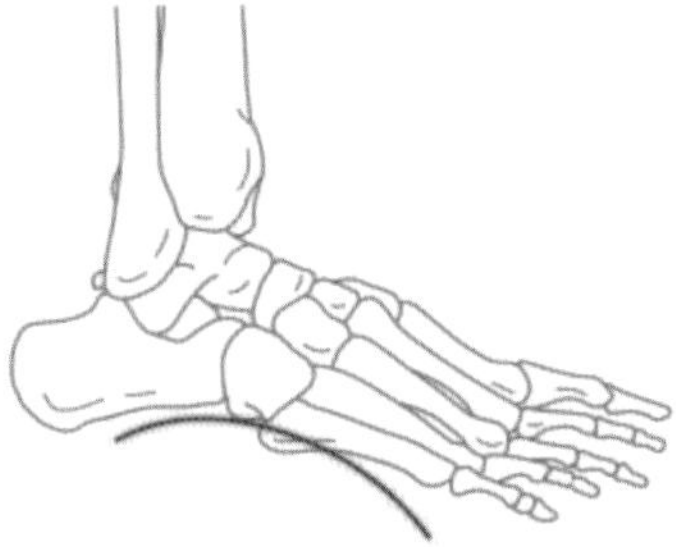

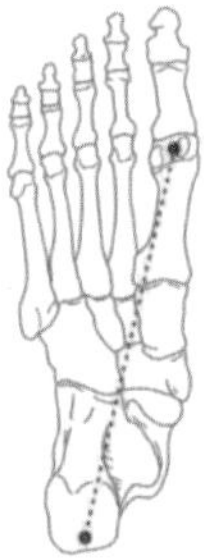

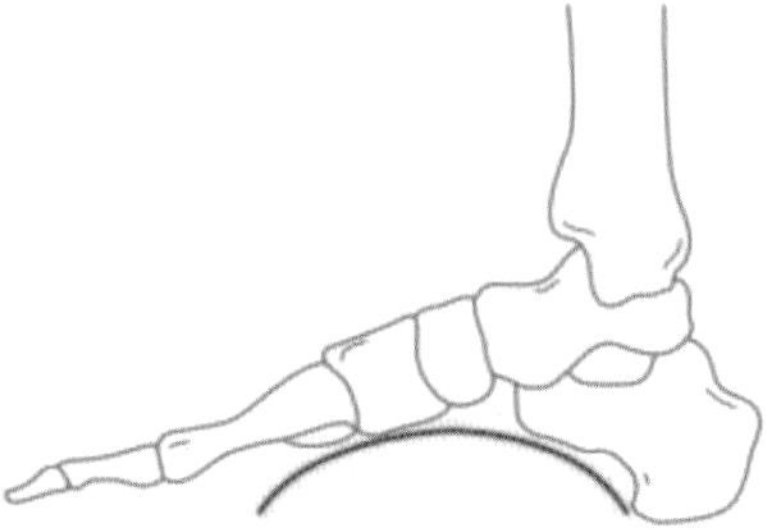

横アーチ

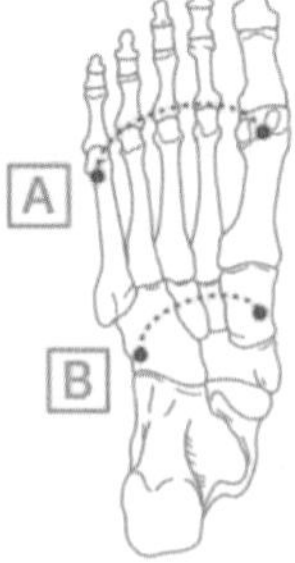

※右足裏から

アーチ構造は、①母指球(母指)からかかとにかけての内側縦アーチ、②小指球(小指)からかかとにかけての外側縦アーチ、そして③横のアーチ構造である横アーチがある

イラスト3 レッグヒールアライメント

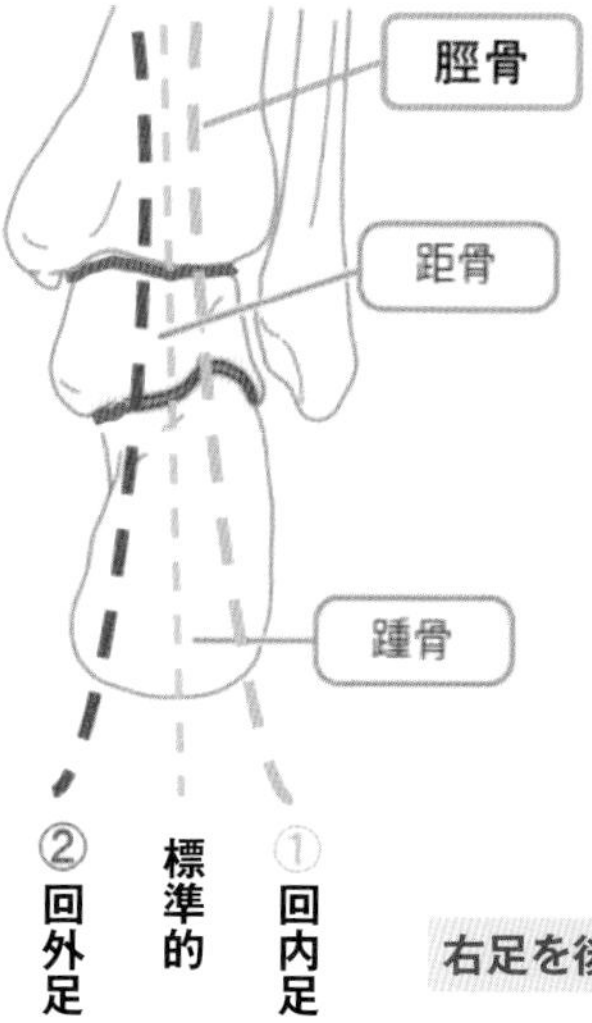

本来は標準的の配列になっていることが望ましい。しかし足裏3点でバランスよく立てていないと、アライメントが回外足（内方に反る配列）や回内足（外方に反る配列）になってしまう

右足を後ろから見ている

イラスト4 外反母趾と内反小趾

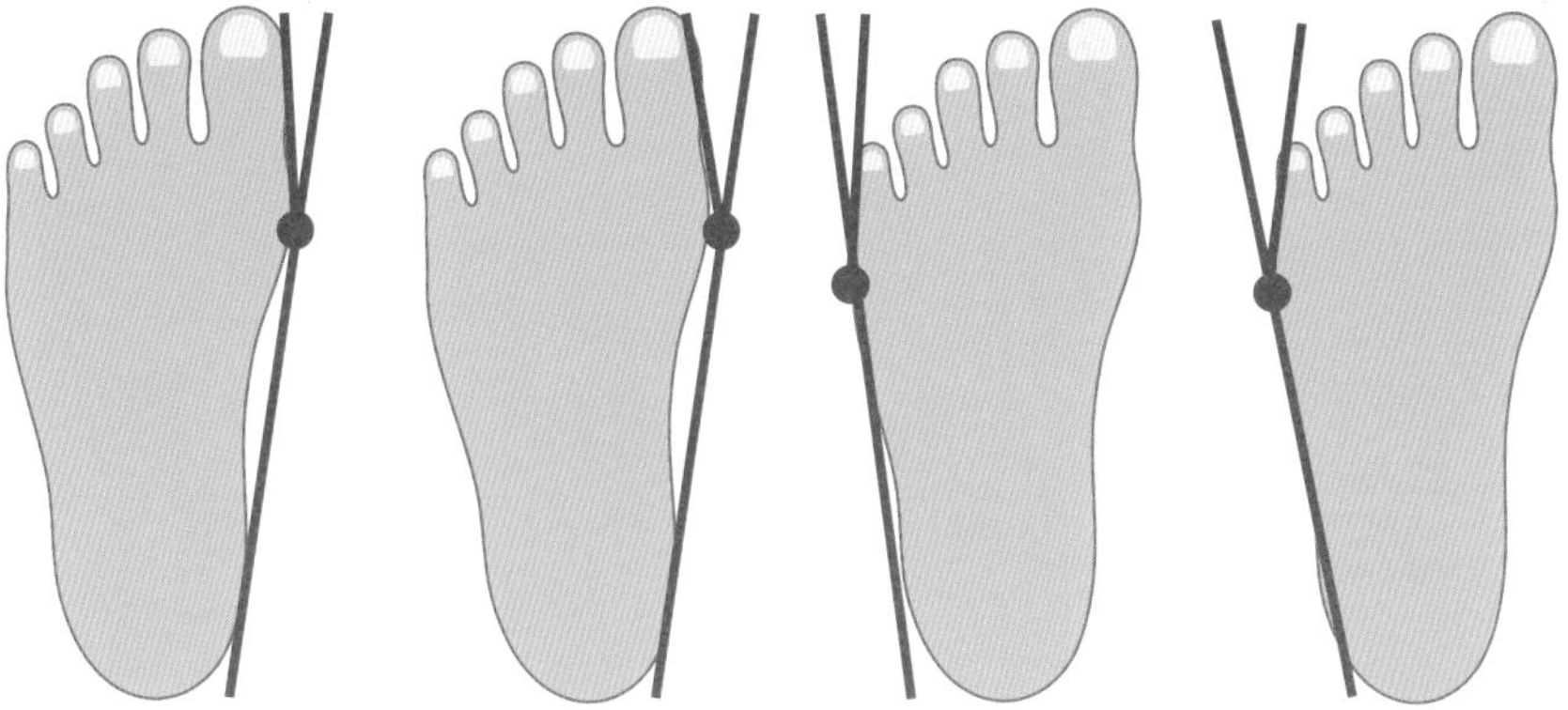

15度未満 ➡外反母趾傾向無し	15度以上 ➡外反母趾傾向あり	15度未満 ➡内反小趾傾向無し	15度以上 ➡内反小趾傾向あり

足裏機能の低下や横アーチの崩れ、足裏の使い方の偏りなどが関係する。傾向を見るためには15度を基準にする

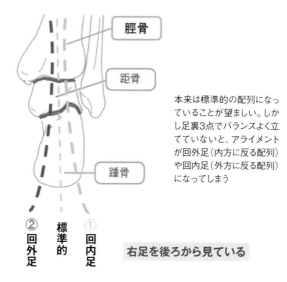

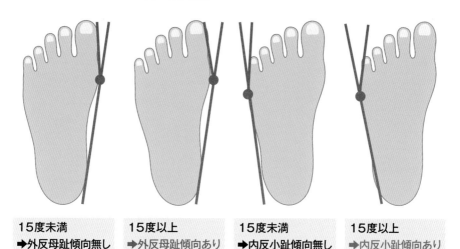

3つの重要ポイント② 骨盤部

骨盤の前後左右と腹圧がポイント

姿勢を見る際に述べた骨盤の前傾と左右の傾き、そして腹圧が骨盤部を見る際の重要ポイントになります。特に現代人は骨盤が後傾していたり、左右に傾けることができない傾向が見られます。

骨盤の前傾や左右傾けで重要になるのは腸腰筋です（イラスト1）。腸腰筋のうち上方向に長く伸びている筋が大腰筋になります。この大腰筋はハイレベルな短距離走の選手が非常に発達していますが、体力が低下して、転倒しやすくなっている方は細くなっているようです。つまり人が活動的であるためもポイント筋のひとつなのです。さてこの大腰筋ですが、この筋が働くことで骨盤を前傾させることができます。左右の筋を片方ずつ動かすと骨盤の左右傾けができます。また、本来の骨盤の傾き具合や正しい位置を保持することにも働いています。骨盤部は身体の中心部です。その中心部が保持できないと上肢や下肢、末梢を十分に動かすことはできません。中心部がずれるとその影響は末梢にまで及ぶのです。

トレーニングや健康づくりの現場を見ていると、骨盤の左右傾けの動きはあまり重視されていないように感じます。ぜひ取り入れてみてください。

骨盤部でもう1つ重要なポイントが腹圧です。腹圧とは簡単にいうと、①十分にいきむことができる、②どんな動きのなかでも自然に「安定した体幹部」を保持することができるということです。そのためには、まず、コアと呼ばれる空間を構成する横隔膜と腹横筋、多裂筋と骨盤底筋群（50ページのイラスト2）を意識して部分的にエクササイズすることをおすすめします。今では多くのアスリートがコアトレーニングを取り入れていることでしょう。ところが51ページの画像1のようなコアトレーニングが多く行われている一方で、上手く「腹圧」がかかる状態に結びついていない場合もあるので注意が必要です。このページで腹圧について触れましたので、このパートの最後（56ページから）に動きケア®コア・ベーシック・エクササイズのなかから4つを紹介します。ぜひ活用してください。

イラスト1 腸腰筋

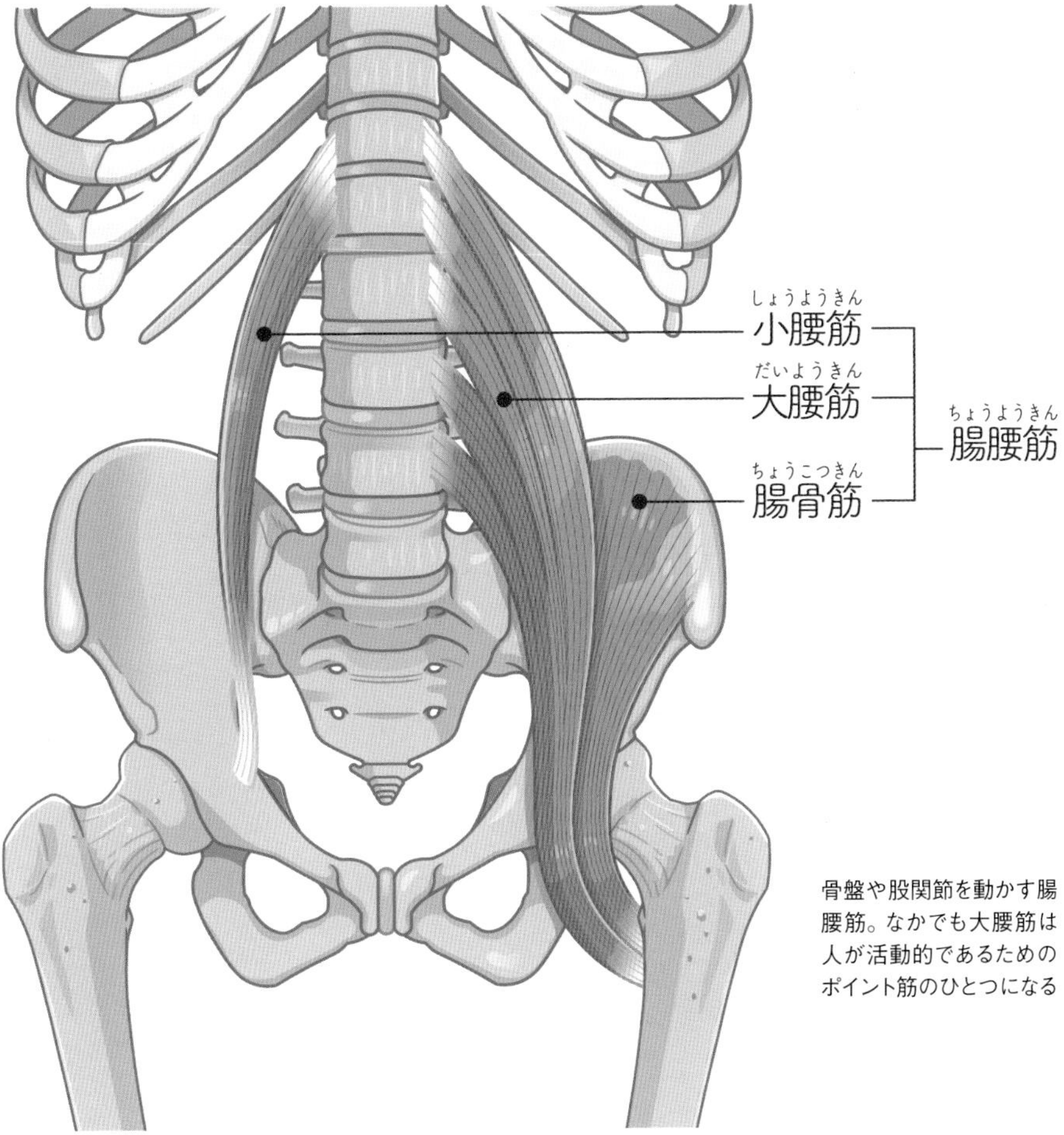

骨盤や股関節を動かす腸腰筋。なかでも大腰筋は人が活動的であるためのポイント筋のひとつになる

イラスト2 コアとは

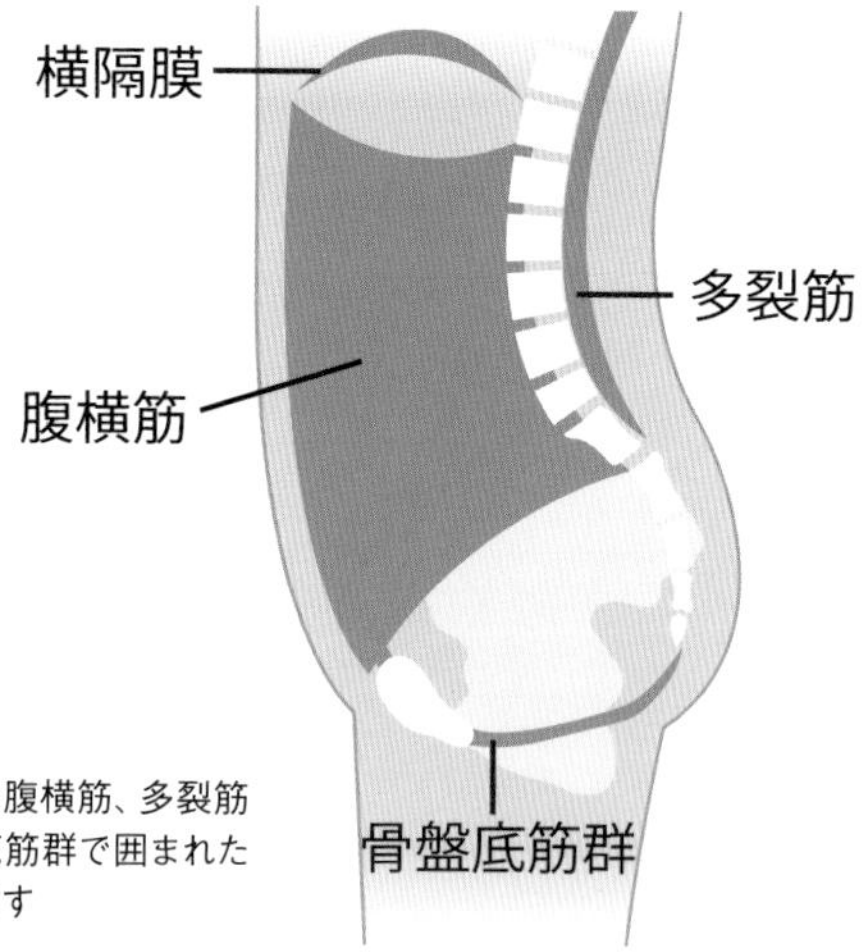

横隔膜と腹横筋、多裂筋と骨盤底筋群で囲まれた空間を指す

腹横筋

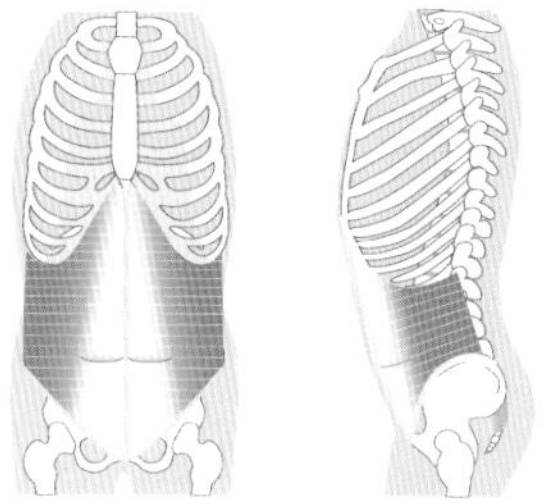

横隔膜

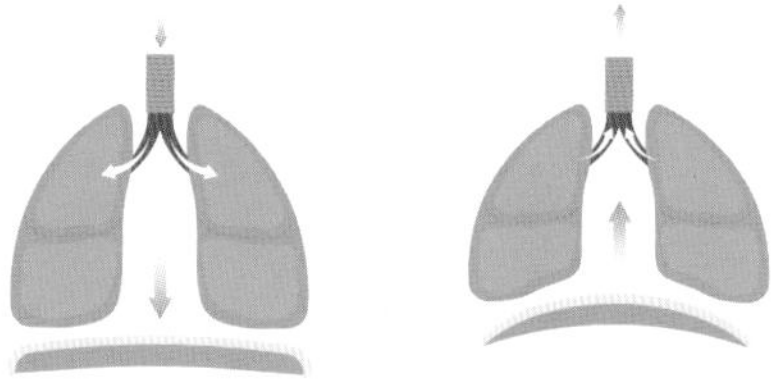

骨盤底筋群

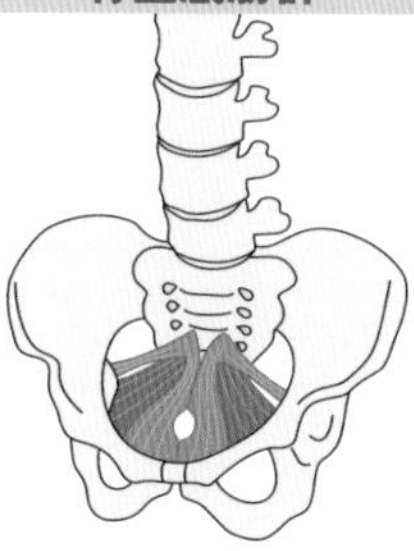

多裂筋

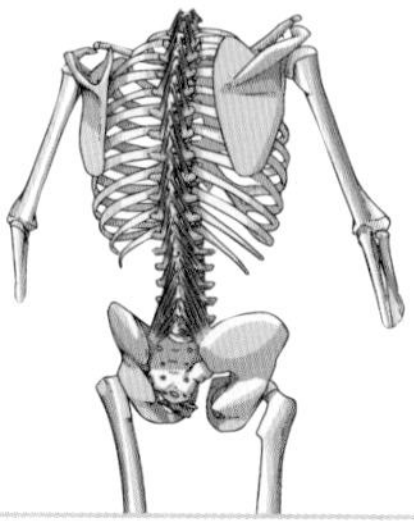

画像1 一般的なコアトレーニングの例

このようなトレーニングの前に、まずは横隔膜と腹横筋、多裂筋と骨盤底筋群を意識した部分的エクササイズがおすすめ。形はできていても上手く「腹圧」がかかっていない場合もあるので注意が必要になる

3つの重要ポイント③ 胸郭部

肩、首、腰の不調、呼吸にも関係する胸郭部

胸郭部は胸椎（12個）、肋骨（12対）、胸骨（1個）の計37個の骨で構成されています。（イラスト1）。この胸郭部が硬くなって、十分に動かないケースが多いので注意が必要です。緊張状態では、呼吸は浅く、速くなることが知られています。ストレス過多の現代では、浅い呼吸が習慣になりやすく、胸郭部が十分に拡大・縮小する必要がなくなるため、硬くなりやすいのかもしれません。

また、胸郭部は気を抜くと丸まりやすいものです。丸まって固定化すると、肩よりも頭が前に出る頭部前方姿勢になります。そうすると、本来の頸椎部の配列である前弯がなくなってしまい、頸椎の際からでている神経を圧迫したり、挟んだりすることが起きやすくなります。（イラスト2）。頸椎の際からでている神経は肩や腕、前腕、手などの筋や皮膚に伸びているので、そのような部位に症状もでやすくなるのです。胸郭部が固定化すると、首、肩、腰など他部位に過度の負担をかけることになるため、十分に動くようにしておくことが重要です。

ここで胸郭部の動きの3つのチェックをしてみましょう。1つ目は画像1（52ページ）のように頭を肩の前に出したり、肩の上に戻したりします。2つ目は画像2（52ページ）のように腰を反らします。3つ目は画像3（53ページ）のように手のひらを合わせて腕を伸ばし、骨盤から下を動かさずに左右へ回旋させます。

まず1つ目ですが、頭を肩の上に戻せなかったり、頸部や腰部だけが動いている場合は、胸郭部が十分に動かなくなっています。

続いて2つ目ですが、×の画像を見ると背中が丸まっています。つまり胸郭部が十分に動かないために、腰だけで反って過度な負担を与えていることになります。このように胸郭部が十分に動かないと、首や腰など他の部位に過度な負担をかけることになるのです。

最後の3つ目ですが、これは60度以上の回旋ができることが基準になります。ところが60度未満しか回旋できなければ、骨盤部や股関節に過度な負担がかかり、これらの部位に不調が出てくる場合があります。

イラスト1 胸郭とは

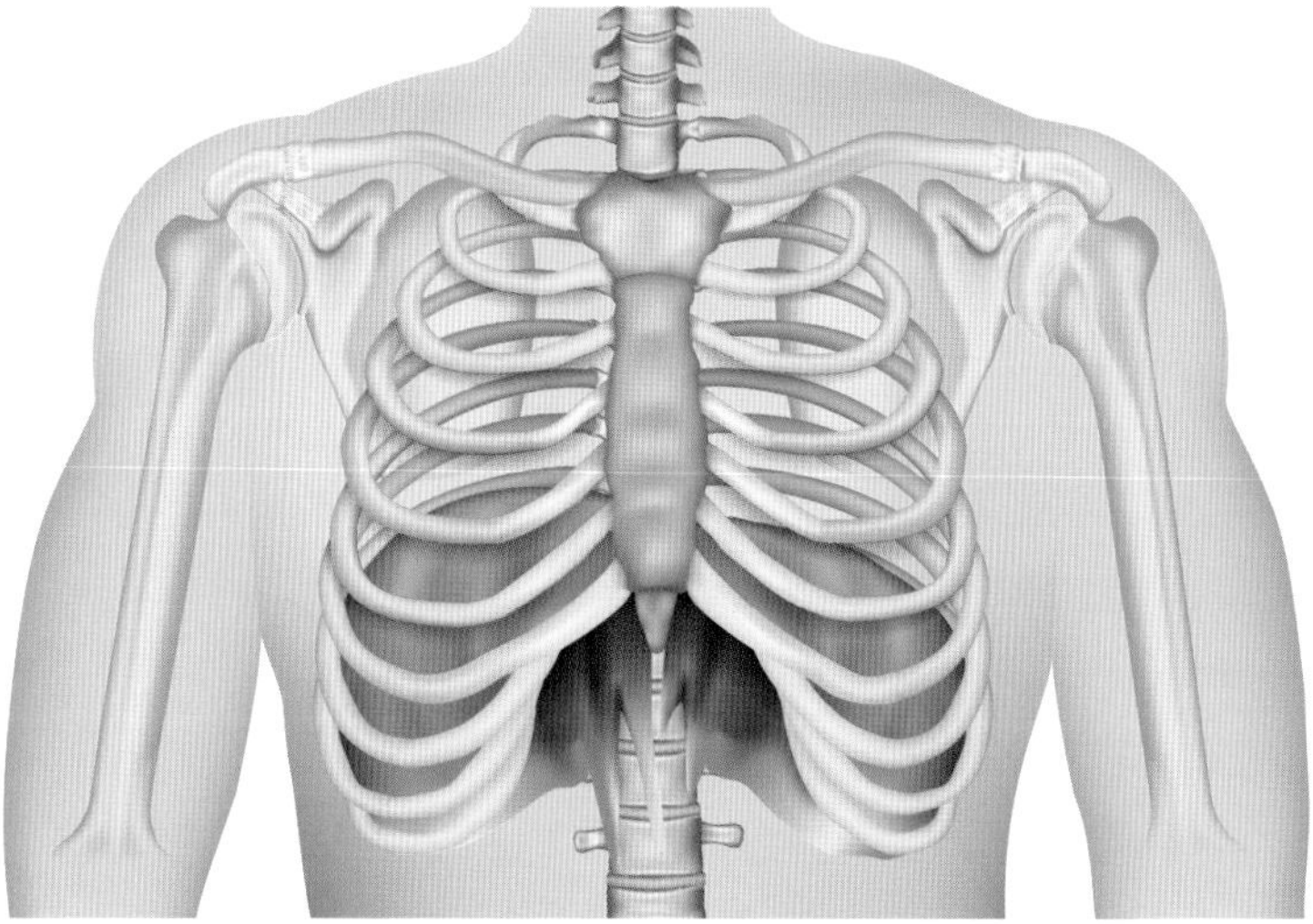

胸郭は胸椎（12個）と肋骨（24個）、胸骨（1個）の
計37個の骨で構成されている部位である

イラスト2 標準的な首の状態とストレートネック

ストレートネック　　標準的な頸椎部の配列

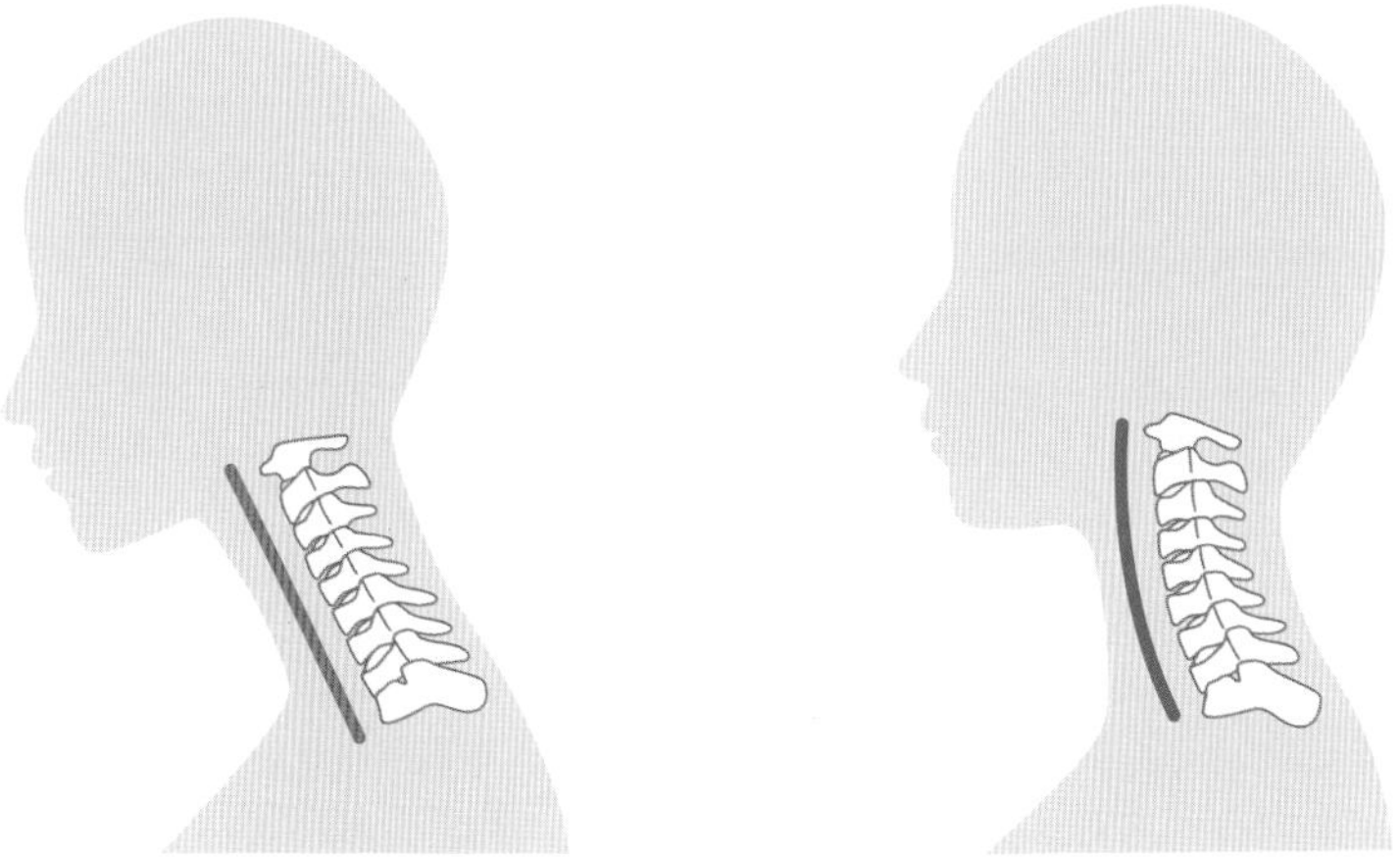

胸郭部が固まっていたり背中が丸まることで頭部前方姿勢になると、首のカーブが真っすぐになってしまい、神経を挟んだり圧迫したりする危険がある

3つの胸郭部の動きチェック

画像1　前後に首を動かす

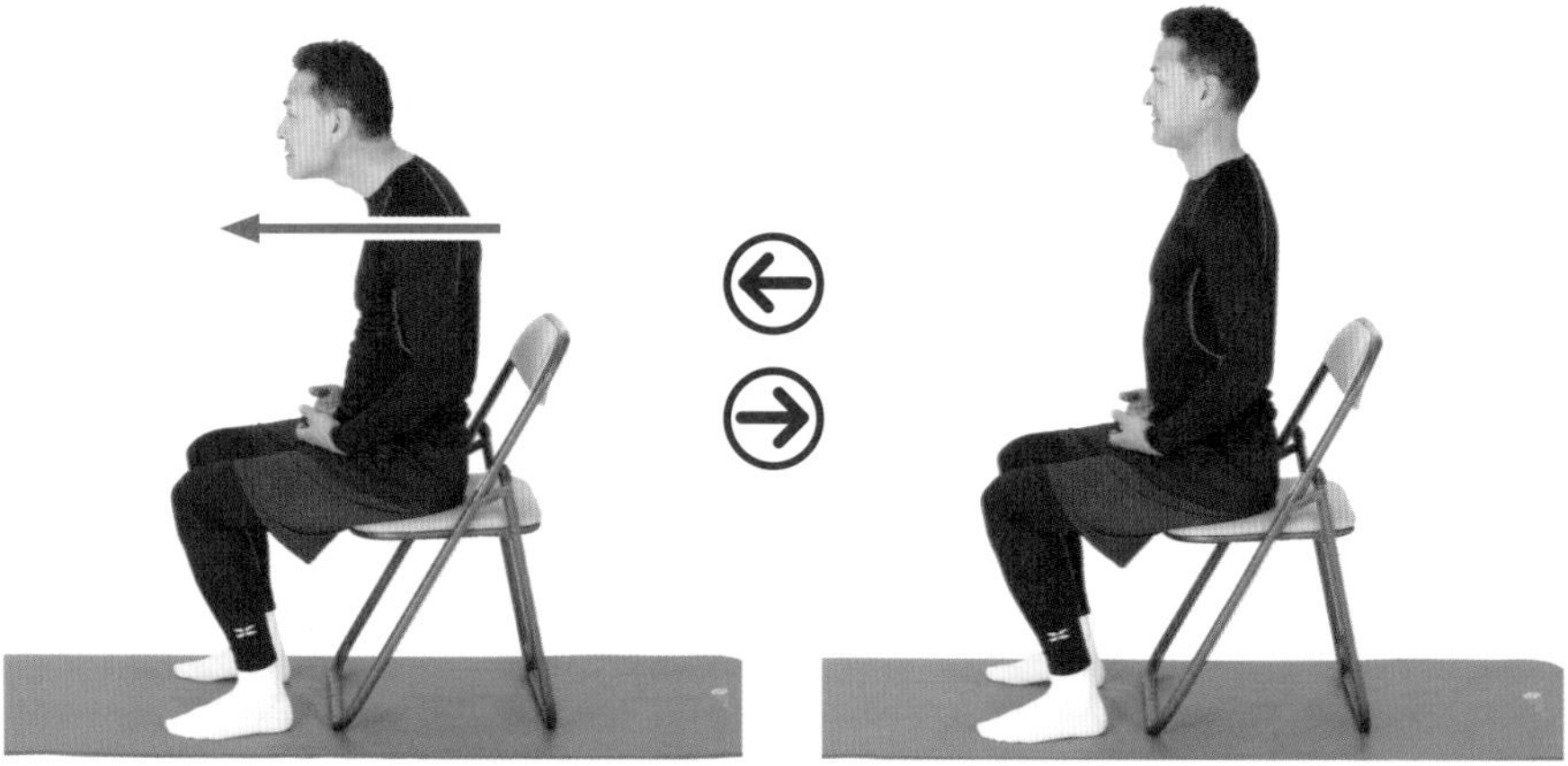

イスに座り、肩よりも前に首を出したり、肩の上に戻したりする。胸郭部の動きが不十分の場合には、腰椎部がたくさん動いたり、頸椎部ばかりが動いてしまう

画像2　立った姿勢で腰を反らせる

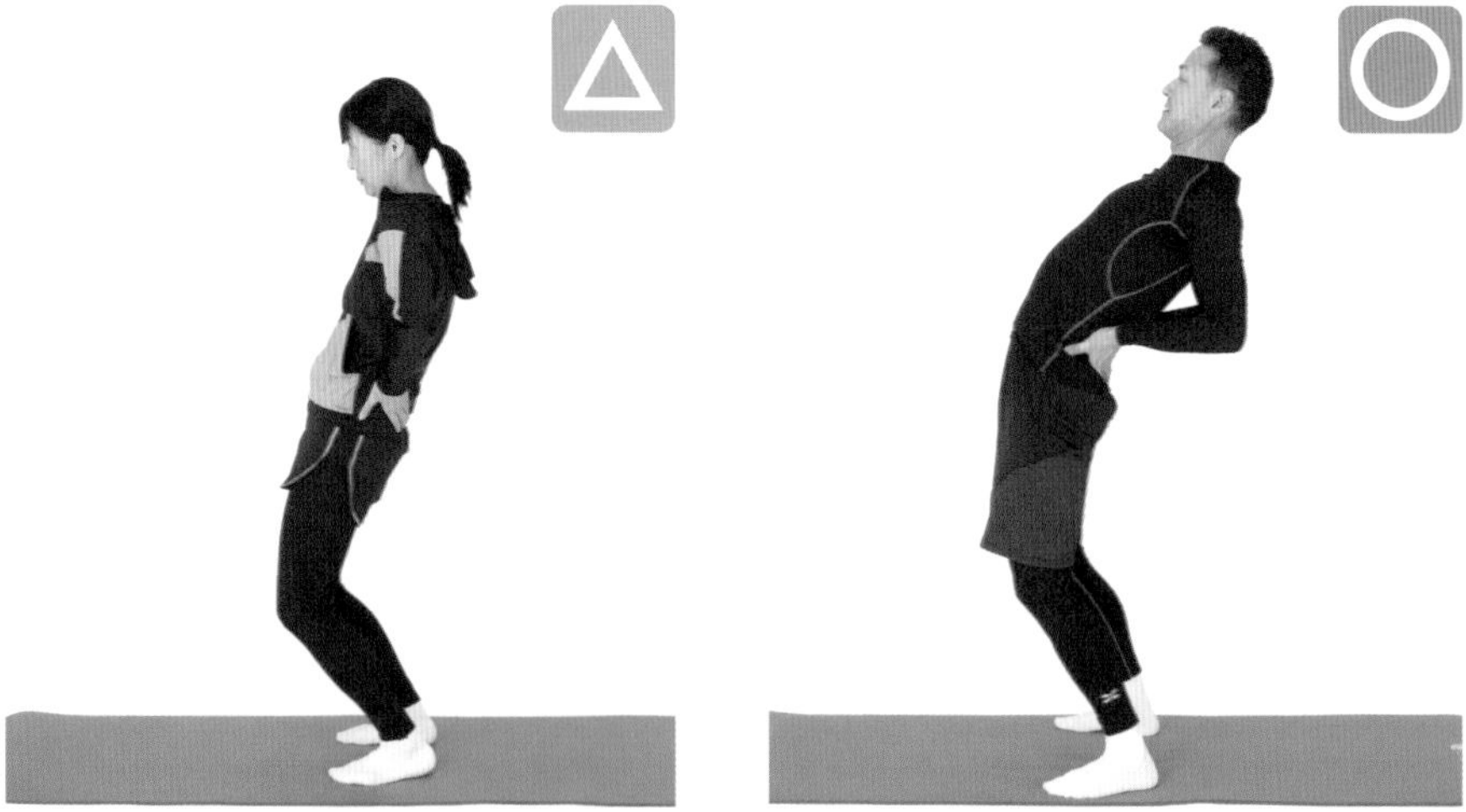

腰の横に手を当てて腰を反らせる。背中が伸びた姿勢で反らすことができればよいが、背中が丸まった状態でしか反らすことができなければ、胸郭部の動きが不十分

画像3 手を合わせて腕を伸ばし左右に回旋

イスに座って両手のひらを合わせ、腕を伸ばして左右に回旋させる。60度以上回旋させることができればOK。それ未満の場合には胸郭部の動きが不十分

画像4 胸郭部の固定化が影響する動き

腕上げ

腹式呼吸（胸郭部：拡大・縮小）

腕が十分に挙げられなかったり、胸郭部が拡大しない場合にも胸郭部がかたくなっている可能性が高くなる

動きケア®コア・ベーシック・エクササイズ4

1

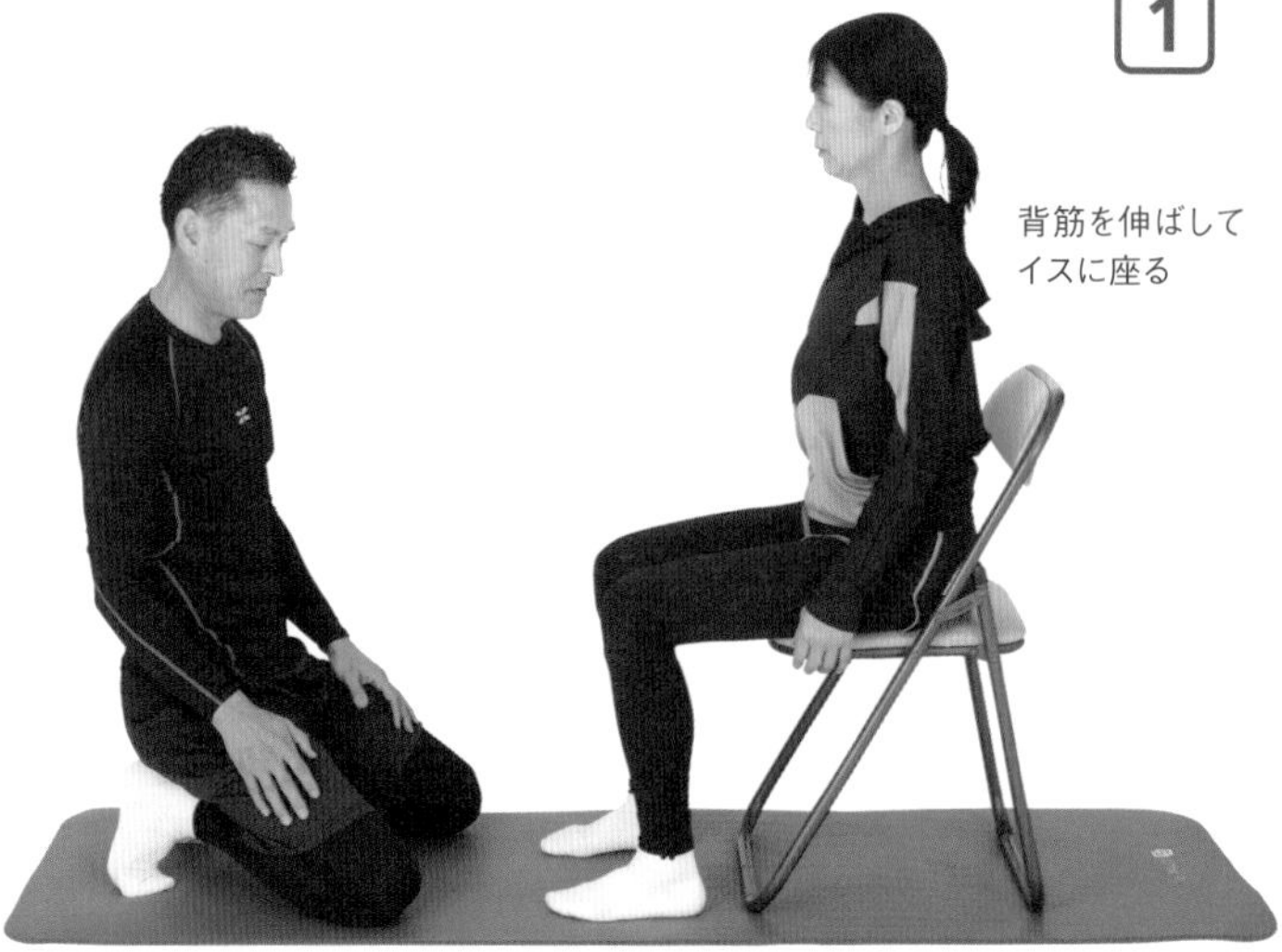

背筋を伸ばして
イスに座る

両足の裏でしっかりと床を踏む

イスに座った状態で床をしっかりと踏むようにし、パーートナーに足を動かしてもらう。これで足が動かなければ上手く腹圧がかかっている（いきめている）目安になる。足が動いてしまう場合はコアの筋が十分に使えていない可能性がある。

腹圧を高められるかを確認してから行う

ここからは48ページで触れた腹圧のトレーニングを紹介します。腹圧を高めるためには、まずは横隔膜・腹横筋・多裂筋・骨盤底筋群を意識しながら部分的に動かしていくことが大切です。まずは床をしっかりと踏めるのかを確認します（画像1）。足の裏で床をしっかりと踏むためには腹圧を高めることが必要で、しっかりと踏めている人は足が動きません。一方で簡単にできると思っている方でも意外と足が動いてしまうのがこのチェックです。腹圧がかかっていないのです。

ここでは①主に腹横筋、②主に横隔膜、③主に多裂筋、④腹圧かけ（いきむ）を意識して行う4つのエクササイズを紹介します。簡単なエクササイズですが、それぞれのコアの筋を意識して部分的に刺激を入れていくと、先ほどの床踏みでしっかりと床を踏めるようになります。ま

画像1 床踏みチェック

2

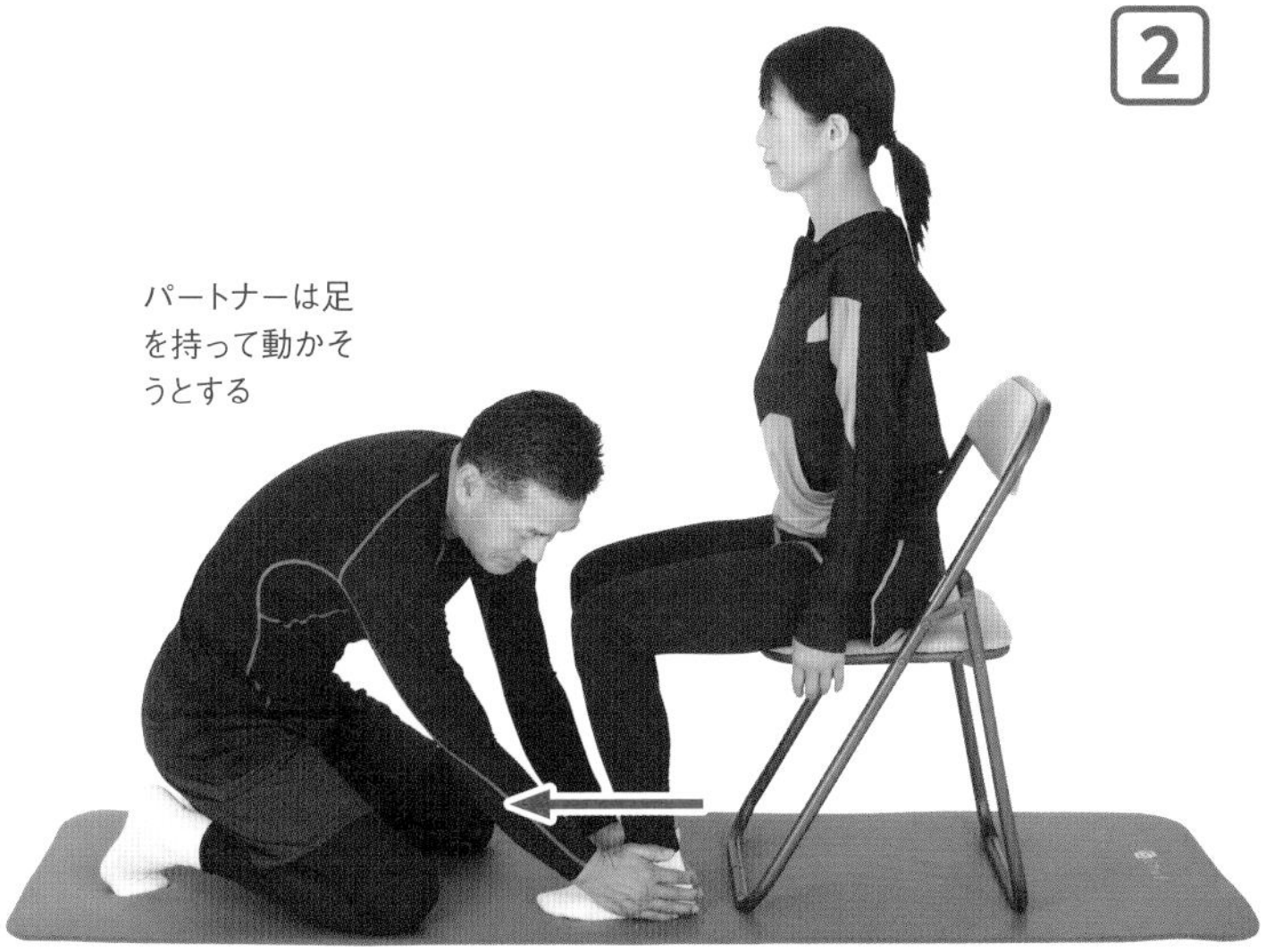

パートナーは足を持って動かそうとする

○

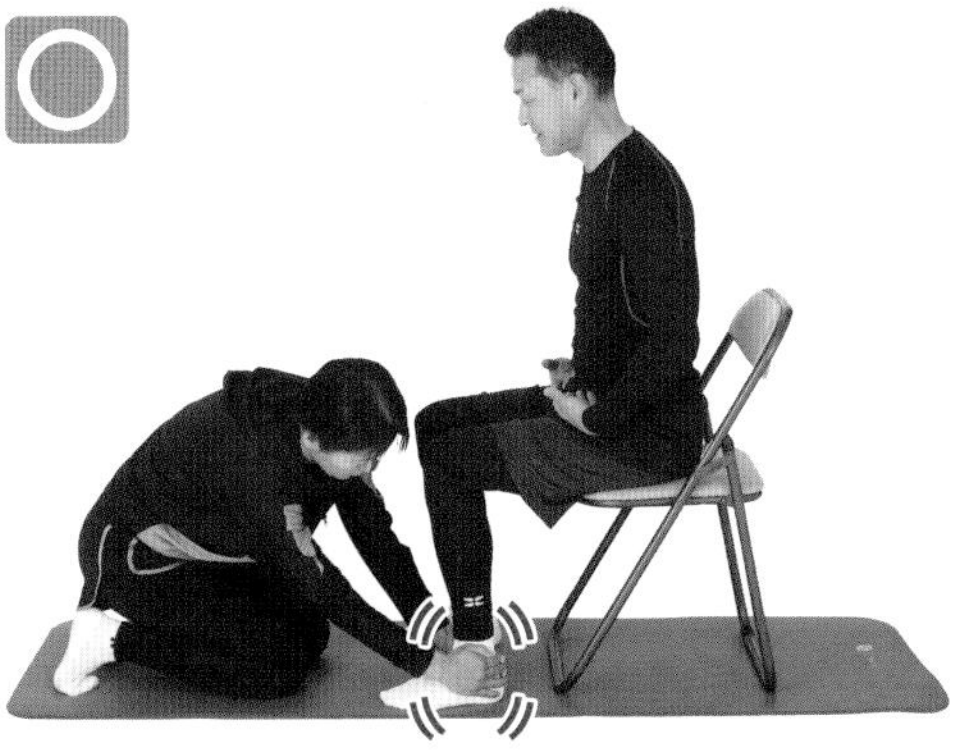

足が動かなければOK

×

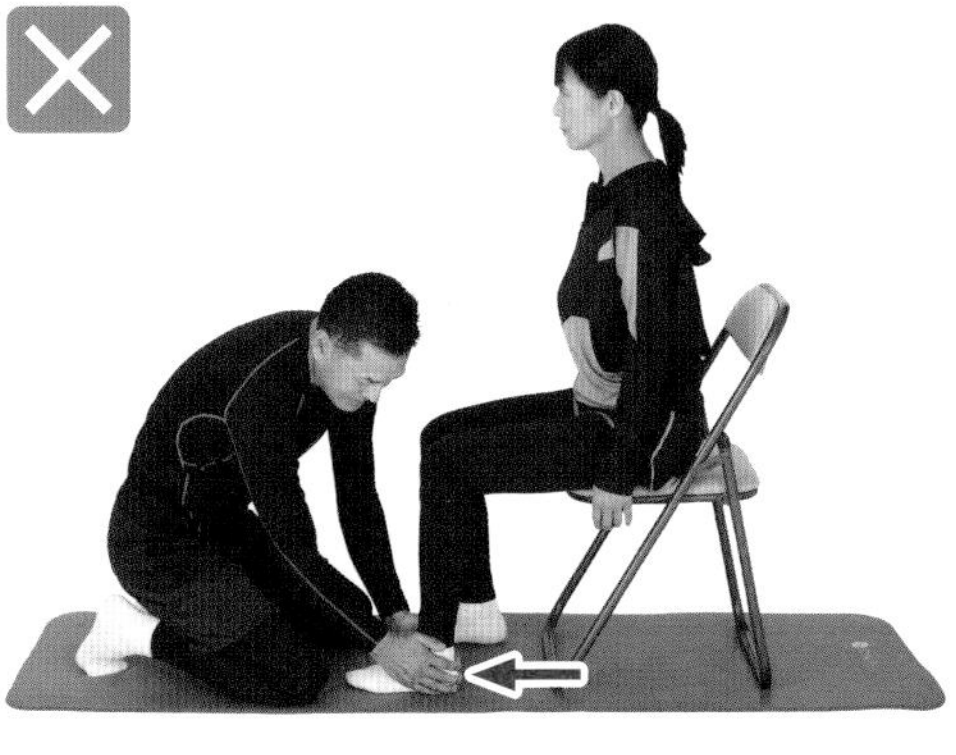

足が動いてしまう場合はコアの筋からの連動ができていない

た51ページで紹介した一般的なコアトレーニングを行う際にも、自然にコアが働いてできることを体感でき、より成果もあがるはずです。

エクササイズ１

腹横筋を意識して行うエクササイズ

まずは腹横筋を意識してお腹だけを凹ませます。できるようなら次は少し難しい四つばい位で行います。

立位

まずは腹横筋を意識して「お腹だけを凹ませる」「脱力してもとに戻す」を立位で行う

楽な姿勢で立つ

四つばい位

お腹を凹ませても背中はフラットのままで「お腹だけを凹ませる」「脱力する」を繰り返す

お腹を凹ませたときに背中が丸まってしまうのはNG

四つばい位になり背中をフラットにする

エクササイズ2

横隔膜を意識して行うエクササイズ

鼻から吸って口からはく腹式呼吸を行います。肩や胸を動かさずに、下腹だけが動くように呼吸を繰り返します。まずははく時間と吸う時間を2：1の割合で行います。次にはく：吸う：止めるを2：1：1の割合で行います。

1

立った姿勢で胸と下腹に手を当てる。手を当てて下腹だけが動いているかを確認する

2

できるだけお腹を凹ませながら息を吐く

3

凹ませたお腹を緩めると息が入ってくるので、お腹をふくらませる。この時、横隔膜が収縮している。この後「止める」時間を入れることで、横隔膜により強い刺激が入る

ステップ例

①「はく8秒」「吸う4秒」

②「はく8秒」「吸う4秒」「止める4秒」

※できるようになったら「吐く12秒」「吸う6秒」「止める6秒」など少しずつ時間を増やしていきましょう。

エクササイズ3

多裂筋を意識して行うエクササイズ

多裂筋は背骨の配列を保持する筋です。まずは四つばい位で、腕や脚を動かしても背骨を動かさずに保持する感じをつかみましょう。

四つばい位

四つばい位になり、背中をフラットにする

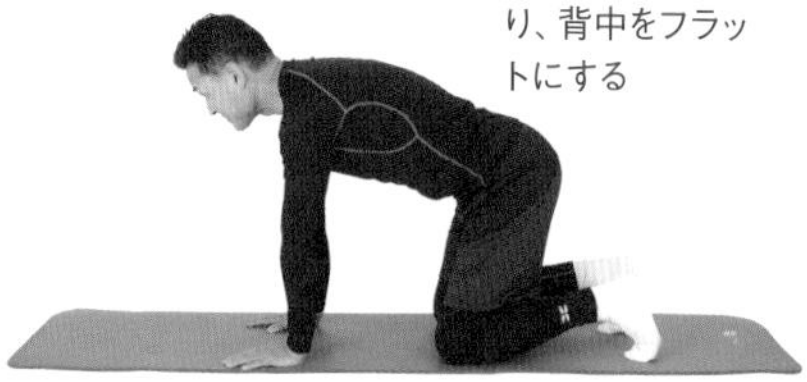

1

背中をフラットに保持したまま[1]腕を動かす、[2]脚を動かす、[3]腕と脚を動かす

2

3

立位

腰椎部の配列を保ったまま胸式呼吸（胸郭の拡大・縮小）を繰り返す

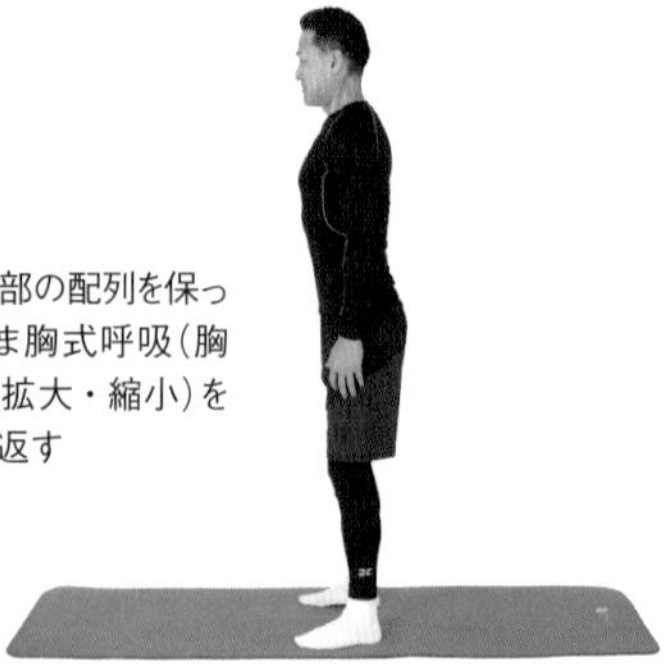

エクササイズ4

腹圧をかける

最後のエクササイズは意図的にいきんで腹圧を高めます。お腹に当ててもらった指やボールを、腹圧を高めることで押し返すようにします。

1 イスに座った状態でパートナーはお腹に手を当てる

パートナーは軽くお腹を押す

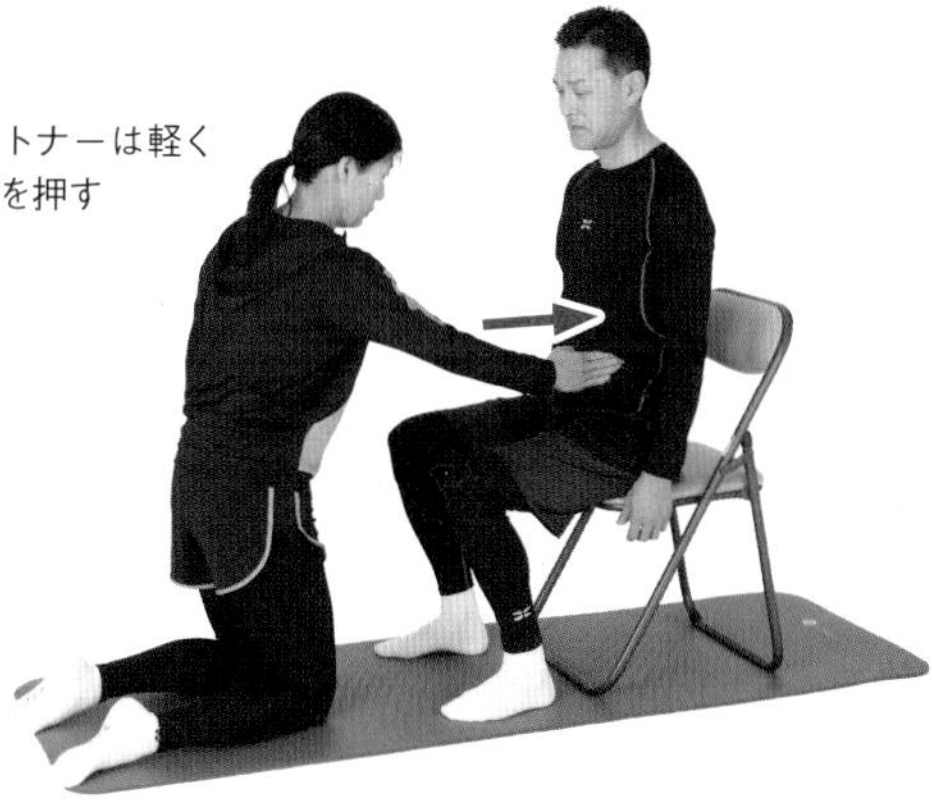

2

いきむ(お腹の圧を高める)ことでパートナーの手を押し返す

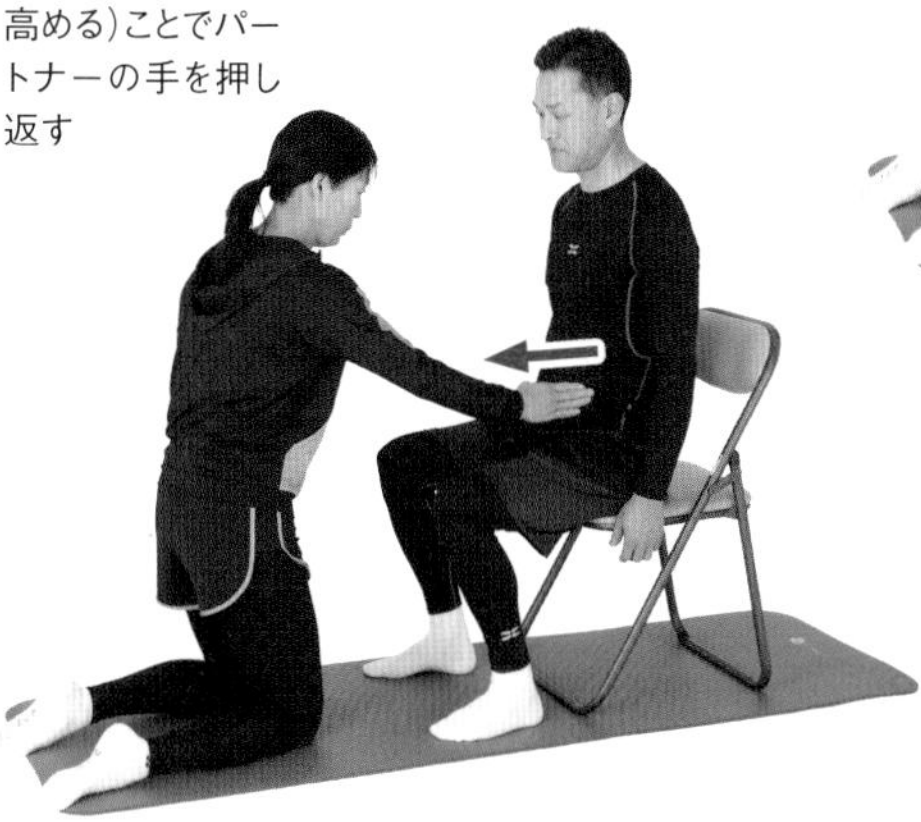

手の代わりにボールを当ててもよい

床踏みチェックで変化を体感する

4つのエクササイズが終わったら、再びイスに座って床を踏み、パートナーに足を動かしてもらいます。4つのエクササイズでコアの筋を働かせると、腹圧を高めて床を踏むことで、足が動かないことを実感できるでしょう。このようにまずはコアのそれぞれの筋を部分的に動かすことで、自然に腹圧を高めることができます。腹圧を高めることは、腰痛の予防改善にもつながります。

1

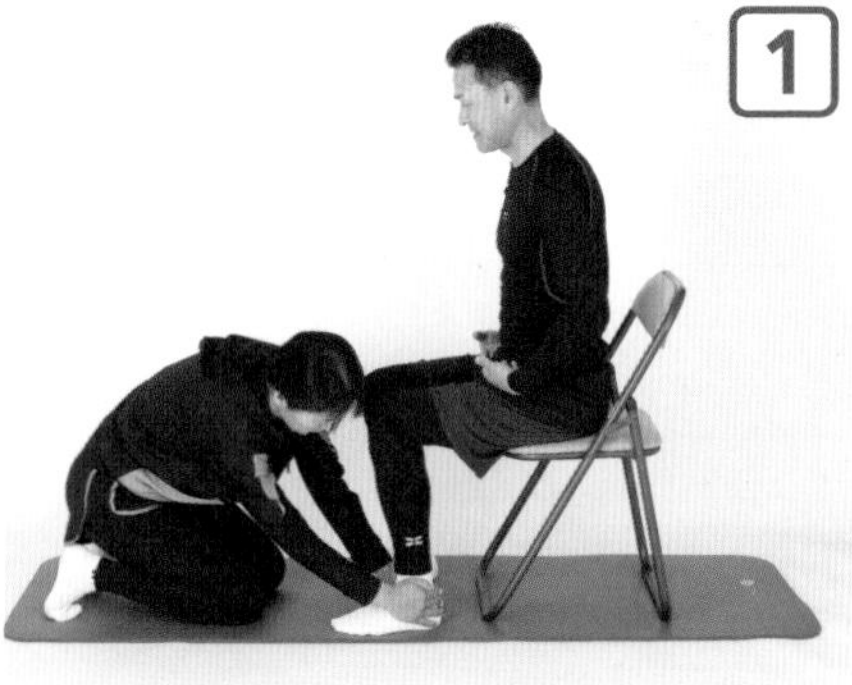

2

再び足踏みチェックを行う。腹圧を高めて床が踏めるようになると、動かそうとしても足が動かない

ポピュラーなコアトレーニングを行った際にもコアが自然に働き、より一層コアへの効果が得られる

PART

2

動きケア®による予防と改善

動きケア®による動きの改善と身体の部分分け

それぞれの部分の基本運動を知る

動きケア®は「身体の部分や全体の動きを整えることによって、動きや姿勢を身体に負担がかからないものに換え、スポーツ障害を予防・改善するものです。部分の動きをチェックし、十分にできないものがあればできるようにし（部分動きケア）、そのうえで連動での仕上げ（連動ケア）へと進みます。まずは「部分動きケア」です。そのためには、そもそも身体をどのように分けるのか、それぞれの部位は基本的にどのように動くのか（＝基本運動）を理解することが大切です。序章の13ページでは概略を紹介しましたが、ここからは各部位の基本運動について、より詳しく述べていきます。

スポーツ障害を抱えている場合、たいてい身体のどこかの部位の基本運動が十分にできなくなっています。そこが直接痛みや不調部位ではないかもしれませんが、人は身体の各部位が連動して動くため、十分に動かなくなっている部位の動きをよくすることが、結果として痛みや不調部位の改善につながるのです。

身体の部分分け

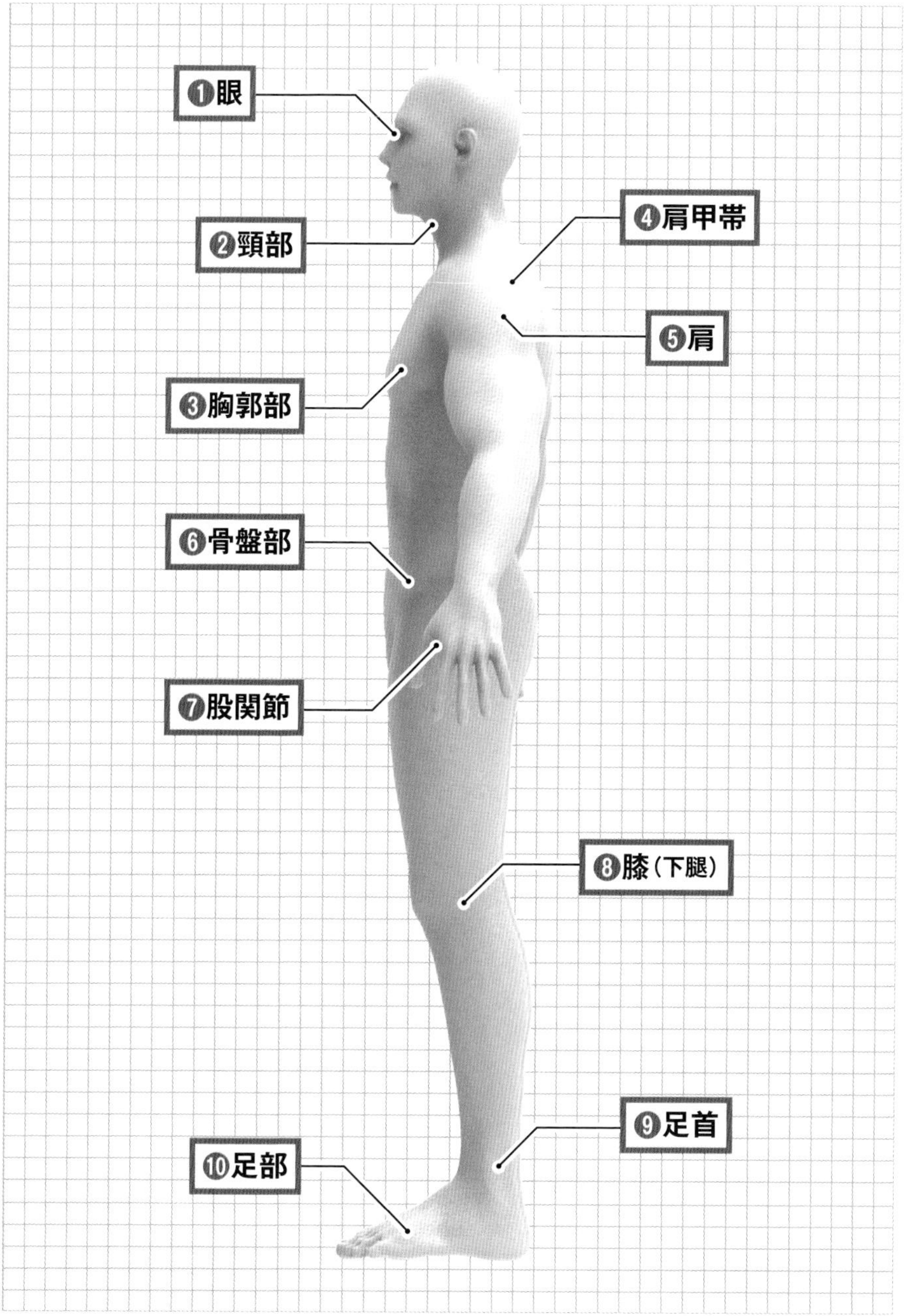
❶眼
❷頸部
❸胸郭部
❹肩甲帯
❺肩
❻骨盤部
❼股関節
❽膝（下腿）
❾足首
❿足部

身体の部分分けと基本運動① 眼

パフォーマンスに大きな影響を与える眼

眼についてですが、動きケア®では、まず動きに直接関係する筋に目を向けています。具体的には眼球を動かす「外眼筋」と遠近の調整などを行う「毛様体筋」などの「内眼筋」になります。外眼筋を使う基本運動は眼球を次の方向へ動かすものです。①上②下③左④右⑤左斜め上から右斜め下（その逆）⑥右斜め上から左斜め下（その逆）⑦右回し⑧左回し。また、内眼筋を使う基本になる動きのひとつが「寄り目つくり」です。こうした眼の基本運動が十分にできないとパフォーマンスを思うように発揮できなかったり、スポーツ障害につながったりするので注意が必要です。

例えば跳び箱が跳べない子がいました。その子は身体を支える腕の筋力や脚を開く柔軟性も持っています。それでも跳び箱が跳べない原因は眼にありました。遠近を調整する眼の筋がうまく機能していなかったため、跳び箱にスムーズに手をつくことができなかったのです。また、眼の機能低下は姿勢や動きの偏りにも関係します。あるアスリートは眼球運動をチェックすると左側の方が視野が広く、右側の視野が狭いという結果でした。続けて頸部：右回旋・左回旋（首を左右にねじる運動）をチェックしてみると、眼球運動の偏りとは逆で、頸部は右回旋の方が可動域大きく、左回旋の方が可動域少ないという結果でした。つまり眼球運動の視野が狭い右側は頸部右回旋の可動域を大きくして視野を確保し、バランスをとっていることになります。頸部をねじる動きに偏りがみられれば、当然、胸郭部の回旋にも左右差があり、股関節の内旋・外旋も左右差があり……、と他部位の動きのアンバランスや姿勢にも影響を及ぼします。このように眼球運動の偏りは他部位の動きや姿勢の偏りに関係し、スポーツ障害につながっている場合があるのです。特に近年はスマホやゲームの影響もあってか視力1・0未満の小中高生の割合が年々増加しているというニュースも目にします。すでに、日本でも高いパフォーマンスのアスリートを育てるためには、眼の機能を高める「スポーツビジョントレーニング」が必須科目になっていると思いますが、まずはここに紹介した眼の基本運動からチェックしてみてください。

9つの眼の基本運動

❶上 ⬌ ❷下

❸左 ⬌ ❹右

❺左斜め上から右斜め下 ⬌ ❻右斜め上から左斜め下
（右斜め下から左斜め上）　（左斜め下から右斜め上）

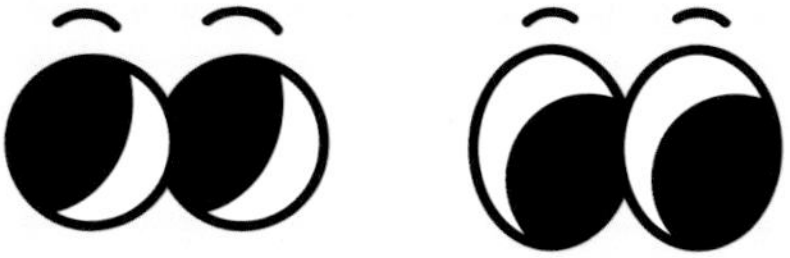

❼右回し ⬌ ❽左回し

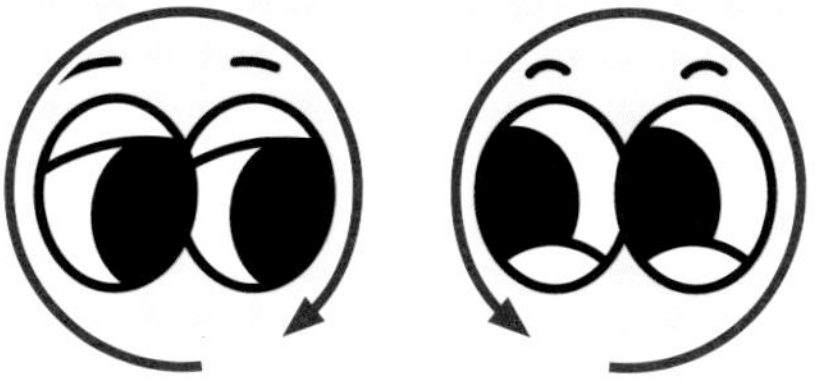

❾寄り目

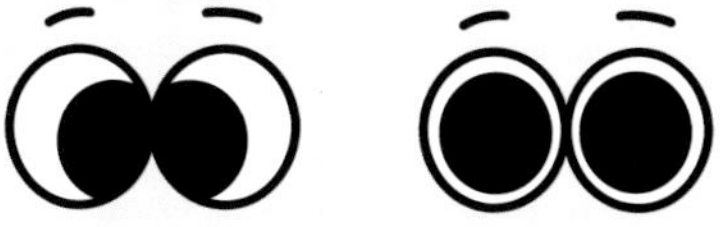

CHECK ここが基準！

まずはこれらの基本運動を見てもらいましょう。明らかに可動域が少ないと感じる動きがあったり、左右で大きな違いがある場合は専門家に相談しましょう。

身体の部分分けと基本運動② 頸部

チェック以外では基本的に動かさない

　頸部の基本運動には「屈曲と伸展」「左側屈と右側屈」「左回旋と右回旋」という6つがあります。頸部についてはとても重要なことがあります。それは動きケア®では「頸部を積極的に動かしたり、直接的な外圧をかけたりしない」ということです。頸部の基本運動はチェックとしてだけ使うことにし、基本運動を行うことで直接改善につなげるようなことはしないようにします。

　頸部は体表面積が小さく、外部からの力に対し弱い部位でありながら、大事な血管や神経が通っている重要部位です。今まで、首に直接外圧をかける施術や首をボキボキ鳴らす習慣、強すぎる首へのストレッチなどでかえって首を痛めてしまったケースをたくさん目にしてきました。本当に首は繊細で大事な部位です。画像のようなストレッチも注意してください。

　首に不調がある場合には、まずは、チェックとして基本運動を行い、どの動きに痛みや不快感、可動域減少があるか把握しておきます。そのうえで、眼や胸郭部、肩甲帯、肩、骨盤部といった他部位の動きケア®（十分にできなくなっている基本運動をできるようにする）をします。再度、頸部の基本運動でチェックしてみると先ほど痛みや不快感、可動域減少があった動きに変化を感じられるはずです。

「人の身体が連動していること」を本当に理解できると、このように繊細な首には直接アプローチしない安全な方法で、首の不調を改善することができます。ぜひ、お役立てください。

6つの頸部の基本運動

❶屈曲 ↔ ❷伸展

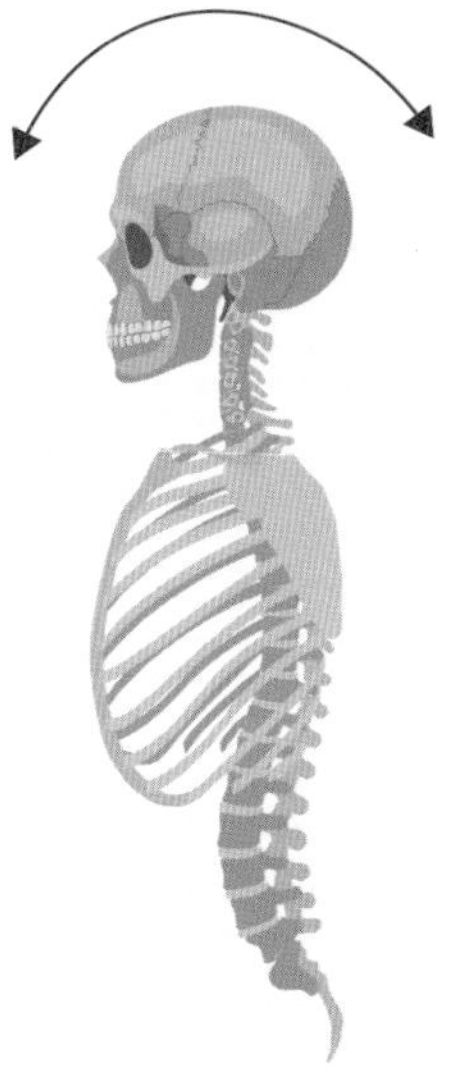

❸左側屈 ↔ ❹右側屈

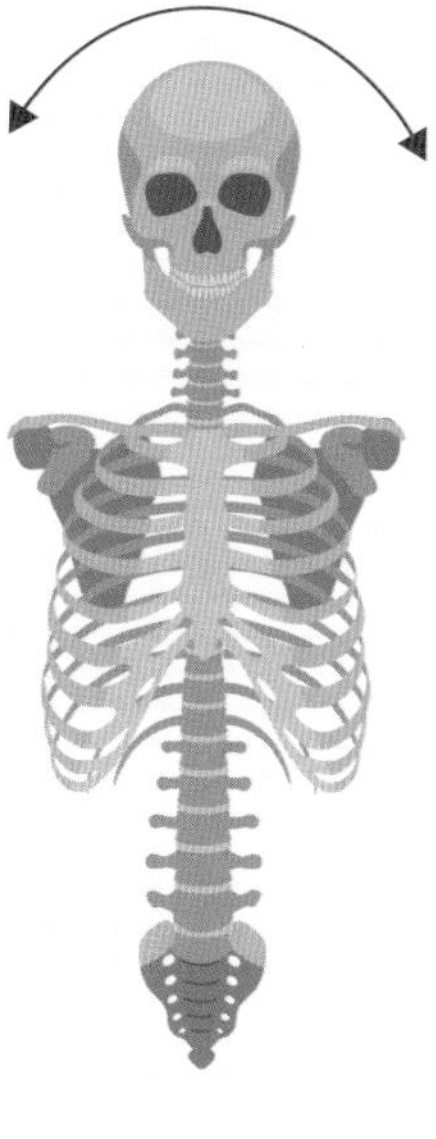

❺左回旋 ↔ ❻右回旋

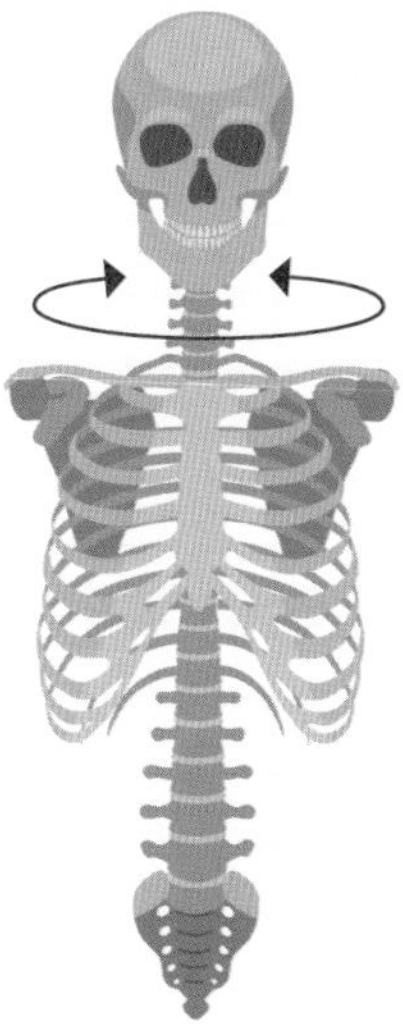

CHECK ここが基準！

伸展チェック （40ページ上段）

回旋チェック 標準的な目安は左右90度ほど

身体の部分分けと基本運動③ 胸郭部

胸郭部の動きは いろいろなところに影響する

胸郭部の基本運動には、「屈曲と伸展」「右側屈と左側屈」「左回旋と右回旋」「拡大と縮小」という8つがあります。この動きの中で、特に現代人は背中が丸まってしまい伸展が十分にできない傾向にあります。背中を丸めてしまうと、左右への回旋の可動域が狭くなってしまいます。つまり伸展ができなければ回旋も十分にできないことになります。

それから「拡大と縮小」ですが、これは呼吸をする場合に胸郭が広がったり、縮んだりする動きです。近年、深呼吸しても胸郭が十分に広がらない、動かないという方が多く見受けられます。これは、体内に十分に酸素を取り入れることができないことに起因する身体の不調にもつながるため注意が必要です。

また、胸郭部が十分に動かないと上にある首や下に位置する腰に過度な負担がかかります。さらに、胸郭部と肩甲帯は連動して動くことが多いため、胸郭部が動かなくなると肩甲帯も動かなくなります。肩甲帯が動かなくなると肩に過度な負担がかかってきます。このように胸郭部が十分に動かなくなると、いろいろなところに影響がでてくるわけです。

一般的には、胸椎部から腰椎部、仙椎、尾椎までをひとまとめにして「体幹部」と呼ぶことが多いと思います。動きケア®では、この「体幹部」をさらに、「胸郭部」と「骨盤部」に分けてみています。そうすると、新たにみえてくることもたくさんあります。動きケア®の「身体の部分分け」をぜひ、お役立てください。

8つの胸郭部の基本運動

❺左回線 ↔ ❻右回線

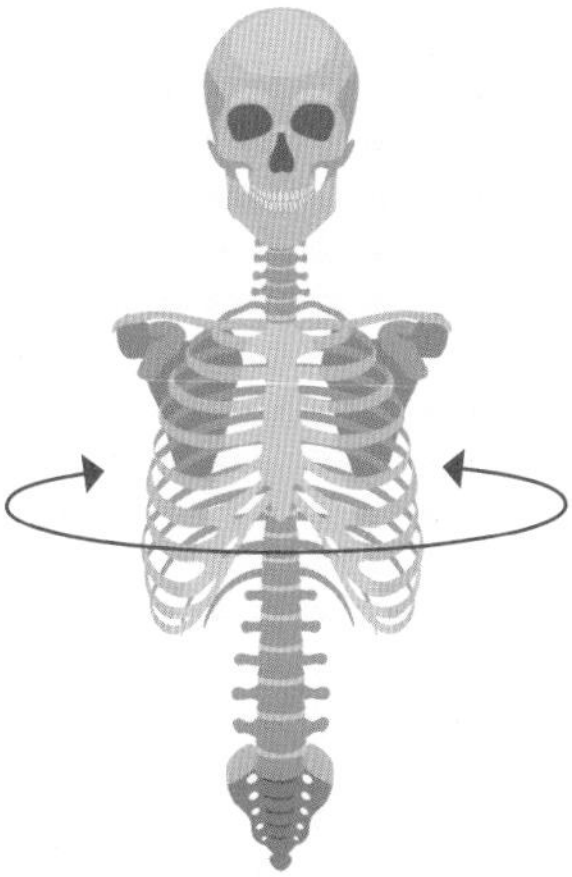

❶屈曲 ↔ ❷伸展

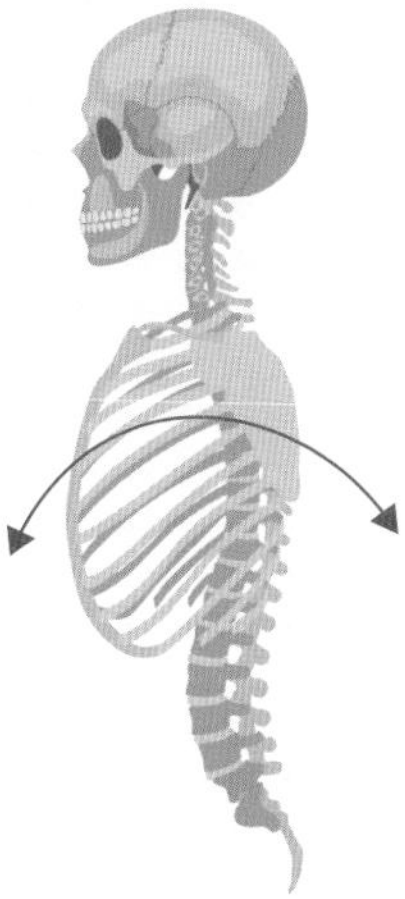

❼拡大 ↔ ❽縮小

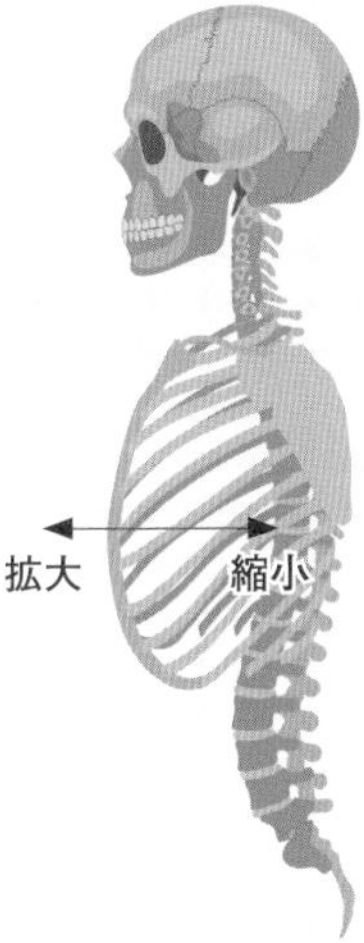

❸左側屈 ↔ ❹右側屈

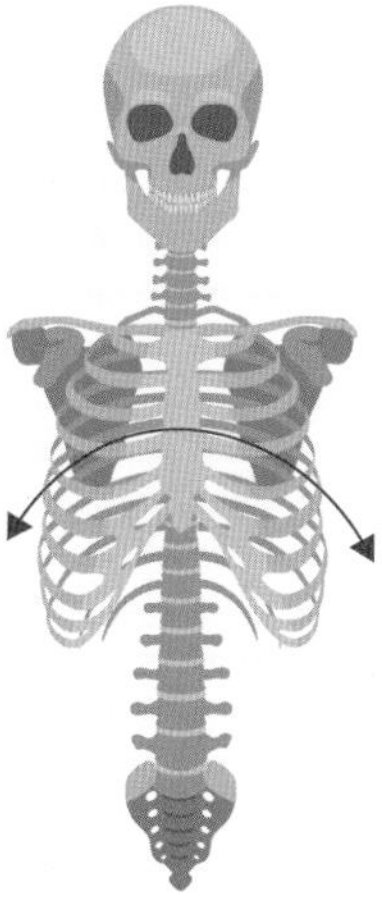

CHECK ここが基準!

胸郭部4つのチェック (54~55ページ)

PART 2

身体の部分分けと基本運動④ 肩甲帯

現代人は下制と内転の動きがやりにくくなっている

肩甲帯の基本運動には、「挙上と下制」「外転と内転」「上方回旋と下方回旋」の６つがあります。これらの基本運動のなかで、現代人は日常的に挙上気味に生活していることが多く、下制の動きができなくなっている傾向があります。これにはいくつかの理由が考えられますが、ひとつには我々が生活する現代社会という環境です。本来は交感神経と副交感神経が交互に働き、緊張とリラックスのバランスが取れていることが基本です。ところが、現代社会は緊張の要素が多く、そうなると自然に力が入りやすくなります。

スポーツ場面で「肩の力を抜いて」と言いますが、肩に力が入っている状態は闘争モードであり、緊張モードです。その状態で生活する時間が長く、肩甲帯挙上姿勢で固定化していることが、下制ができなくなっている要因の一つだと考えられます。

他の動きもみてみましょう。外転は肩を前に出すようにして背骨から肩甲骨を遠ざける動きです。対して内転は背骨に肩甲骨を近づける胸を張るような動きになります。現代人は日常的に外転気味に生活していることが多く、内転の動きが十分にできなくなっている傾向があります。お気づきだと思いますが、現代人の多くは猫背ぎみで、肩が前にでています（肩甲帯が外転している）。その状態で生活する時間が長く、肩甲帯外転姿勢が固定化すると、内転の動きが十分にできなくなるのです。それから、上方回旋と下方回旋の動きですが、肩甲骨の下部が外方へ開くような動きが上方回旋で逆の動きが下方回旋になります。腕を横から耳横まであげる動作を考えてみましょう。肉眼的には脇の下が９０度弱くらいまでが上腕骨の動きで残りは肩甲帯の上方回旋の動きで耳横まで腕があがるのです。ですから、特に肩よりも腕を上げる動作を繰り返すスポーツでは肩甲帯の動きが不十分だと肩に大きな負担がかかってきます。また、首の不調を抱えている方には肩甲帯の動きが不十分なケースがたくさんみられます。肩のスポーツ障害予防改善、首の不調予防改善のために肩甲帯の動きに目を向けてみてください。

イラスト1 肩の構造

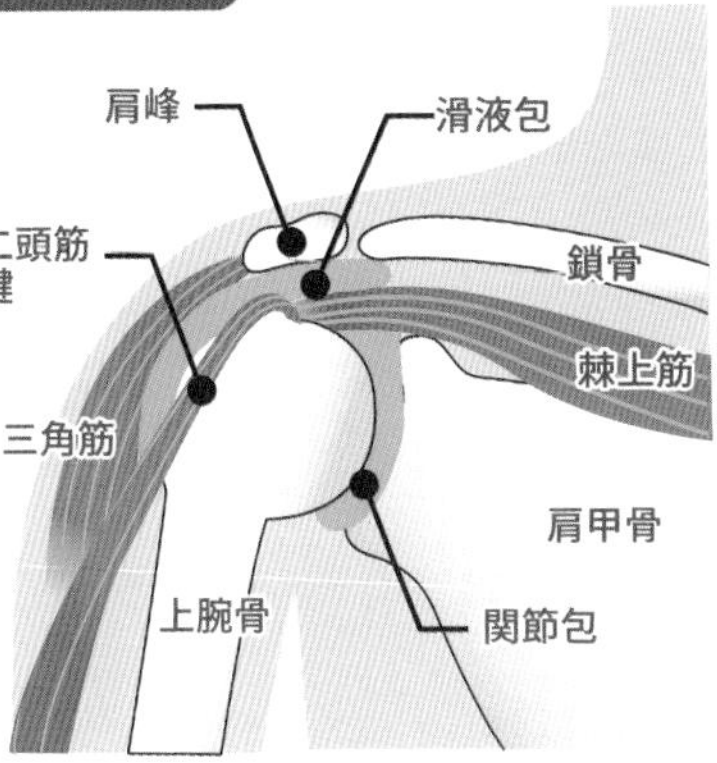

棘上筋の上にある第2肩関節。ここの間が狭いため、骨と筋、滑液包などがぶつかったりしやすい。そうなると炎症を起こして肩の痛みを発症しやすい

6つの胸郭部の基本運動

❺上方回旋 ⟺ ❻下方回旋

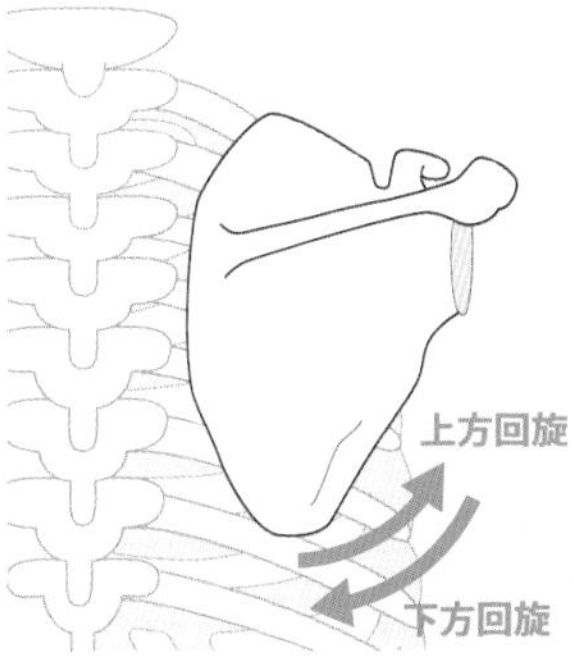

❶挙上 ⟺ ❷下制

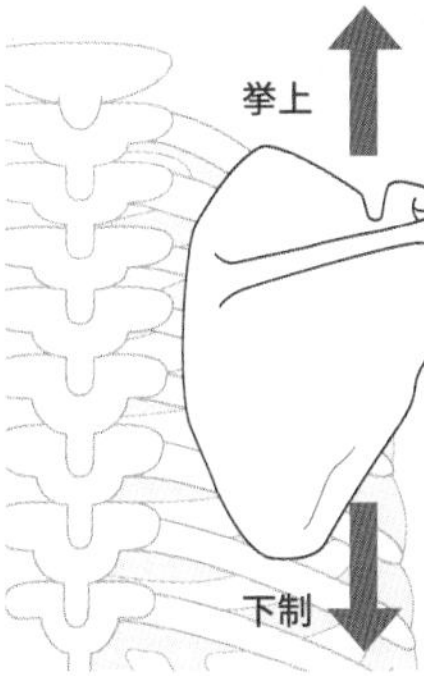

CHECK ここが基準！

挙上・下制、内転、上方回旋のチェック

（126ページ）

❸外転 ⟺ ❹内転

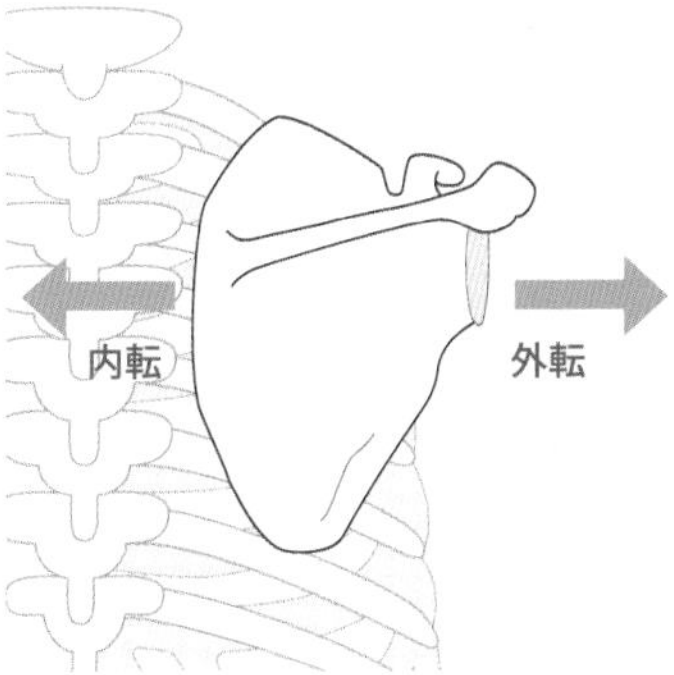

身体の部分分けと基本運動⑤ 肩

スポーツ障害予防改善は外旋と内旋から

肩の基本運動には、「屈曲と伸展」「外転と内転」「外旋と内旋」「水平屈曲と水平伸展」という8つの動きがあります。上腕骨が前に動くのが屈曲で後ろにいくのが伸展、外に開くのが外転で内方に閉じるのが内転です。さらに外方にねじる動きが外旋で内方にねじる動きが内旋、脇の下を90度にしてあごの下へもっていく動きが水平屈曲で後ろに持っていく動きが水平伸展になります。

肩関節はボール＆ソケットジョイント（イラスト1）と呼ばれることがあります。ボールに対してソケットが圧倒的に小さいという特徴があるため、メリットとしてはいろいろな方向に大きな可動域で動くことができます。一方で肩が外れやすい、緩みやすい、不安定になりやすいというデメリットもあります。その不安定になりやすい肩を安定させるために働いているのがローテーターカフと呼ばれる4つの筋です。野球肩、水泳肩、テニス肩などスポーツ肩と呼ばれるスポーツ障害ではたいてい外転の動きで痛みを感じます（×方向運動）（86ページ参照）。この時、他の基本運動もチェックしてみると、内旋や外旋は痛みを感じない場合があります。その場合、動きケア®では「痛い部位は○方向運動」（86ページ参照）の原則にそって内旋と外旋の動きを行います。ローテーターカフの肩甲下筋の機能を高める内旋エクササイズと棘下筋・小円筋の機能を高める外旋エクササイズです。外転の動きで痛みがなくなったら、棘上筋の機能を高めるエクササイズに入っていきます。このようにローテーターカフの機能を高めて肩の安定性向上を目指す場合も○方向運動を使います。

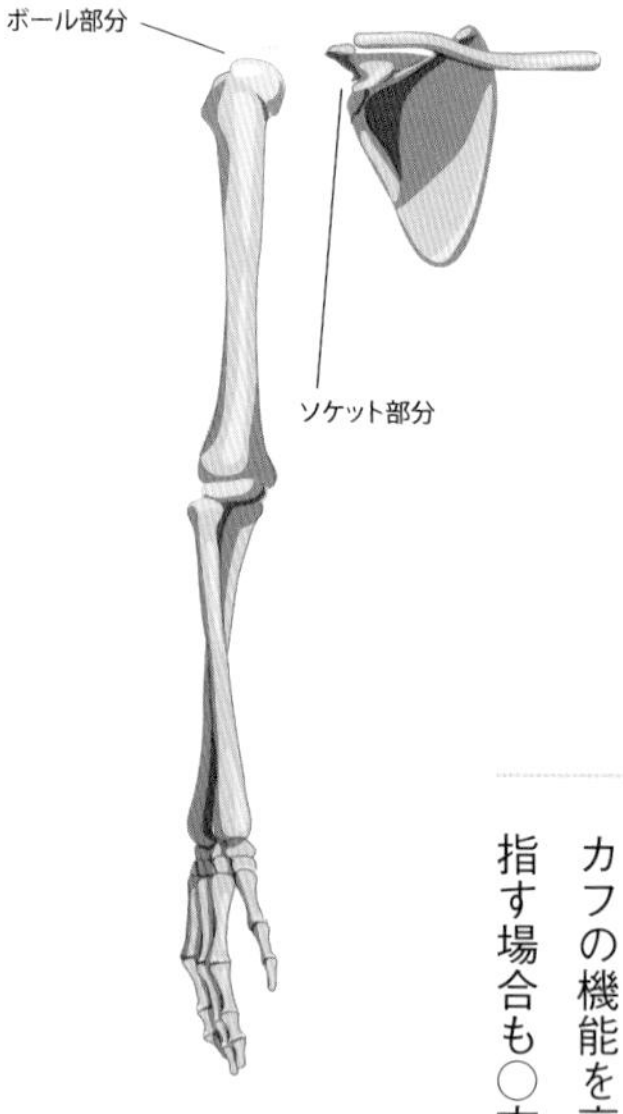

イラスト1

ボール＆ソケットジョイント

ボールに比べて圧倒的にソケットが小さいため、いろいろな方向に大きな可動域で動くというメリットがある。反面、外れやすい、不安定になりやすいというデメリットがある。

イラスト2 ローテーターカフとは

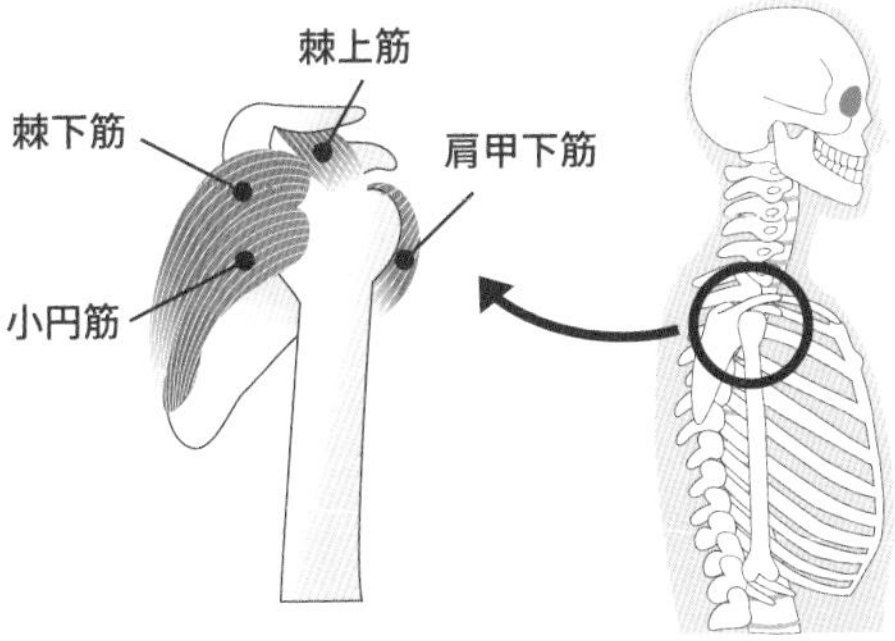

外旋と内旋に働く4つの筋の総称がローテーターカフである。上腕骨を正しい位置にキープするという重要な役割を担う

8つの肩の基本運動

⑤外旋 ⟷ ⑥内旋

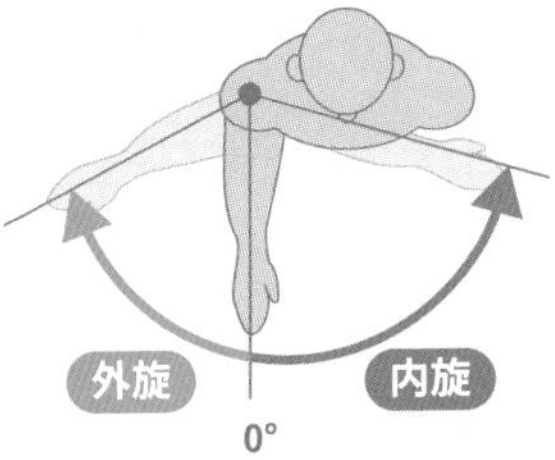

①屈曲 ⟷ ②伸展

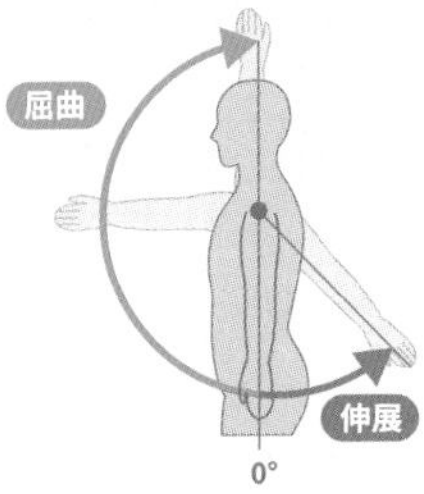

⑦水平屈曲 ⟷ ⑧水平伸展

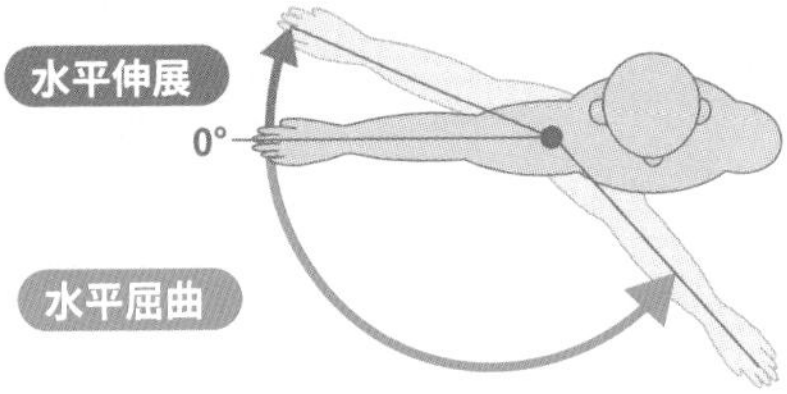

③外転 ⟷ ④内転

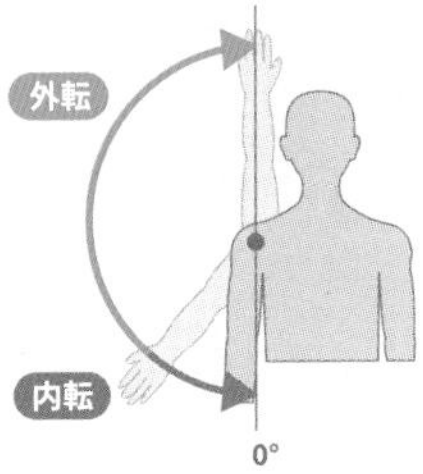

CHECK ここが基準！

まずは肩の外転で痛みがないかチェックしてみましょう。痛みがある場合、内旋と外旋に痛みがなければ行います。痛みがあれば行いません。並行してまずは胸郭部と肩甲骨の基本運動で十分でない動きがあれば、改善をしてみましょう。

身体の部分分けと基本運動⑥ 骨盤部

現代人ができなくなった骨盤部の動き

骨盤部の基本運動には、「前傾と後傾」「左上傾けと右上傾け」「腹圧」という5つがあります。「腹圧」は動きではありませんが、とても重要なため動きケア®では骨盤部の基本運動のひとつに加えてあります。

まずは、「前傾と後傾」ですが、18ページからの「立位姿勢を見る基準」でもお伝えしたとおり、どちらも十分にできることが大切です。どちらも十分にできるようにしておくことが、その人にとって最もふさわしい骨盤の前傾具合が決まることにもつながります。人は衰えると骨盤が後傾してきます。特にシニアのアスリートの皆さんにはスポーツ障害予防のために骨盤前傾の動きが十分にできるよう維持しておくことが大切になります。

次に骨盤左右傾けの動きである「左上傾けと右上傾け」です。48ページ「3つの重要ポイント②骨盤部」でもお伝えしましたが、現代人が十分にできなくなってしまった動きです。特に１３７ページから詳しく紹介していますが、立位での片足荷重から骨盤左右傾けが自然にできるところまで仕上げることが大切です。

足部に痛みや不調を抱えている場合、骨盤部の動きが十分できなくなっているケースがたくさんみられます。足部と骨盤部は遠く離れているので、まったく関係ないように感じるかもしれませんが、実際に骨盤部の動きが十分できるようになると足部の痛みや不調が改善することがあるのです。

最後に「腹圧」ですが、現代人は年齢を問わず、アスリートであっても、そうでなくても自然にうまく「腹圧」を発揮できなくなってしまった印象があります。

まずは、「腹圧」についての身体のつくりを確認し（48～50ページを参照ください）、56ページからの「動きケア®コア・ベーシックエクササイズ」に取り組んでみてください。いろいろな角度から複合的にコアに刺激を入れていくことが自然にうまく「腹圧」を発揮できるようになるポイントです。

骨盤部は身体の〝中心部〟です。中心部が十分に動くことは身体の末端に過度の負担をかけないことにつながります。また、どんな場面でも、中心部を安定した状態に保つことはハイレベルなパフォーマンスを発揮するために必要なのです。

5つの骨盤部の基本運動

⑤「腹圧」

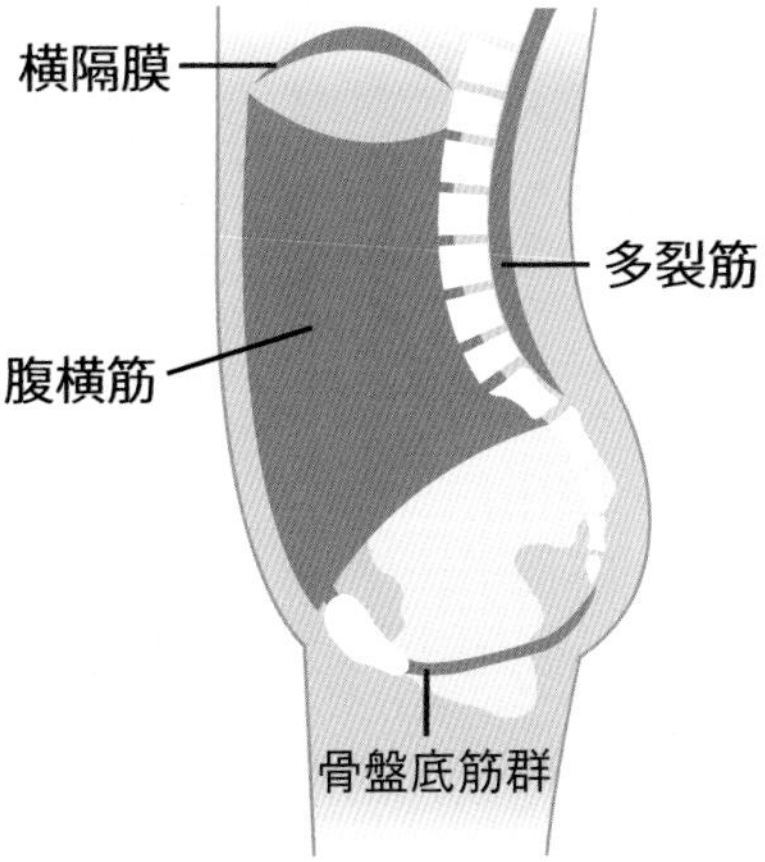

腹圧がかかっていると、十分にいきむことができたり、どんな動きのなかでも自然に安定した体幹部を保持することができる

CHECK ここが基準！

腹圧チェック（57ページ）
前傾後傾チェック（20ページ）
左右傾けチェック（136ページ）

①前傾 ⇔ ②後傾

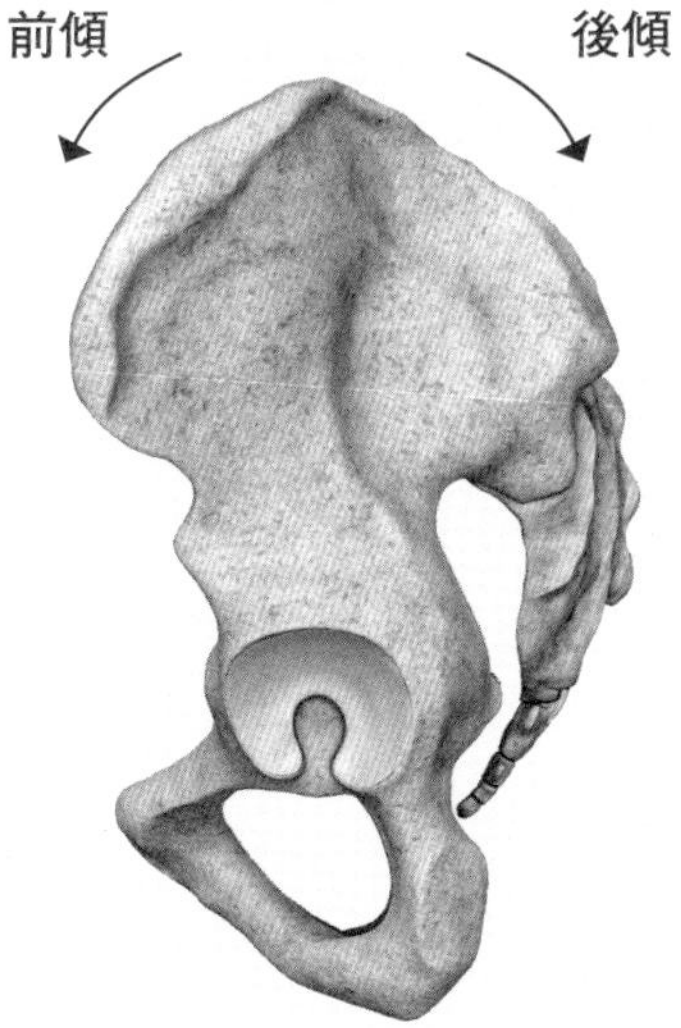

③左上傾け ⇔ ④右上傾け

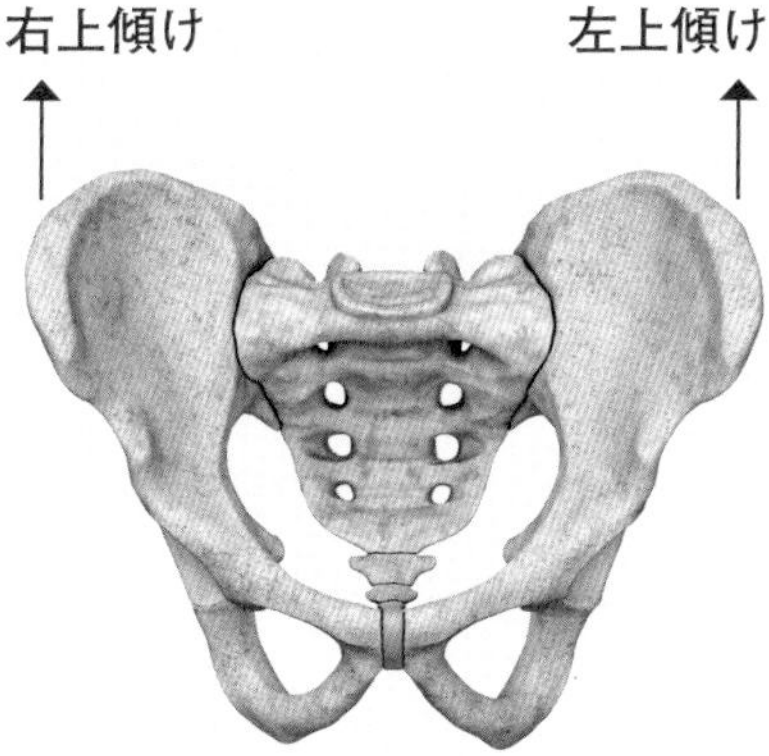

身体の部分分けと基本運動⑦ 股関節

股関節が安定する「しこ」のポジションのために

股関節の基本運動には、「屈曲と伸展」「外転と内転」「外旋と内旋」という6つがあります。太ももが前にでる動きが屈曲で、後ろに引く動きが伸展です。また脚を開く動きが外転、閉じる動きが内転になります。そして脚を内方にねじる動きが内旋、外方にねじる動きが外旋です。

骨盤部と股関節の動きは結果的に同じになることもあるのですが、骨盤部を固定して大腿骨を動かす運動が股関節の基本運動になります。股関節は骨盤の臼蓋というお椀のようなくぼみに、大腿骨頭というボールのような形のものがはまった構造になっています。この臼蓋（おわん）に大腿骨骨頭（ボール）が深くはまり込んで安定するポジションがあります。それが、いわゆる「しこ」のポジションになります。このポジションでは大腿骨骨頭が深くはまり込んで安定するので、下肢の力も上半身によく伝わり腕で押す力も強くなるのです。力士が「しこ」のポジションでつっぱる理由がここにあります。他のスポーツでも使うことが多い「しこ」のポジションは重要です。このポジションを股関節の基本運動であらわすと屈曲―外転―外旋になります。「しこ」のポジションをとるための準備として、屈曲、外転、外旋が十分にできることが必要になります。

少しやってみてもらいたいのですが、手で膝を持って胸に引きつける動きは、まっすぐに胸に引きつけるよりも膝を開いて引きつける方が膝の位置が高くあがります。股関節を開いた方が股関節屈曲の可動域が大きくなるということです。このように股関節が十分に屈曲できるためにはまずは、股関節が十分に開ける（外転、外旋）が必要です。立位の膝の曲げ伸ばしで、つま先よりも内方に膝が曲がる場合、股関節でいうと内旋しています。この動きが習慣になってしまうと外転や外旋、屈曲が十分にできなくなってしまうので注意が必要です。すでに、足裏内側、脛、膝の内側、股関節などに痛みや不調がある場合は、股関節の外転、外旋、屈曲などの基本運動が十分にできなくなっているかもしれません。チェックしてみてください。

6つの股関節の基本運動

⑤外旋 ⇔ ⑥内旋

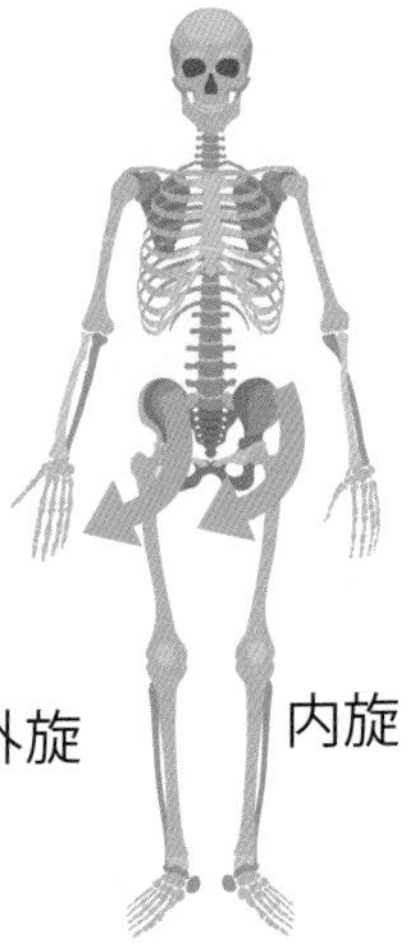

☞ CHECK ここが基準！

内旋と外旋のチェック（140〜141ページ）

①屈曲 ⇔ ②伸展

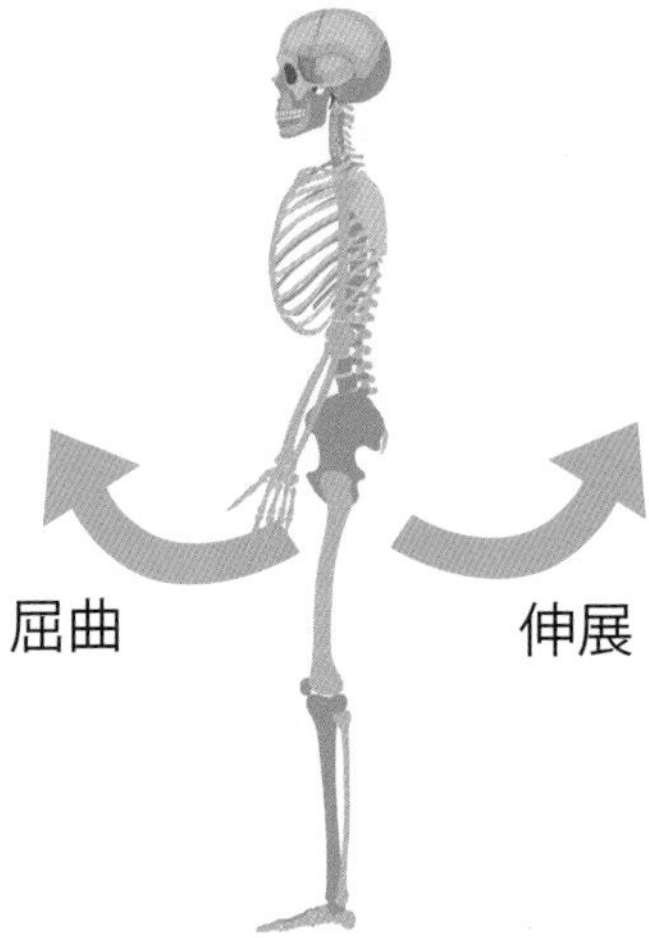

③外転 ⇔ ④内転

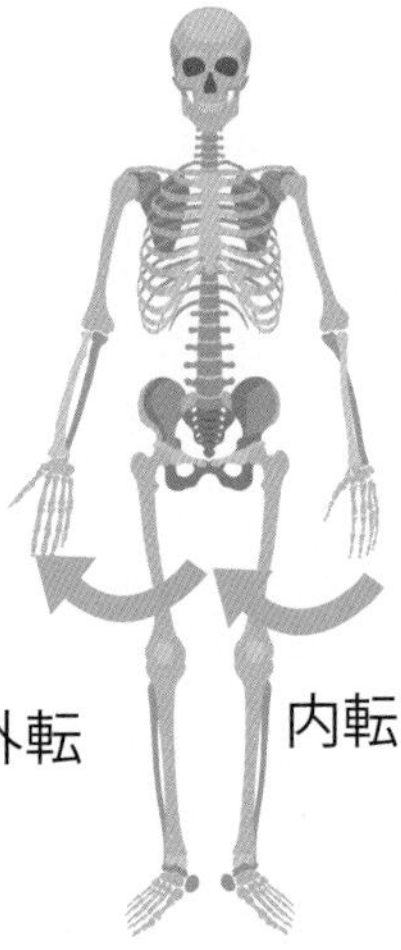

身体の部分分けと基本運動⑧ 膝（下腿）

膝を曲げた時だけ外旋、内旋ができる

膝が伸びた状態

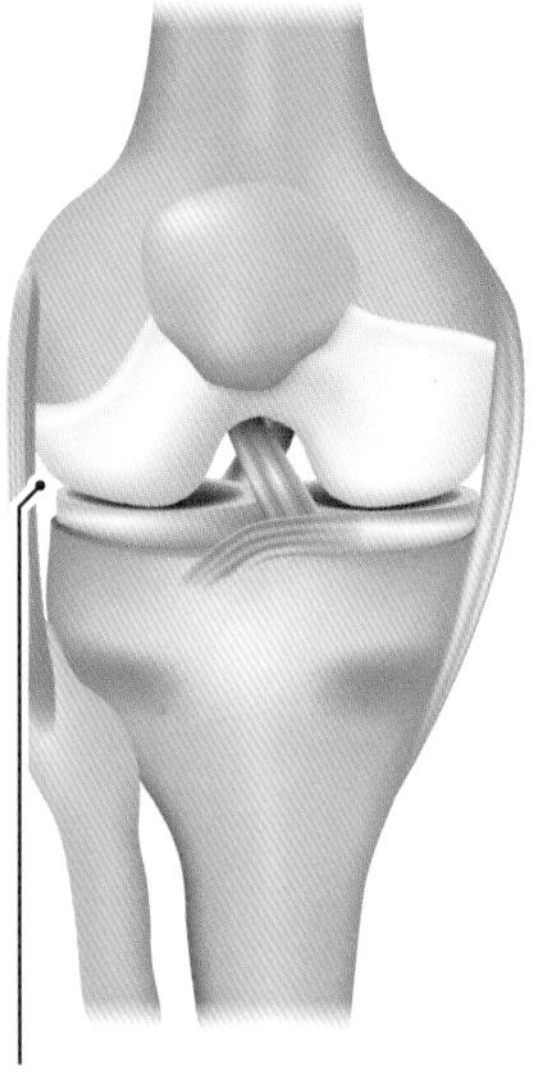

膝が曲がった状態

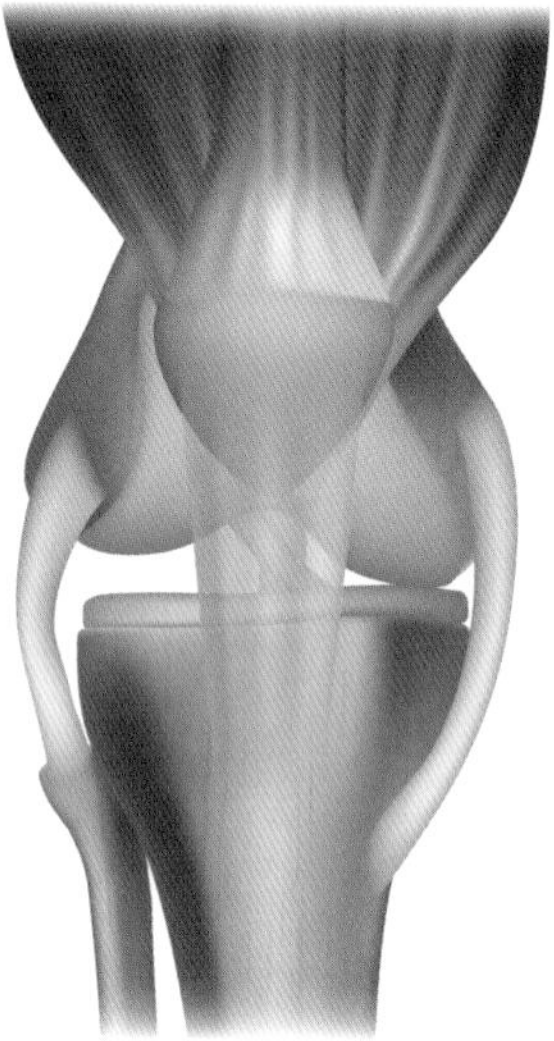

膝を曲げるとすき間分の余裕が生まれ、外旋や内旋が可能になる

膝は曲がるとねじれやすく不安定になる

膝（下腿）の基本運動には、「屈曲と伸展」「外旋と内旋」という4つがあります。

屈曲は膝を曲げる動きで、伸展は膝を伸ばす動きです。また外旋と内旋は膝が曲がった状態でのみできる動きで、外旋は下腿を外方にねじる動きで、内旋は下腿を内方にねじる動きになります。膝が伸びている時は内側側副靭帯と外側側副靭帯が膝をロックし固めることになり、基本、膝の内外旋は起こりません。内側側副靭帯は関節包にぴったりくっついていますが、外側側副靭帯と関節包との間にはすき間があります。膝が曲がると、このすき間分の余裕が生まれ、外旋と内旋が可能になるのです。膝は伸びていると安定していて、曲げると不安定になるとも言えます。例えば、膝の曲げ伸ばしの際に、つま先方向と違った方向に膝が

4つの膝（下腿）の基本運動

③外旋 ⟺ ④内旋　　①屈曲 ⟺ ②伸展

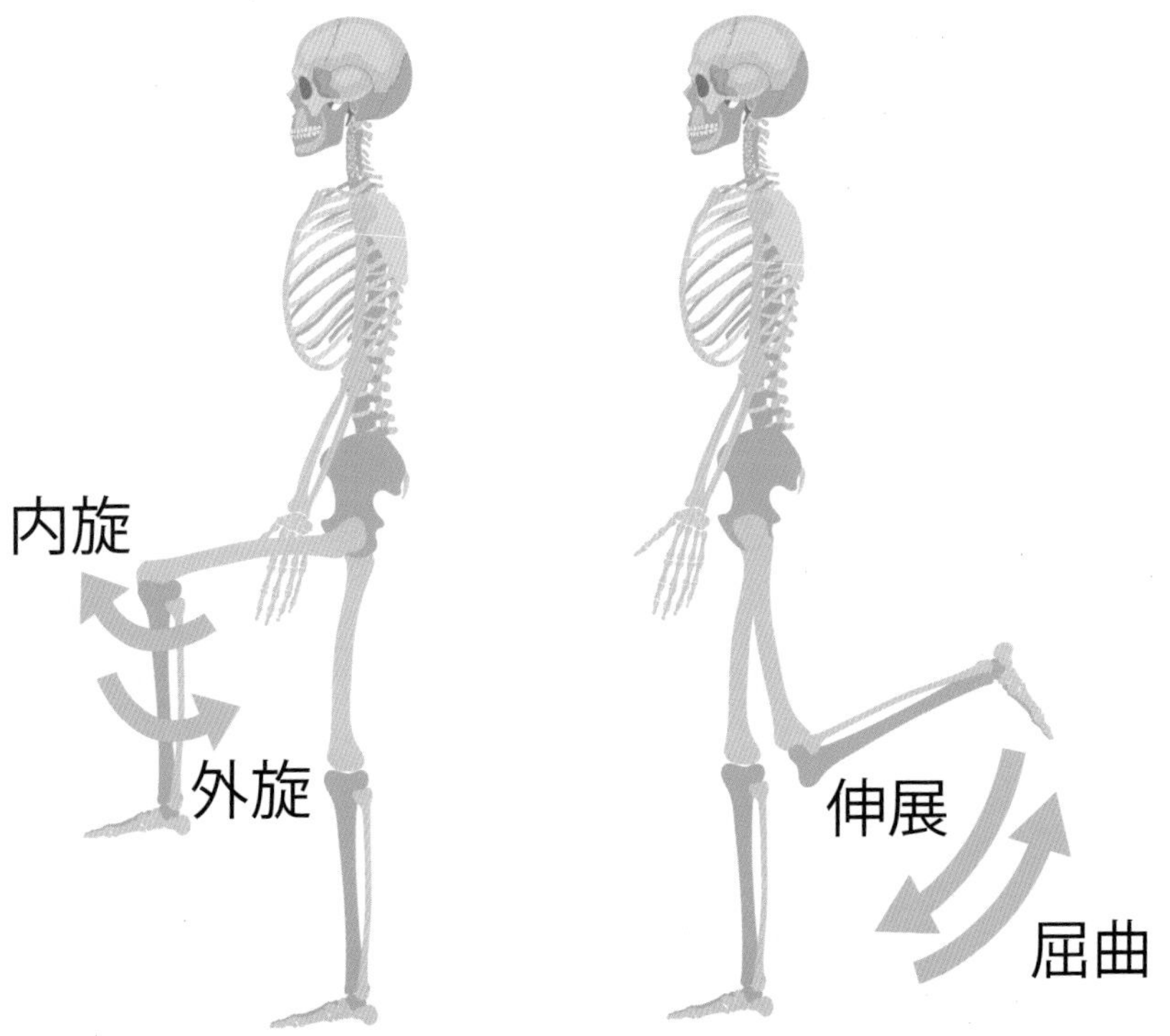

曲がると、不安定な状態で膝に強いねじれの刺激が入ることになり、スポーツ障害のリスクが高まるのです。膝が十分に伸びないとか、曲がらないという状態は把握しやすいのですが、内旋、外旋の動きに偏りが生じていることには気づきにくいものです。内旋、外旋が偏りなく十分にできるということは、半月（半月版）の良好なコンディションもあらわしています。膝のコンディションを把握するためにも内旋と外旋をチェックしてみてください。

CHECK ここが基準！

内旋と外旋のチェック（146ページ）

身体の部分分けと基本運動⑨ 足首

あおり動作の体重移動

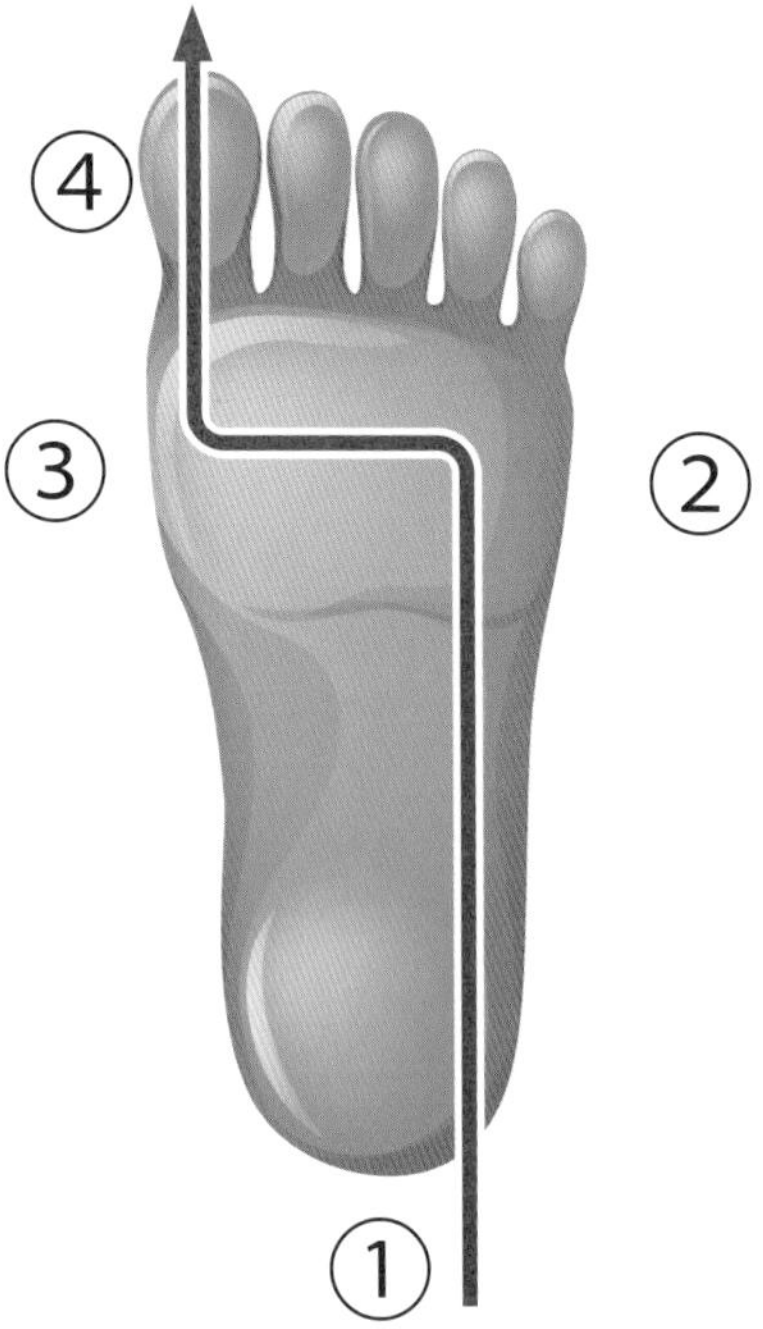

歩き方の基本は①踵で着地、②小指球側に体重移動、③母指球側に体重移動、④母指で蹴り出す。このときの①から②の動きが内がえしであり、②から③の動きが外がえしになる

歩く動きでも重要になる 足首の基本動作

足首の基本運動には、「背屈と底屈」「外がえしと内がえし」「外旋と内旋」という6つがあります。背屈は足首を曲げる動きで、底屈は足首を伸ばす動きです。外がえしは足裏を外方に向ける動きで、内がえしは足裏を内方に向ける動きです。この外がえしと内がえしは歩く時にも重要な役割を果たします。歩き方の基本とされているのが、踵で着地→小指球→母指球と荷重し、母指で蹴るという動きです。この動きの中で、踵から着地し、小指球に荷重するまでは足裏が内方を向いていますが、この動きが内がえしになります。また小指球から母指球に荷重する際に内方を向いていた足裏を床につけるように動かしますが、この動きが外がえしになります。この動きは「あおり」と呼ばれます。このように外がえしと内がえしの動きが十分にできないとスムーズ

6つの足首の基本運動

①背屈 ↔ ②底屈

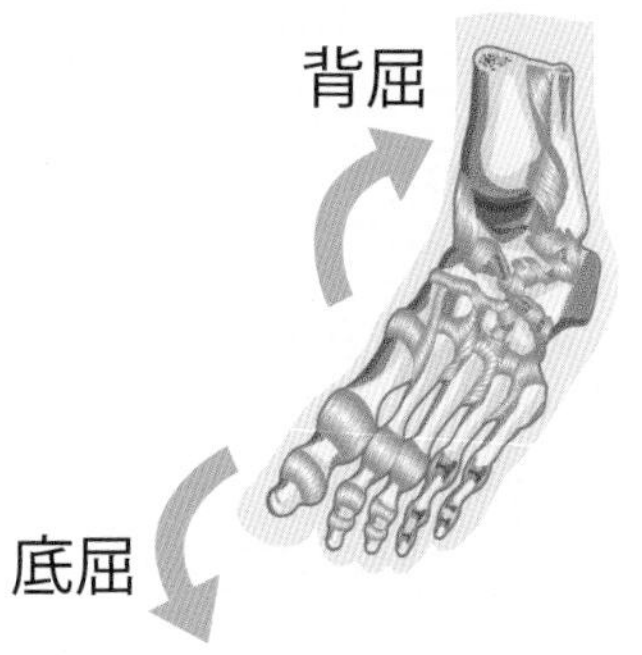

③外がえし ↔ ④内がえし

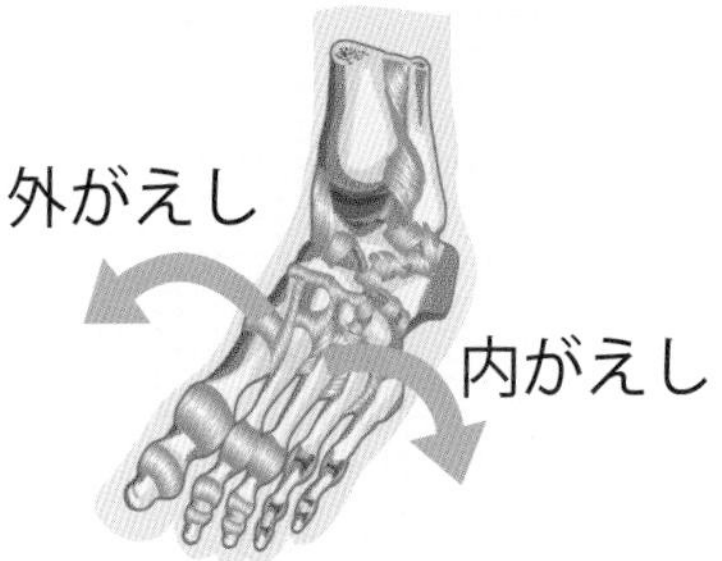

⑤外旋 ↔ ⑥内旋

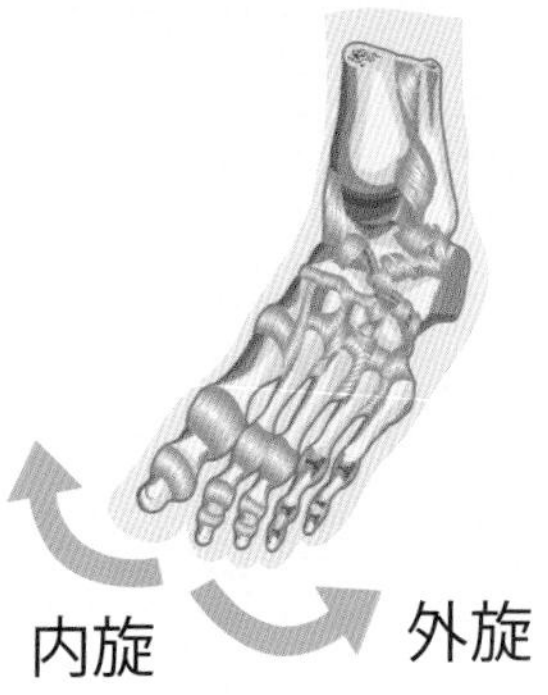

CHECK ここが基準！

足首の基本運動チェック
（150~155ページ）

な歩行ができないわけです（１０４ページの「歩きのチェック」ではより詳しく歩きについて解説しています）。

あとは、「外旋と内旋」ですが、距腿関節と距骨下関節の動きで、つま先を外方に向ける動きが「外旋」、つま先を内方に向ける動きが「内旋」になります。足首に捻挫グセがある場合などは、必ずと言ってよいほど、今までみてきた足首の基本運動の中に十分にできない動きがあります。その動きが十分にできるようになると足首の安定性も向上し、捻挫の再発予防にもつながります。「足首がゆるい」、「足首の弛緩性、不安定性が高い」と言われている方も、足首をまたぐ筋の機能を向上させればスポーツ障害リスクを軽減することができます。詳しくは１５０ページ「足首のチェック&エクササイズ」で紹介しています。ぜひ、お役立てください。

身体の部分分けと基本運動⑩ 足部

足部の細かな基本運動が身体の動きを支える

足部の基本運動としてここでは、「外がえしと内がえし」「外転と内転」「足指屈曲と足指伸展」の6つを挙げています。まずは、外がえしと内がえしですが、これらの動きでは足首の基本運動で確認したように足首の関節も動きますが、ショパール関節、リスフラン関節も結構大切です。このショパール関節、リスフラン関節がかたくて動かないと外がえし、内がえしは十分にできません。また、外転と内転ですが、ショパール関節、リスフラン関節の動きで、つま先を外方に向ける動きが「外転」、つま先を内方に向ける動きが「内転」です。ショパール関節、リスフラン関節がかたくて動かないと外転、内転も十分にできません。この2つの関節は自分で大きく動かせるものではありませんが、ショパール関節、リスフラン関節のところを手でもって内外にねじってみて適度の動き（あそび）があるかみてください。それから足指を曲げる動きが足指屈曲、反らす動きが足指伸展になります。特に中足指節関節（母指第2関節、他指の第3関節）で曲げる、反らすが十分にできることが大切です。

ショパール関節とリスフラン関節、中足指節関節

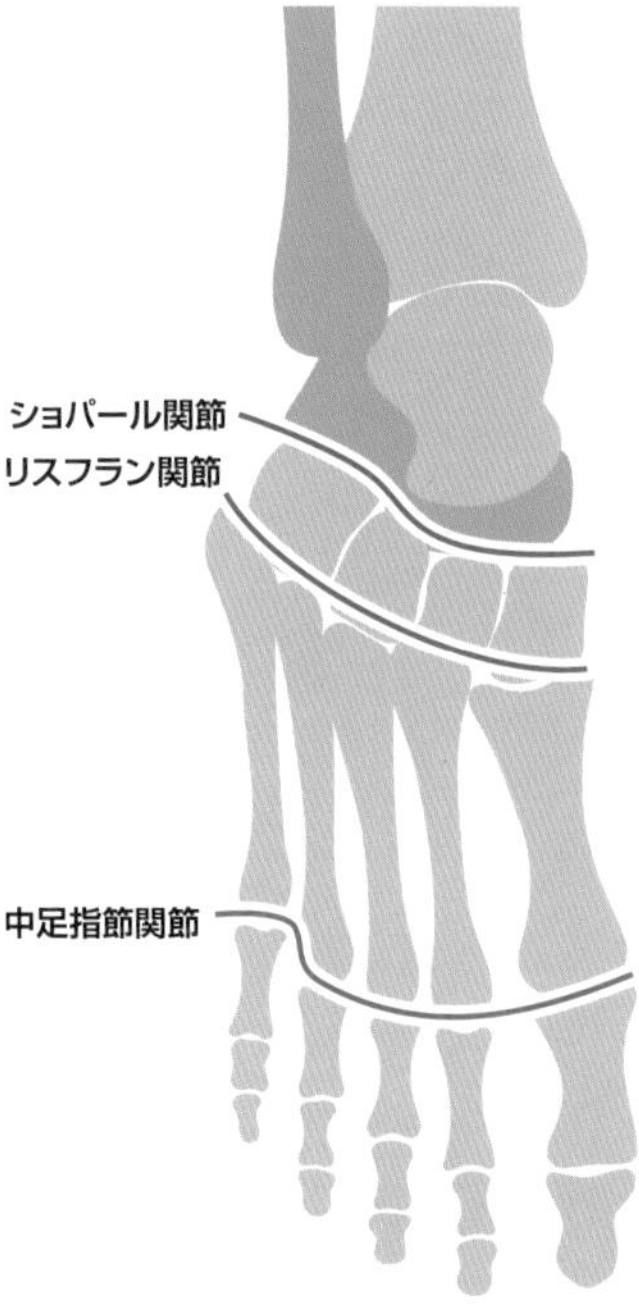

まずは3つの関節、ショパール関節とリスフラン関節、中足指節関節を確認する

6つの足部の基本運動

❺足指屈曲 ⟷ ❻足指伸展

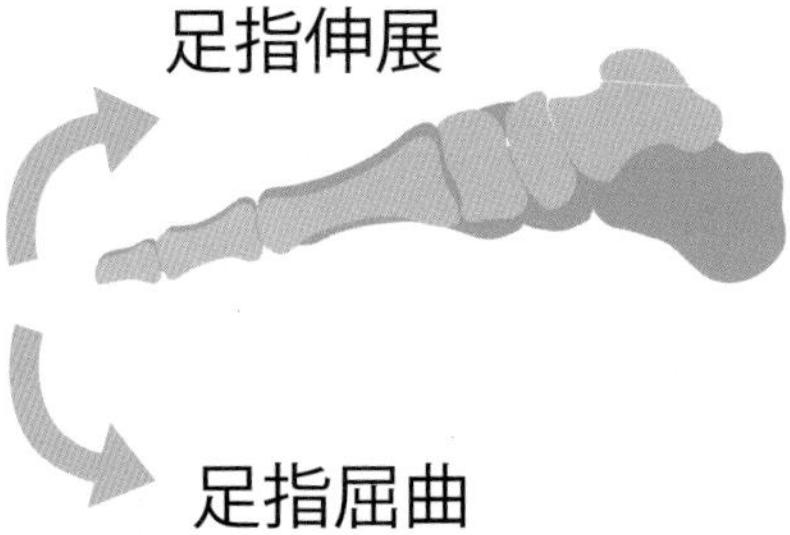

CHECK ここが基準！

足首を曲げながら足指グーチェック
（156~159ページ）

❶外がえし ⟷ ❷内がえし

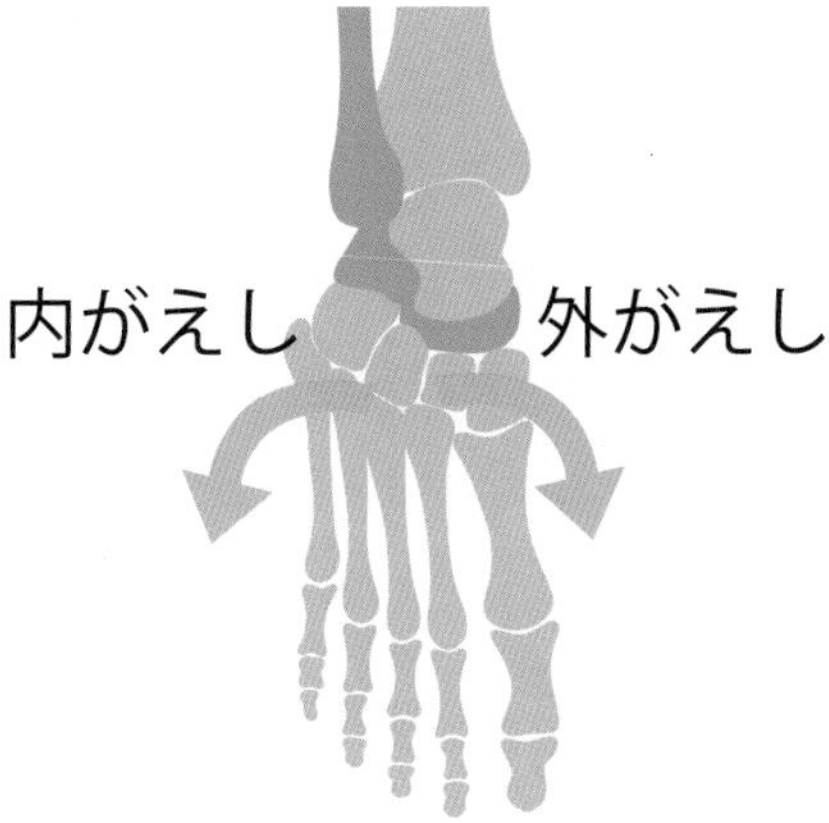

❸外転 ⟷ ❹内転

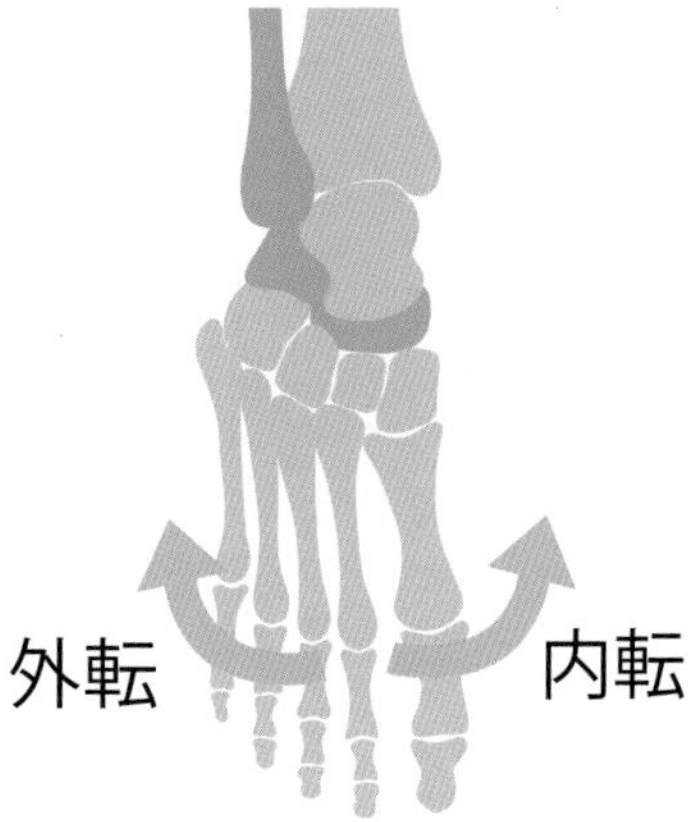

○方向運動と○部位運動とは

本人の感覚を基にした不快感がない運動が原則

動きケア®は、「○方向運動」へ身体を動かすことを原則にして、痛みや不調を改善していくノウハウです。○方向運動とは2つの意味があります。まずひとつめは、「動かしやすい」「よく動く」「気持ちいい」などの快感覚がある方向への運動という意味です。もうひとつは、「痛い」「動かしにくい」「違和感がある」などの不快感覚がある運動方向の逆の運動という意味です。いずれにせよ本人は「痛み」や「不快感」を感じるストレスを極力少なくして改善へ向かうことができるわけです。「痛み」を感じながら身体を動かすことは強いストレスです。注意しないと脳にも悪影響を与え、痛みが増幅したり、長引くことにつながるため、動きケア®では○方向運動の原則を大切にしているのです。ちなみに痛みを感じる方向への運動は「×方向運動」、痛みはないけどやりにくさなど不快感を伴う方向への運動を「△方向運動」と呼んでいます。

○方向運動で重要なことは、見た目の可動域よりも本人の感覚を優先することです。外からみてわかる関節可動域は、筋や関節などの部分的かつ少ない情報による判断です。それに対し、本人の感覚は身体の中にあるあらゆる器官からの情報を総合的に判断した答えです。その判断情報量の多さから考えると、見た目の可動域よりも本人の感覚を優先して「○方向運動」を決めるほうが最適な結果につながります。例えば、可動域は広くても選手が「痛い」と感じれば、その運動方向は「×方向運動」になります。ボトムアップ理論に代表されるように、選手たちの中から答えを引き出していく指導が増えてきました。そう考えると○方向運動も答えは選手の中にあるわけですから、選手の感覚と自分の身体への意識を引き出す指導としても使えるようです。

また動きケア®には、○部位運動の考え方もあります。○部位運動とは痛みや不調がある部位以外の部位の運動を指します。例えば、腰痛（骨盤部の痛み）の場合、そのとなり部位である股関節や胸郭部、さらには他部位の基本運動に十分できない動きがあって腰痛の要因になっていることが多いのです。その場合、痛いのは腰ですが、痛くない他部位の動きをよくすることで改善につながります。これが○部位運動の考え方です。

○部位運動の例

不調部位が“腰”（骨盤部）の場合

○部位運動（痛くない部位の運動）不調がある“骨盤部”のとなり部位から順にみていき、十分にできなくなった基本運動をできるようにしてあげます

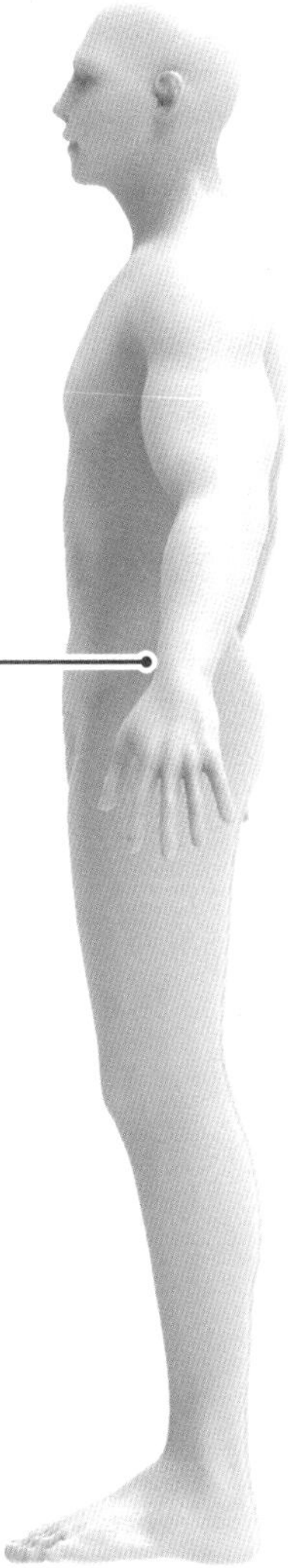

- □ 眼
- □ 胸郭部
- □ 肩甲帯
- □ 肩
- □ 骨盤部
- □ 股関節
- □ 膝（下腿）
- □ 足首
- □ 足部

不調の「骨盤部」は○方向運動

骨盤部の基本運動

①骨盤前傾
②骨盤後傾
③骨盤右上傾け
④骨盤左上傾け
⑤腹圧

のうち、痛くないor不快感がない動き（=○方向運動）を行います。

※○方向運動がない場合は行いません。

「連動」で仕上げ

PART2

連動ケアと立位連動ケアとは

各部位がスムーズに連動する本来の動きに戻すという考え方

人の身体は何かの動作をする時に、いろいろな部位が連動して動きます。身体の〝部分〟であるそれぞれの部位が十分な機能を発揮しながらスムーズに連動するように仕上げていくことが「連動ケア」になります。興味深いことですが、ある部位を部分的に動かす時には十分に動くのに、全体の連動の中では、その部位が十分に動かなくなる場合があるのです。すると別の部位がその部位の動きをカバーするために過剰に働くことになって過度の負担がかかり、故障につながることもあります。スポーツ障害予防のためにも連動をみる目を養っておくことが大切です。

またパフォーマンスにとっても連動をみることは重要です。全体の連動の中で、パフォーマンスは最も低機能な部位の機能に見合ったものとなるからです。例えば、右足の親指にとげが刺さり、床につくことができなくなった場合をイメージしてみてください。足親指・屈曲という機能がなくなっただけで、全身の連動である歩きはゆっくりで、ぎこちないものに変わってしまいます。足首、膝、股関節、骨盤部などにどれだけ高い機能があったとしても、歩くという連動のパフォーマンスは最も低機能の足親指・屈曲に見合ったものになってしまったわけです。

これは極端な例ですが、日頃の微妙なパフォーマンスの変化に意識を向けておくことは重要です。いつのまにか、どこかの部位が十分に動かなくなっていて、全体の連動に狂いが生じ、全体のパフォーマンスがその部位の機能に見合ったものになっているかもしれません。そのままにしておくと、他部位に過度の負担がかかりスポーツ障害になるリスクも高まります。

本書で紹介している連動エクササイズがスムーズにできない場合、たいていどこかの部位が十分に動かなくなっています。連動エクササイズをチェックとしても活用してください。そして立位連動ケアですが、人は基本、二足直立で移動する動物です。ここまで、仰臥位や側臥位、座位などで行ってきた部分・動きケア、連動ケアを立位で活かすためにも、最後は立位で仕上げていくわけです。

ケアの考え方とつながり

❸ 立位・連動ケア

↓

二足直立・立位での「基本運動の複合運動」&連動が自然にできる身体に戻す

❷ 連動ケア

↓

自然に「基本運動の複合運動」&連動できる身体に戻す

❶ 部分・動きケア

↓

本来の動きが眠っている関節（部分や機能）を、部分的に本来の動きができる身体に戻す

Column

コラム 2

脚長差は骨盤の左右傾きをあらわす？

うちに勉強にきてくれた整体の学校を卒業した方がこんなことを言いました。「脚長差は骨盤の左右傾きをあらわしていると思っていました。言われてみれば確かにそうです。目からウロコでした・・・」

脚長差とは、ここでは仰臥位でのみかけの左右の脚の長さの違いを指しています。確かに骨盤の右端が頭の方にあがっている（骨盤右上傾き）と、右脚はみかけ短くなります。先ほどの方はこのように脚長差は骨盤の左右傾きをあらわしていると思っていたわけです。ただ、動きケア®ではもう少し詳しくみます。例えば、股関節ではより外旋している方の側の脚は短くなるようです。また、膝はより曲がっている側の脚は短くなります。ですから、骨盤の右端が1cm頭の方にあがっている（骨盤右上傾き）であっても、左股関節が右より外旋していて、左膝が右よりたくさん曲がっている場合、股関節と膝で2cm分左脚の方が短くなると、結果として、骨盤の右端が頭の方にあがっていても、左脚の方が短くなっているということもあるのです。このことを実習で確認できた時、受講生の方の口から出た言葉が冒頭で紹介したものだったのです。「部分だけでなく、全体もみる」ことができると、より詳しく精度高く身体をみることができます。より詳しく精度高く身体をみることができると、改善のために必要なことが明確にわかり、当然成果もあがります。「部分だけでなく、全体もみる」、大切ですね。

PART

3

自分の身体チェック

基本動作の見方と改善

スポーツの基本動作を確認する

このパートでは、スポーツでも使う基本動作のチェックのポイントを紹介します。はじめに自分の基本動作をチェックすることは、スポーツ障害予防につながります。例えば下肢骨の配列ですが、股関節と膝、足首が一直線になっていることが標準的です。ところが膝が内方に入った配列をしていると、それだけで怪我のリスクが高まります。そのような標準的ではない骨配列＝身体の部分に十分できない動きがあることを把握し、パート4からのエクササイズで十分に動きができるように改善してください。

先ほどの膝が内方に入った状態を例にしますが、その原因は一人ひとり異なります。ある人は股関節の外旋が十分にできないために膝が内方に入っているかもしれません。ある人は腹圧が抜けていることで膝が内方に入っているかもしれません。このパートで紹介するチェック項目を基準にすることで、選手本人も指導者の方々も、共通の見る基準が持てます。その基準から外れた基本動作が見られたら、身体のどこかの基本運動のなかに十分にできなくなっている動きがあることがほとんどなのです。

基本的な動作を行うことで偏りや歪みを見つけ、基本となる部分的な動きのエクササイズで改善し、最終的にはパート5で紹介する連動のエクササイズで仕上げるようなイメージを持っていただけたらと思います。

7つの基本動作チェック

PART3

①立ち方のチェック

すべての動きの基本となる立ち方を見る

立ち方の基本となるのは、まずは、すでに述べたように踵部と母指球・母指、小指球・小指の3領域にバランスよく荷重して立てることです。さらに肩の力が抜け、おへその下あたり（臍下丹田）に力が集約している（重心が下がって、どっしりと地に足がついている）状態が作れることです。この状態を上虚下実《じょうきょかじつ》と呼んでいます。逆に肩に力が入り、足腰がふらふらして力が入らない（重心が上がって、浮足立っている状態）を下虚上実《かきょじょうじつ》と呼んでいます。動きケア®では、上虚下実の状態がスポーツ障害予防、パフォーマンス向上にとって極めて重要であると考えています。そのチェック方法、上虚下実をつくるための「立位連動ケアエクササイズ」は180ページで紹介していますので、体験してみてください。ここでは、まず、基本的な立ち方の見方を確認してみましょう。

96ページの立ち方チャック項目をご覧ください。ポイントとなるのが、（3）股関節の緩みと（4）膝の緩みです。股関節と膝がつっぱって伸び切っておらず、緩んだ（少し曲がったようにみえる）状態です。股関節や膝を意識的に曲げようとすることではないので、〝緩む〟という表現を使っています。

股関節と膝関節を緩めるとおへその下（重心位置）は下がります。股関節と膝関節が伸び切ってしまうと重心位置は上がります。つまり、股関節と膝関節が伸び切ってしまうと上虚下実の状態がとれなくなり、浮足立ってしまうわけです。このように股関節と膝の緩みをチェックすることは上虚下実の状態を判断するためにも重要になります。

次のポイントは（5）足裏荷重のバランスです。45ページのイラスト1「3点でバランスよく立つ」を頭に入れて足部をみると、上からでもある程度、足裏荷重の様子が判断できるようになります。踵荷重（後ろ重心）が大きすぎると足指が浮いているかもしれません。母指・母指球荷重と小指・小指球側荷重のバランスが偏っていると母指・母指球側、小指・小指球側のいずれかが床から離れている場合があります。ぜひ、チェックしてみてください。

上虚下実と下虚上実

下虚上実

肩に力が入り、足腰がふらふらして力が入らない(重心が上がって、浮足立っている)状態

上虚下実

3領域にバランスよく荷重して立て、肩の力が抜け、おへその下あたり(臍下丹田)に力が集約している状態

立ち方の姿勢チェック

できている例

チェック項目	○	×
(1) 頭の位置が肩の真上にあるか	□	□
(2) 骨盤はやや前傾しているか	□	□
(3) 股関節は適度に緩んでいるか	□	□
(4) 膝は適度に緩んでいるか	□	□
(5) 足裏にはバランスよく荷重ができているか	□	□
(6) 脚のつけ根・膝・足首の配列はまっすぐか	□	□
(7) 膝の方向とつま先（人差し指と中指の間）の方向が同じか	□	□

実際にチェックをして○か×かに✓を入れて記入してみましょう

できていない例

チェック項目	できていない例
(1) 頭の位置	頭が肩より前に出ている（頭部前方姿勢）
(2) 骨盤	骨盤が後傾している
(3) 股関節の緩み	股関節が突っ張っている
(4) 膝の緩み	膝が突っ張っている
(5) 足部への荷重	つま先側が浮いている、足裏荷重が偏っている
(6) 脚のつけ根・膝・足首の配列	膝の位置が外側や内側
(7) 膝の方向とつま先の方向	違う方向を向いている

CHECK　つま先の方向はどこで見るのか？

つま先の方向＝親指の方向だと思っている方が意外と多いように感じます。動きケア®の基準では、つま先の方向とは人差し指（第2指）と中指の間（第3指）の間の線を意味します。

イスに座って姿勢チェック

チェック項目	○	×
(1) 頭の位置が肩の真上にあるか	□	□
(2) 骨盤はやや前傾しているか	□	□
(3) 足裏にはバランスよく荷重ができているか	□	□
(4) 脚のつけ根・膝・足首の配列はまっすぐか	□	□
(5) 膝の方向とつま先(人差し指と中指の間)の方向が同じか	□	□

実際にチェックをして○か×かに✓を入れて記入してみましょう

チェック項目(3)(4)(5)

できている例

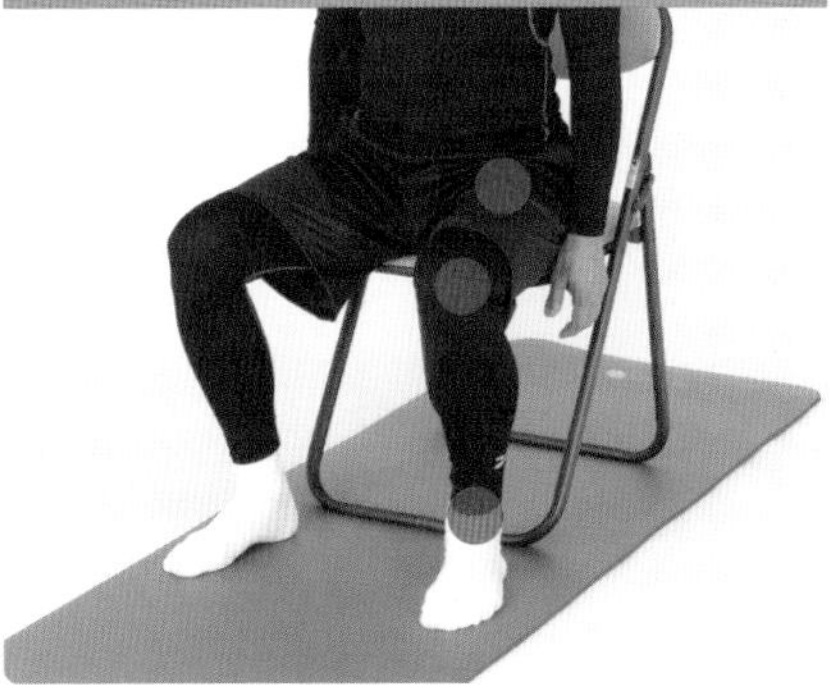

足裏荷重のバランスも見る

できていない例

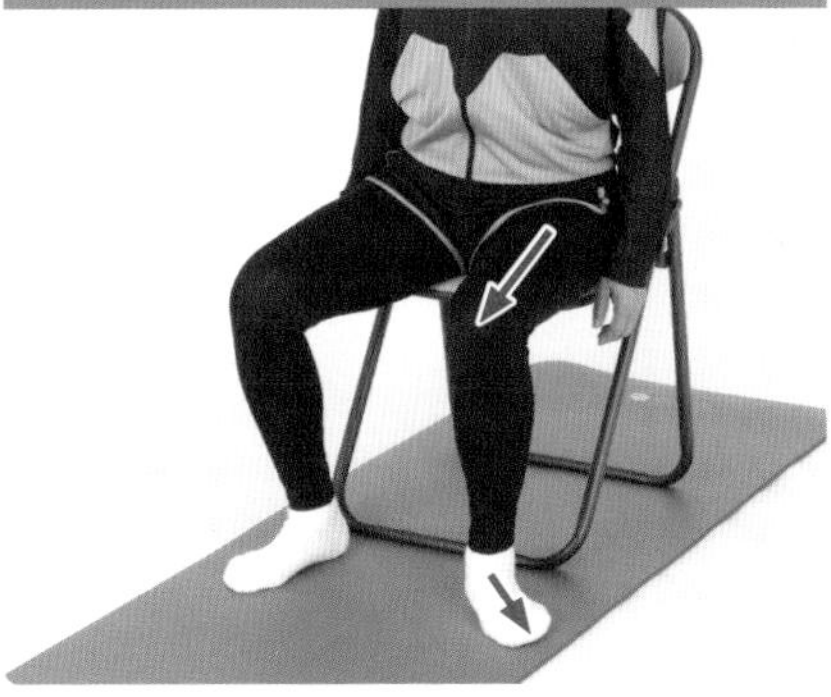

チェック項目(4)はまっすぐになっているが、チェック項目(5)は膝に対してつま先が外側に開いてしまっている

チェック項目(1)(2)

これらの項目は横から見ることで確認できる

②脚の曲げ伸ばし③サイドステップ④スタートでのチェック

あらゆるスポーツで使う基本動作をチェックする

ここで紹介する②脚の曲げ伸ばし③サイドステップ④横へのスタートの動きをチェックする前におススメしたいのが97ページの「イスに座って姿勢チェック」です。いきなり動きをチャックするのは難しいものです。動きチェックの前に、イスに座った姿勢をゆっくり観察確認することで、その後の動きチェックもやりやすくなります。ぜひ、行ってみてください。

最初に、立位での脚の曲げ伸ばし（スクワット）です。今までスクワットの指導を受けたことがない方に圧倒的に多いパターンが101ページの【できていない例】（5）です。股関節が曲がっていないため、つま先よりも膝の位置が大きく前にでてしまい膝に過度の負担がかかるので注意が必要です。逆に今までどこかでスクワットの指導を受けたことがある方によくみられるパターンが【できていない例】（2）です。踵に荷重しすぎて後ろ重心になり、足指が反っています。足裏3領域にバランスよく荷重できていない状態です。身体の土台である、足が不安定な状態ですから、スポーツ障害予防の観点からも避けなければならない状態です。アスリートがトレーニングとして負荷をかけてスクワットを行う場合は特に危険が伴うので注意してください。スクワットの指導を受けたことがある方が後ろ重心になることが多い理由ですが、ひとつにはスクワットのフォーム指導の際に、「つま先よりも膝が前にでないように」ということが最優先的に強調されていることがあると感じます。股関節、膝、足首をバランスよく動かした上で、足裏へのバランスよい荷重を優先すると「つま先よりも膝が少し前にでる」ケースがあります。ですから、スクワットの際は「つま先よりも膝が少しも前に出ない」という理解で後ろ重心になるよりも、足裏荷重のバランスを優先し「つま先よりも膝が大きく前に出ない」というとらえ方が大切だと感じます。後ろ重心で行うスポーツはまずありません。後ろ重心での動作を繰り返すとスポーツ場面では使えない身体の動かし方のクセを身につけてしまうことにもなるので注意が必要です。

足裏の使い方バランスをチェックする

　続いてサイドステップによる動きチェックです。スポーツ場面で使うサイドステップはスピード感あるものだと思いますが、ここではわかりやすくするためにゆっくりとした横への動きでチェックしてみてください。ここでの前足とは進む方向側の足を、後ろ足とは進む方向と反対側の足を指します。ここでもポイントは足裏3領域の使い方のバランスです。前足は小指・小指球側で蹴り、後ろ足は母指・母指球側で蹴って進む形が標準的です。これは、前足と後ろ足、小指・小指球側と母指・母指球側をバランスよく使えている状態です。一方、避けたいのが両膝を内側に向ける（両足とも母指・母指球荷重）の形です。この形では前足で床を蹴ることができないため後ろ足の蹴りだけに頼ることになり、後ろ足に過度の負担がかかります。本来であれば前足と後ろ足の負担が50％と50％のところが前足0％、後ろ足１００％になるからです。母指・母指球側（足裏内側）、脛（すね）、膝内側、股関節などに大きな負担がかかるので注意が必要です。

　最後に横へのスタートです。ここでも注意したいのは両膝を内方に向ける（両足とも母指・母指球荷重）の形です。この形では前足で床を蹴ることができないため一旦後ろ足へ体重を移動して、後ろ足の蹴りだけに頼ってスタートすることになり、後ろ足に過度の負担がかかります。このように母指・母指球側ばかり使う動き方のクセができあがってしまうと、サイドステップでも、横へのスタートでも、１１２ページで紹介する方向変換の動きでも、母指・母指球側ばかり使う動きになり、負担部位により大きな負担を加えるというスポーツ障害が起こりやすいサイクルに入ってしまうので注意が必要です。すでにこのサイクルに入っている方は、まずは、身体を部分に分けてチェックし、十分にできなくなっている基本運動をできるようにしましょう（部分・動きケア®）。そのうえで、両足のつま先を少し開いて構え、前足の小指・小指球側、後ろ足の母指・母指球側でしっかり地面をとらえその両方を使って地面を蹴ってスタートするようにしてみましょう。これだけで、後ろ足への今までの負担を半分にすることができます。また、先ほどと同じように構え、両足に均等に体重をかけ、前足側の膝を進行方向に素早く向けてスタートする意識で行ってみましょう。こうすると骨盤を支えていた2本の脚の前側の支えが急にはずされた形になり、結果的に後ろ足で蹴らなくてもスタートしてしまうことになります。これが１０３ページチェック項目の（1）にある「前脚を上手にはずしてスタートできているか」の説明になります。少し難しいかもしれませんが、楽しみながら後ろ足に過度な負担をかけないスタートの仕方を探求してみてください。

脚の曲げ伸ばしの姿勢チェック

チェック項目	○	×
(1) 背中が真っすぐか	☐	☐
(2) 足裏にはバランスよく荷重ができているか	☐	☐
(3) 脚のつけ根・膝・足首の配列はまっすぐか	☐	☐
(4) 膝の方向とつま先（人差し指と中指の間）の方向が同じか	☐	☐
(5) つま先よりも膝が大きく前に出ていないか	☐	☐

実際にチェックをして○か×かに✓を入れて記入してみましょう

できている例

チェック項目	できていない例
(1) 背中が真っすぐか	背中が丸まっている
(2) 足裏への荷重バランス	つま先側が浮いている、体重が偏っている
(3) 脚のつけ根・膝・足首の配列	膝が内側もしくは外側に位置している
(4) 膝の方向とつま先の方向	違う方向を向いている
(5) つま先と膝の位置関係	大きく膝が前に出ている

できていない例

踵過重心になって足指が床から浮いている

股関節が十分に曲がっていないため、膝がつま先よりも大きく前に出て、膝に過度の負担がかかる

腰が丸まっているため、背骨と背骨の間のクッションである椎間板に大きな負担がかかる

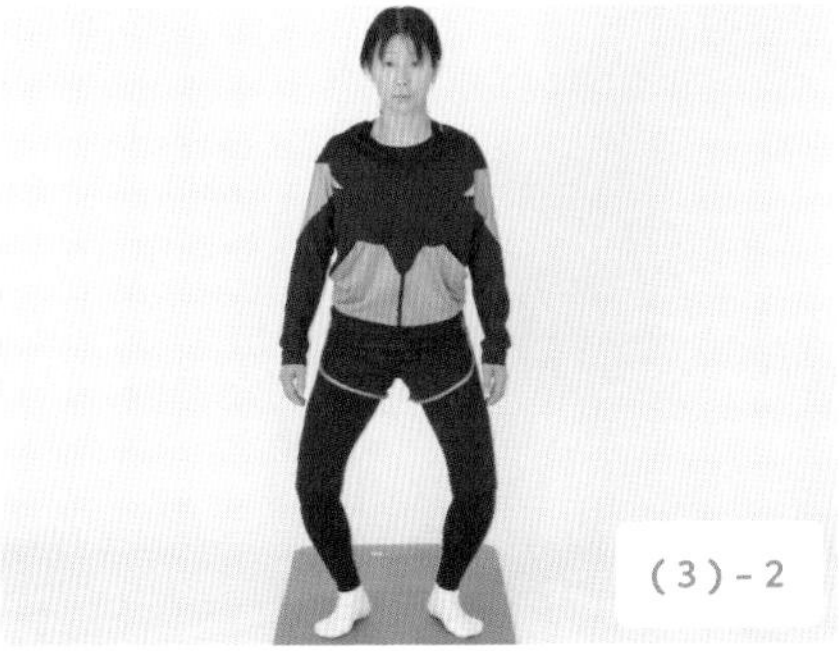

膝が外方に位置している。膝の外側や足首、足裏の外側などに大きな負担がかかる

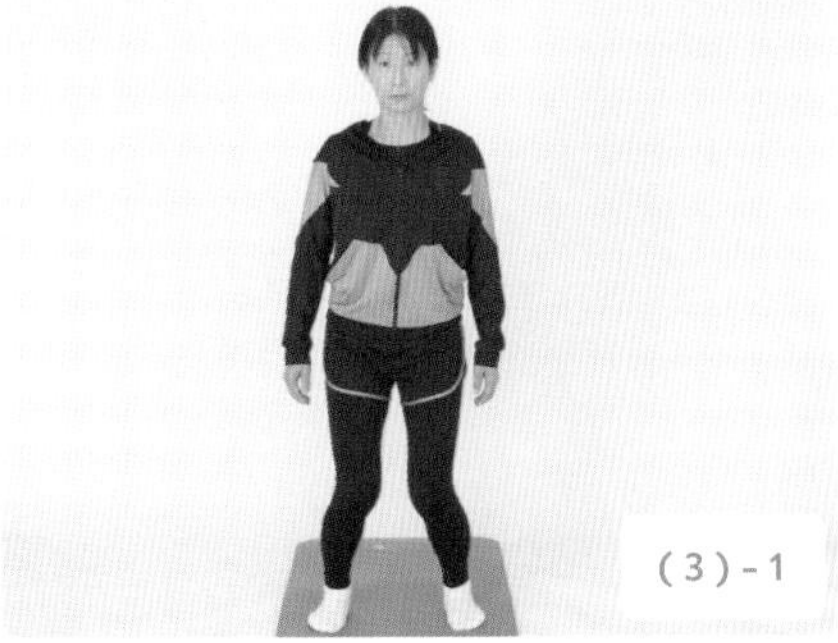

膝が内方に位置している。膝の内側や股関節、足首や足裏の内側などに大きな負担がかかる

サイドステップ（左方向）のチェック

チェック項目	○	×
(1) 骨盤はやや前傾しているか	□	□
(2) 足裏にはバランスよく荷重ができているか	□	□
(3) 脚のつけ根・膝・足首の配列はまっすぐか	□	□
(4) 膝の方向とつま先（人差し指と中指の間）の方向が同じか	□	□
(5) 前足の小指側と後ろ足の母指側で蹴れているか	□	□

実際にチェックをして○か×かに✓を入れて記入してみましょう

できている例

チェック項目	できていない例
(1) 骨盤	骨盤が後傾している
(2) 足裏への荷重	つま先側が浮いている、体重が偏っている
(3) 脚のつけ根・膝・足首の配列	膝が内側もしくは外側に位置している
(4) 膝の方向とつま先の方向	違う方向を向いている
(5) 地面の蹴り方	後ろ足だけで蹴っている

できていない例

前足が母指球荷重のため、後ろ足でしか蹴ることができない

横（右方向）へのスタートチェック

チェック項目		○	×
(1)	前足の小指側と後ろ足の母指側でバランスよく蹴れているか または前足を上手にはずしてスタートできているか	□	□

実際にチェックをして○か×かに✓を入れて記入してみましょう

できていない例

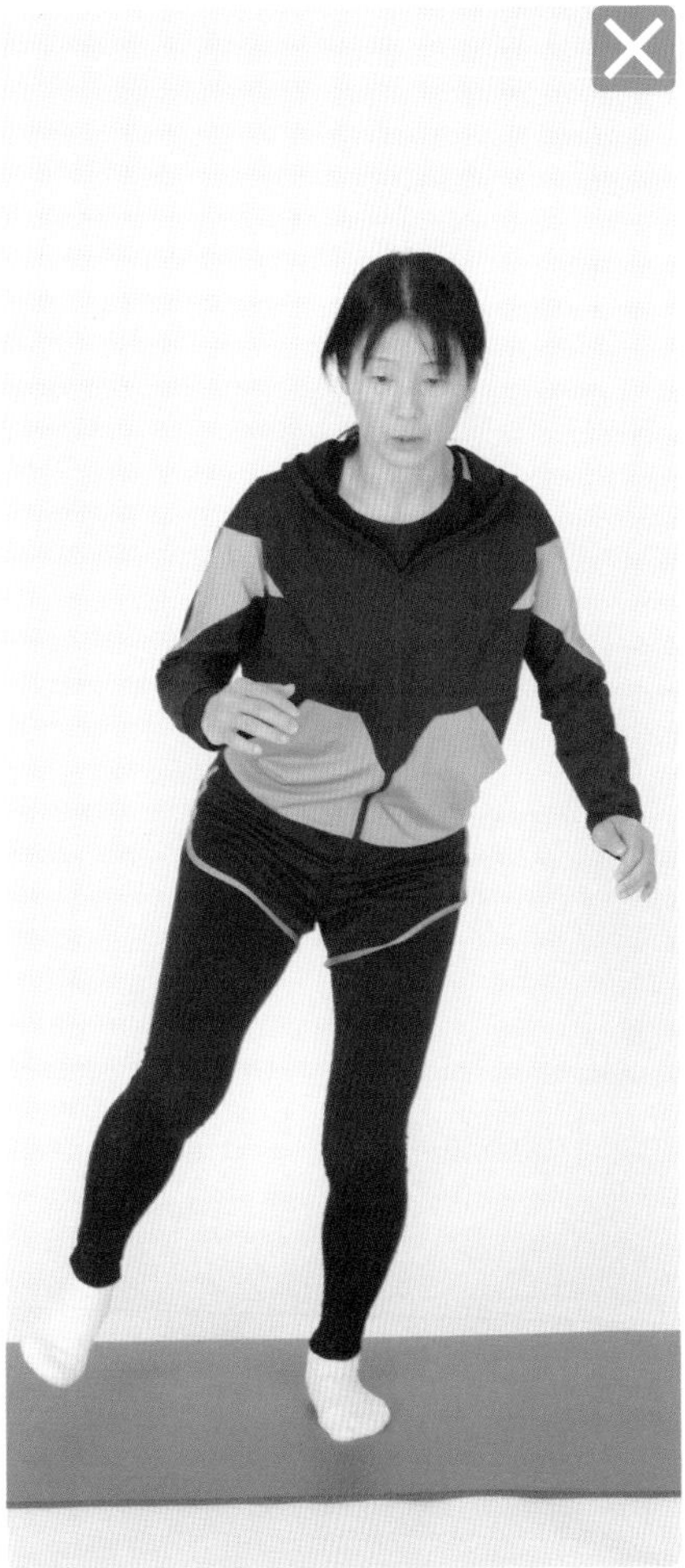

後ろ足に体重を乗せ、後ろ足の母指・母指側だけで蹴っている。後ろ足側の足裏内側やスネ、膝の内側や股関節などに大きな負担がかかる

できている例

⑤歩きのチェック

あおり歩行ができる足の使い方ができているか

今度は歩き方のチェックです。足裏をバランスよく使う歩き方のひとつが、踵から着地して小指球→母指球に体重を移動し、最後に母趾で蹴るという歩き方です（80ページ）。このときに見られる足裏を内方に向けたところから地面に向ける動きを「あおり」と呼びます。無理のないあおり歩行をするためには①足・足部による内がえしと外がえしばかりに目がいきがちですが、実は②股関節の内旋と外旋、③骨盤部の左右傾けもポイントです。スムーズなあおりができなくなっている時に股関節や骨盤部の動きが十分にできるようにすると、あおりもできるようになる場合があるのです。膝から下に痛みや不調を抱えている方は、あおり動作ができなくなっている場合が多く見られます。

また項目（4）の「着地時のつま先の向き」ですが、動きケア®では着地時につま先がまっすぐ前を向くことを標準的と考えています。少しやってもらいたいのですが、足を前に出して外向きで着地して前へ進もうとすると、母指球側に体重がかかりやすくなります。逆に内向きで着地をすると、小指球側に体重がかかりやすくなります。このようにつま先の向きが外向きや内向きの場合は、足裏荷重や足裏の使い方に偏りが生じやすくなります。また、つま先が外向きや内向きの場合は、スムーズなあおり動作も難しくなります。

続いて後ろから見た蹴り出した後の足ですが、踵小指球母指球をバランスよく使った場合にはつま先が真下（地面方向）を向きます。我々はこれを標準的と考えています。ところが蹴り出した後につま先が外方を向いたり、内方を向いているケースがあります。特につま先が外方を向いている、つま先を外から回すようにする歩き方は「アブダクトリーツイスト」と言って痛みが出やすいことが知られています。もう1つの足裏をバランスよく使う歩き方が、「足裏全体同時着地歩き」です。踵に痛みがある時や滑りやすい雪道を歩く場合にも活用できます。

歩きのチェック

チェック項目		○	×
1)	頭の位置が肩の真上にあるか(動く前の立位時)	□	□
(2)	骨盤はやや前傾しているか	□	□
(3)	脚のつけ根・膝・足首の配列はまっすぐか	□	□
(4)	足を前に出した時、つま先は前を向いているか	□	□
(5)	足を後ろに蹴り出した時、つま先は真下を向いているか	□	□

実際にチェックをして○か×かに✓を入れて記入してみましょう

スムーズなあおり歩行に関係する動き
❶足・足部：内がえし・外がえし
❷股関節：内旋・外旋
❸骨盤部：左右傾け

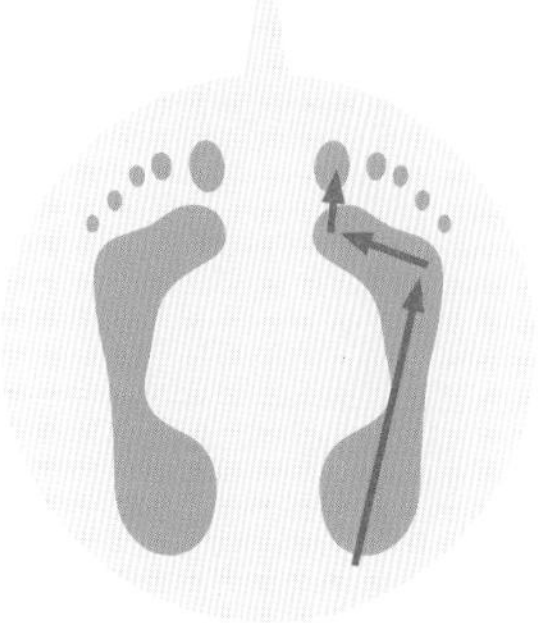

バランスのよい歩き方の体重の移動

踵から着地して小指球→母指球に体重を移動して最後に母指で蹴る。

チェック項目		できていない例
(1)	頭の位置が肩の真上にあるか(動く前の立位時)	肩が頭より前に出ている(頭部前方姿勢)
(2)	骨盤はやや前傾しているか	骨盤が後傾している
(3)	脚のつけ根・膝・足首の配列はまっすぐか	膝が内側や外側に位置している
(4)	着地時につま先の向きが前か	外向きや内向きになっている
(5)	後ろから見て、蹴った後につま先が下を向いているか	外側や内側を向いている

正面から見た歩き方

つま先が正面を向いた歩き方

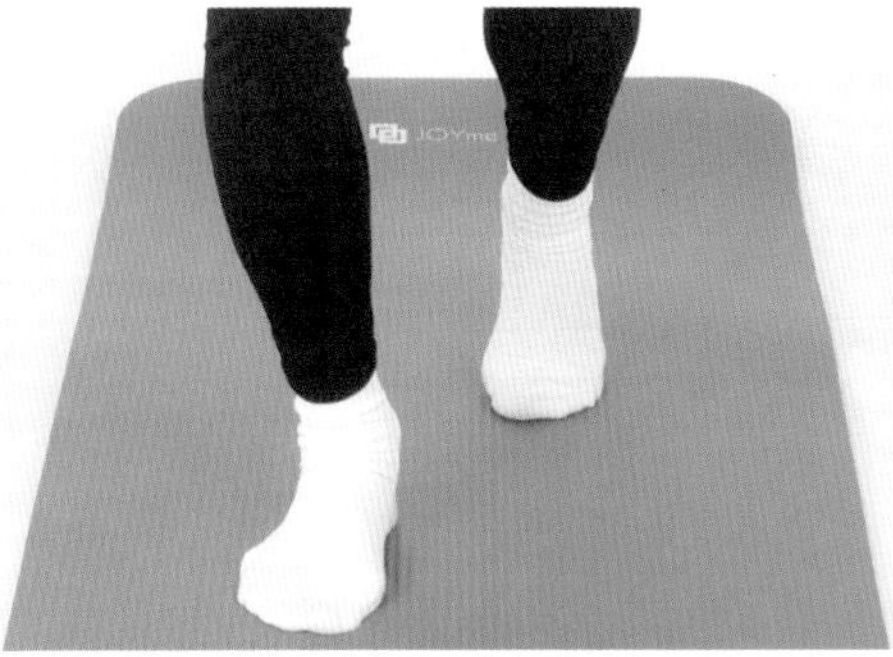

○

つま先が正面を向くことで、スムーズなあおり歩行ができる

つま先が内向きの歩き方

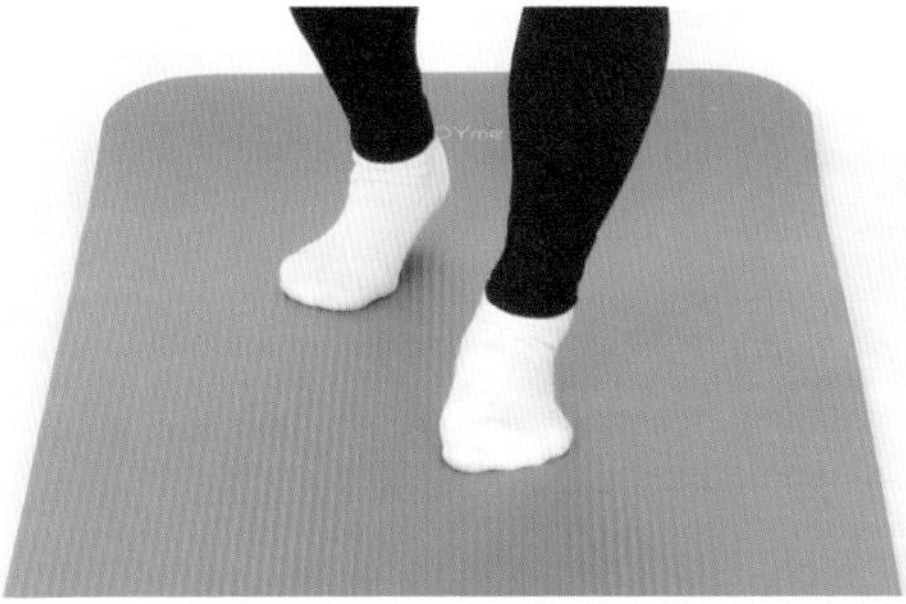

×

スムーズなあおり歩行ができない。母指球側への荷重に偏りやすい。母指球や足裏、膝の内側や股関節などに過度の負担がかかりやすい

つま先が外向きの歩き方

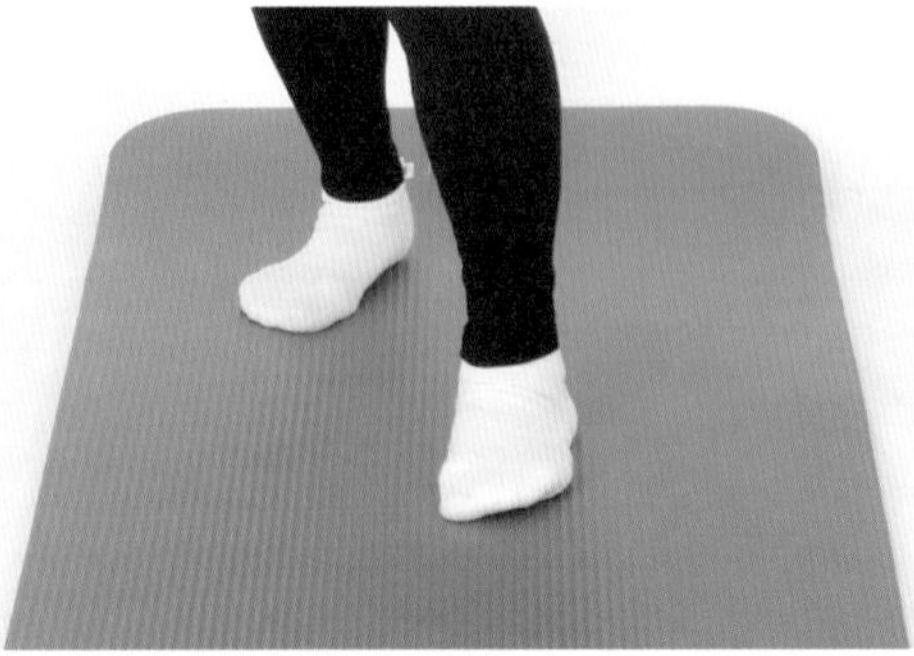

×

スムーズなあおり歩行ができない。着地をすると小指球側に体重がかかりやすい。小指側でしか地面を蹴れない

後ろから見たつま先の向き

つま先が真下を向いている

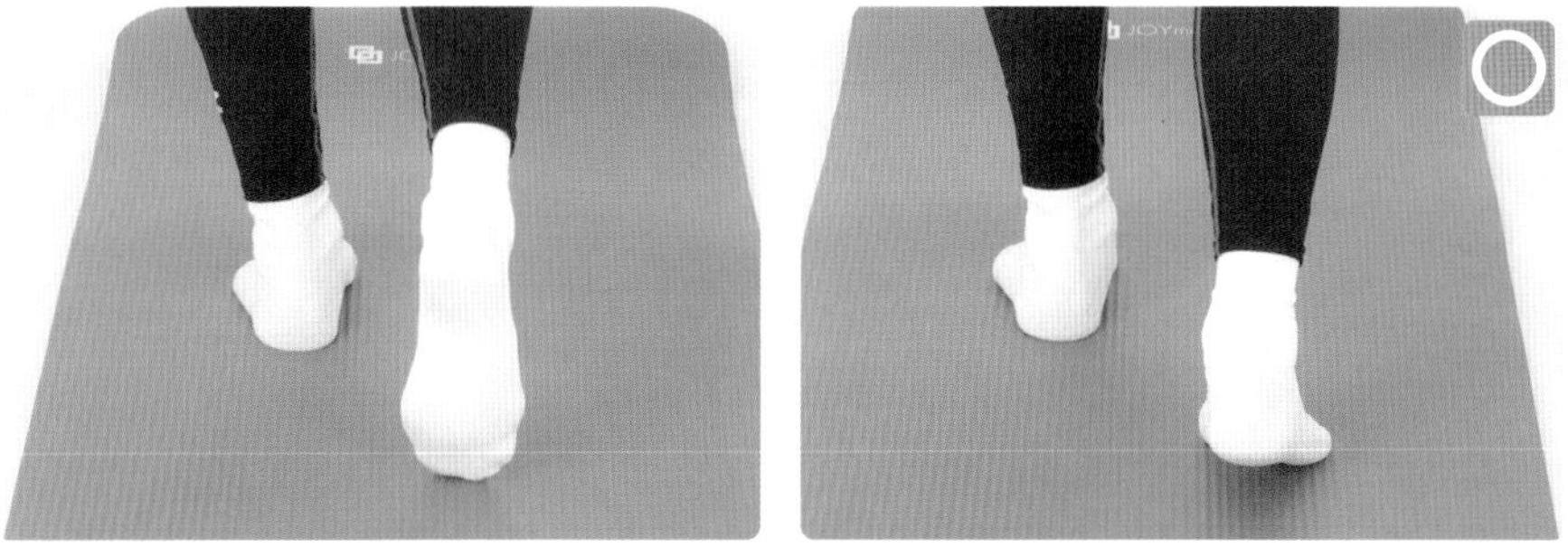

標準的な歩き方になる。踵から着地して小指球→母指球に体重を移動して最後に母指で蹴るといった動きで、足裏をバランスよく使っている

つま先が外向き

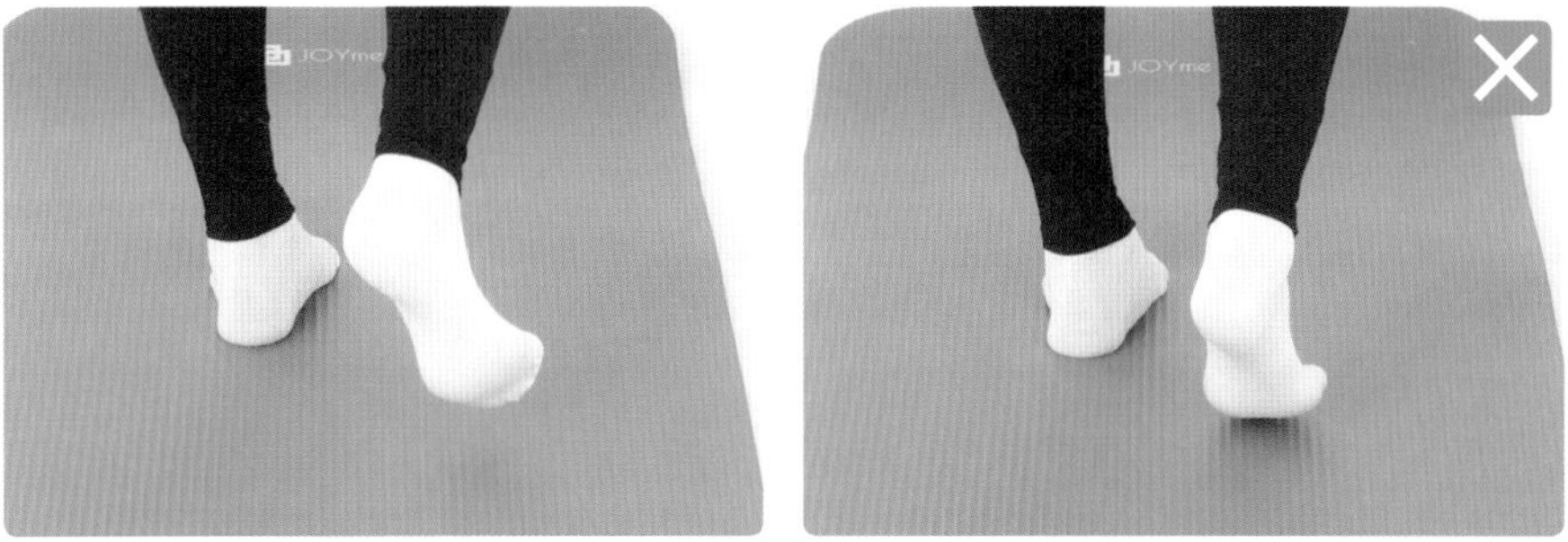

母指側に負担かかりやすい。特に母指球や足裏、膝の内側に過度の負担がかかる傾向にある

つま先が内向き

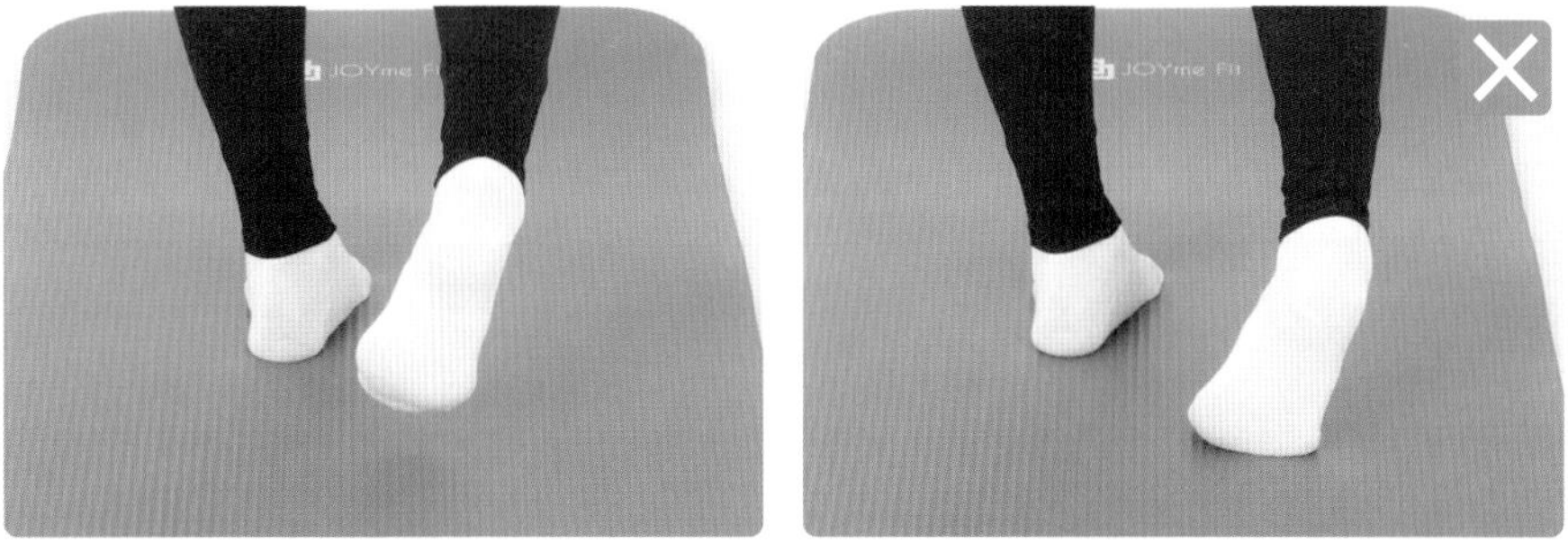

小指側に負担かかりやすい。特に小指球や足裏の外側や膝、股関節などに過度の負担がかかる傾向にある

❻走りのチェック

走り方の基本は前足部からの着地

動きケア®では「よい走り＝身体の部分に過度の負担がかからない走り＝効率よく前に進む走り」と考えています。走り方が身体の部分に過度の負担を与えるものになっていると、当然スポーツ障害も起きやすくなってしまいます。この機会にぜひ、見直してみてください。

まず、着地の仕方ですが、歩きの場合は踵から着地でしたが、動きケア®では走る場合は前足部からの着地を推奨しています。また、足裏のバランスよい使い方という観点から、前足部・踵部同時着地もOKです。

今まで多くの方に走り方の指導をしてきましたが、意外と走りも踵から着地と思っている方がたくさんいらっしゃいました。その中のランナーやトライアスリートには、踵から着地を前足部から着地に変えたところ、「腰痛がよくなった」、「頻繁に起こっていた足のつりが起きなくなった」、「ベストタイムが向上した」という方もいました。ですから、今、踵から着地で走っていてどこかに痛みや不調を抱えている方は前足部から着地を少し試してみるのもよいかもしれません。今までみてきて、特に踵から着地の走りで骨盤が後傾していると、身体のどこかの部分に過度の負担がかかり、痛みや不調がでやすいようです。それでは、109ページのチェック項目を使って（4）着地の仕方以外もチェックしてみましょう。（1）骨盤が後傾している（2）胴体がねじれている（3）腕が上体よりも後方に大きく振れないなど「できていない例」に該当する場合は身体を部分に分けて、それぞれの基本運動をチェックしてみると、必ず十分にできない動きがあります。例えば、骨盤が後傾している→胸郭部の伸展が十分にできない、胴体がねじれてしまう→骨盤部・腹圧が十分にかかっていない、腕が上体よりも後方に大きく振れない→肩甲帯・内転（背骨に寄せる動き）が十分にできないなどです。まずは、その動きを十分にできるようにして、必要があれば「連動ケア」で仕上げていきましょう。

走りのチェック

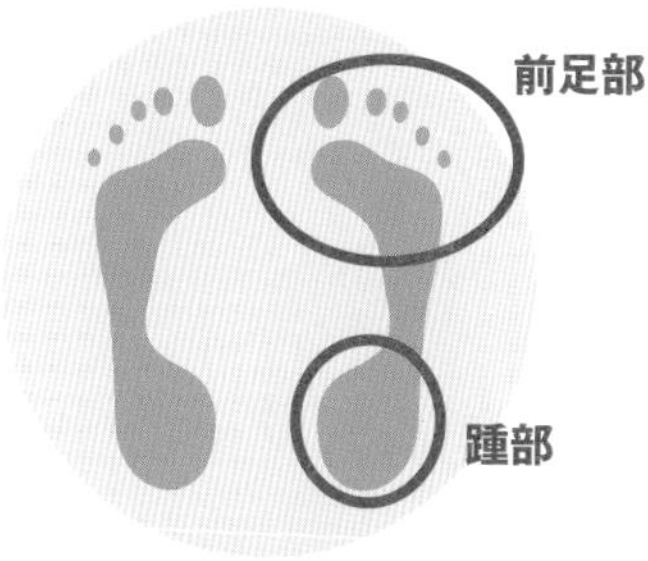

走りの着地は前足部から

前足部から着地することで効率よく前に進むことができる

	チェック項目	○	×
(1)	骨盤はやや前傾しているか	□	□
(2)	体幹部（胴体）はねじれていないか	□	□
(3)	上体よりも後方への腕振りが大きくなっているか	□	□
(4)	前足部から着地もしくは前足部・踵部同時着地をしているか	□	□

実際にチェックをして○か×かに✓を入れて記入してみましょう

スパイクのピン

陸上のスパイクは前足部にのみピンがついている。これは走る際に前足部を使うことを意味している

できていない例

	チェック項目	できていない例
(1)	骨盤はやや前傾しているか	骨盤が後傾している
(2)	体幹部（胴体）はねじれずに走れているか	体幹部（胴体）がねじれている
(3)	上体よりも後方への腕振りを大きく使えているか	前方や横へ大きく腕を振っている
(4)	前足部からの着地もしくは前足部・踵部同時着地をしているか	踵から着地している

体幹部がねじれない走り方とねじれた走り方

体幹部(胴体)がねじれない走り方

体幹部(胴体)がねじれてしまう走り方

☞ CHECK なぜいろいろな腕の振り方になるのか

いろいろな腕の振り方が見られる原因は、学校や指導現場での指導にもあると感じます。多くの方が走る時に「しっかりと腕を振って」と指導されたでしょう。ところが聞いてみると「どのように腕を振るのか」を教わったという人はあまりいないようなのです。走る時の腕の振り方はあまりに身近すぎて、盲点になっているのかもしれません。走ることはあらゆるスポーツの基本動作です。この機会に見直してみましょう。

効率のよい腕の振り方と効率の悪い振り方

効率のよい腕の振り方

上腕骨を胴体よりも後ろへ大きく振ることによって、効率よく前へ走ることができる

効率の悪い腕の振り方① 前へ大きく腕を振る

上腕骨を胴体よりも前方へ大きく振ると後ろ重心になりやすく、効率よく前へ進めない

効率の悪い腕の振り方② 腕を横に振る

腕を左右に振ると、バランスを取るために身体が左右に横揺れするため、効率よく前に進めない

効率の悪い腕の振り方③ 拳を力強く握る

手指をしっかりと握ってしまうと肩に力が入らないため、強く腕を振ることができない

❼方向変換のチェック

足裏をバランスよく使えるかをチェックする

サッカーやバスケットボールなどの練習で前にダッシュし、笛がなったらブレーキをかけ、180度方向変換してまたダッシュするというものがあります。方向変換はたいてい両足を使って行いますが、ここではわかりやすく解説するためにどちらかの足を前に出して方向変換する動きを例に考えてみましょう。

以前に私の元で勉強していたサッカーコーチが何も指示を出さなかった時、子供たちはどのように方向変換するのかを調べてくれました。その結果はほとんどすべての子供たちが、笛がなると右足前でブレーキをかけ、左からターンで方向変換したそうです。これは右足でいえば母指・母指球側で地面を蹴る動きになります。学校のグランドなどはたいてい左回りで走ることも関係あるのかもしれませんが、無意識にこの動きを繰り返していると、いつの間にか右足は母指・母指球側ばかりを使うという偏りが生まれ、故障が起きるリスクが高くなります。また、左からターンばかりを繰り返していると、右からターンはいつの間にか苦手になって、ターンに左右差が生まれ、野球、バスケット、サッカー、テニス、スキーなどほとんどのスポーツで競技パフォーマンス低下につながります。

右足前でつま先を右斜め前に向け、右からターンすると、右足裏の小指・小指球側を使うことになります。このターンがやりにくかったらすでに偏りができはじめているかもしれません。まずは、部分動きケア®をしてみましょう。180度方向変換の動きでは、意識的に足裏の母指・母指球側と小指・小指球側をバランスよく使えるようにすることがスポーツ障害予防、競技パフォーマンス向上につながります。

方向変換チェックのやり方

1. 右足を前に出して左からターンをし、180度方向変換
2. 右足を前に出して右からターンをし、180度方向変換
3. 左足を前に出して右からターンをし、180度方向変換
4. 左足を前に出して左からターンをし、180度方向変換
5. ❶～❹の動きがすべてできるかを確認する

方向変換のチェック

	チェック項目	○	×
(1)	右足を前に出して（つま先は左方向へ向ける）左からターンをし、180度方向変換ができるか	□	□
(2)	右足を前に出して（つま先は右斜め前へ向ける）右からターンをし、180度方向変換ができるか	□	□
(3)	左足を前に出して（つま先は右方向へ向ける）右からターンをし、180度方向変換ができるか	□	□
(4)	左足を前に出して（つま先は左斜め前へ向ける）左からターンをし、180度方向変換ができるか	□	□

実際にチェックをして○か×かに✓を入れて記入してみましょう

右足を前に出して180度方向変換

❶ つま先は左方向へ向けて
左からターン
（右足の母指・母指球側を使う）

❷ つま先を右斜め前へ向けて
右からターン
（右足の小指・小指球側を使う）

左足を前に出して180度方向変換

❹ つま先は左斜め前へ向けて左からターン

（左足の小指・小指球側を使う

❸ つま先は右方向に向けて右からターン

（左足の母指・母指球側を使う

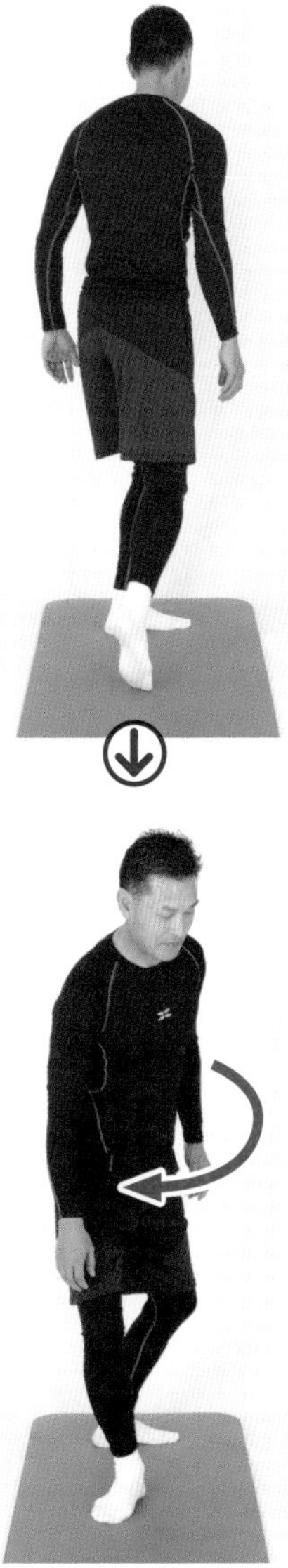

Column

コラム 3

動きケア®のフォーム改善
～"無意識でも変化している"を目指して～

実際にあったケースです。肩よりも肘が下がっているフォームのピッチャーがいました。肩より肘が下がっていると肩などに過度の負担がかかるので、コーチは肘の位置を高くしたいと思いました。その時、コーチはよくみられる「肘の位置を10センチ高くして！」という言葉による、部分に意識を向けるフォーム改善指導を行いました。肩甲帯の上方回旋がスムーズな投手はカンタンにできるかもしれませんが、肩甲帯の上方回旋がスムーズにできない状態になっていたその投手は、肘の位置を高くするために上体を傾ける必要がありました。その投手は後日腰部に痛みを発症、病院で脊椎分離症と診断されました……。

言葉による部分に意識を向けるフォーム改善法では、結果、全体のバランスが崩れ、別の部位に過度の負担がかかり、故障につながることがあるので注意が必要です。フォームの中に肩よりも肘が下がっている等標準的でない要素がある場合、身体を部分にわけてそれぞれの基本運動をチェックしてみると必ず十分にできない動きがあるはずです。まずは、その動きを十分にできるようにして、必要があれば「連動ケア」で仕上げます。その後、いつも通り投げてもらったフォームを撮影して確認してみると、自然に肘が上がっている・・・、動きケア®ではこのような無意識でもちゃんと変化しているフォーム改善法を提案しています。

PART

4

部分・動きケア® エクササイズ

PART4

部分・動きケア®エクササイズのやり方

これまでのパートでは、動きケア®の考え方や基本運動のチェック方法を紹介してきました。このパートではいよいよ基本運動の動きを改善するエクササイズを紹介します。パート2では10の身体の部分分けを紹介しましたが、ここではスポーツ傷害予防に効果が高い部分を7つに絞り、紹介しています。この7つの部位は①胸郭部、②肩甲帯、③骨盤部、④股関節、⑤膝（下腿）、⑥足首、⑦足部です。

また各部位の最初にチェックの方法を紹介しています（一部例外があります）。まずはチェックをしていただき、上手くできなければその部位のエクササイズに進んでください。そしてエクササイズ後は再びチェックをし、エクササイズの効果を実感してください。まずはすべての部位をチェックし、いちばん動いていない部位を優先して行ってください。

また、このパートの部分エクササイズだけで終えるのではなく、パート5の連動エクササイズ、そして立位連動エクササイズまで行ってみましょう。そうすることで皆さんがされている競技に役立つ、身体が本来持っている動きができるようになっていきます。

このパートで紹介する7つの部位

PART 4

胸郭部のチェック&エクササイズ

胸郭部を丸めたり反らす動きをチェックします。イスに座って頭を肩の上に乗せた状態から前に出し、元の位置に戻します。このときに胸郭部が十分に動くことで頭が前に出ればOKです。下の画像のNGの場合には、胸郭部が硬くなっていますので、ここで紹介するエクササイズで動きを改善してください。

胸郭部のチェック① 胸郭部の丸め・反らし

1

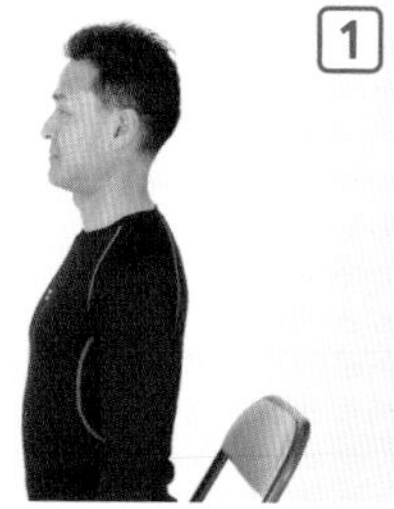

イスに座り頭を肩の真上に乗せる

2

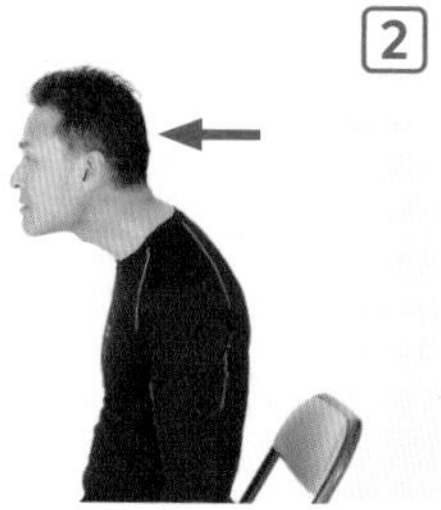

頭の位置を肩よりも前に出す

3

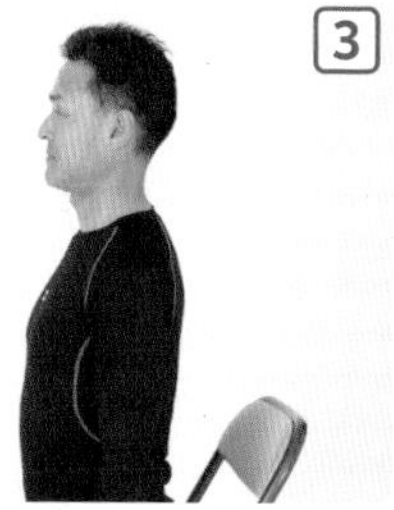

頭の位置を肩の真上に戻す。この動きを数回繰り返す

CHECK

胸郭部が十分に動いてスムーズに行えたらOKです。ぎこちなかったり、NGの動きになった場合にはエクササイズに進んでください。

NGの動き① 首だけが動く

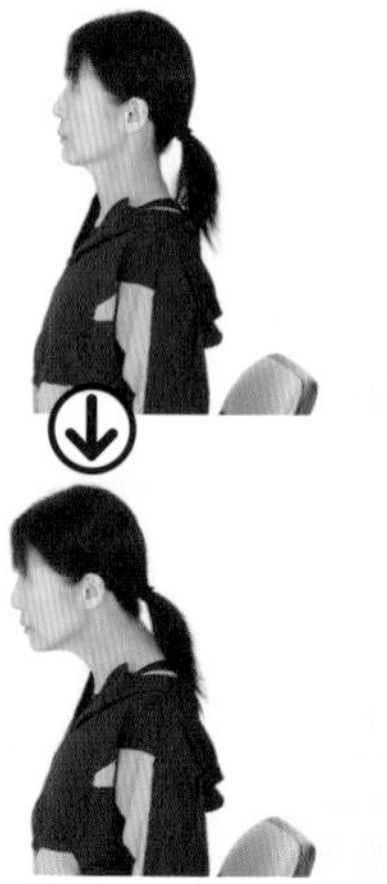

頭を前に出した時に胸郭部が動かず、首だけが動く

NGの動き② 首と骨盤が動く

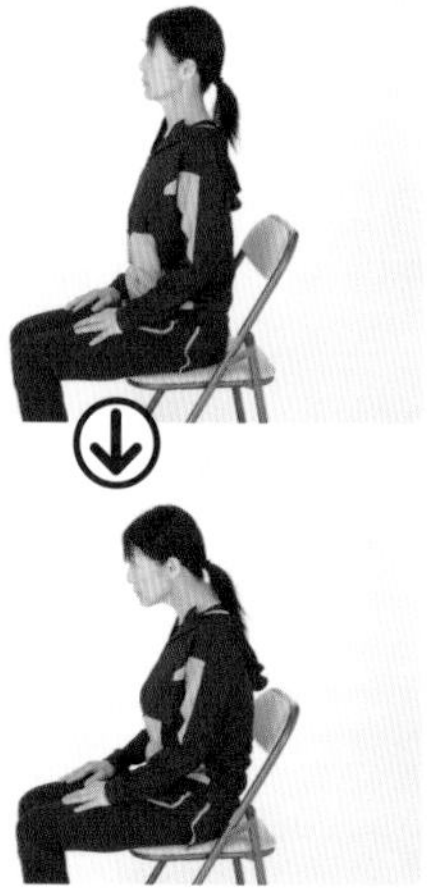

頭を前に出した時に胸郭部が動かず、首と骨盤が動く

胸郭のエクササイズ①

フォームローラーで胸郭ほぐし

エクササイズの準備

- フォームローラーが固いと感じる場合は巻きタオルを使って行う

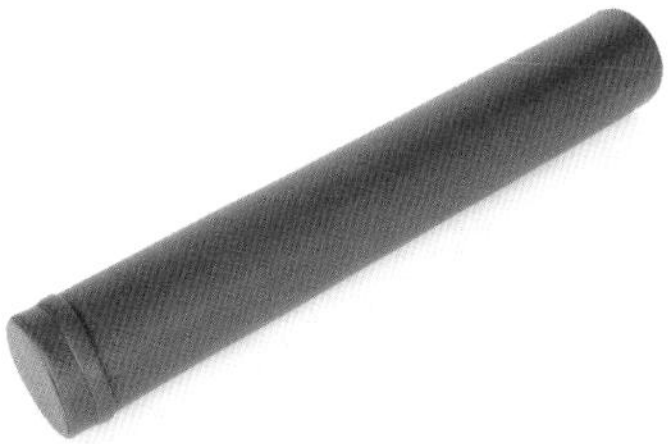

- フォームローラーがある場合はフォームローラーを使用する

巻きタオルの作り方

丸めたバスタオルをゴムで止める

半分に折ったバスタオルを丸める

バスタオルを半分に折る

エクササイズの準備

- フォームローラーの上部から頭が出ないようにする
- 膝を曲げて足裏全体を床につける
- 身体が安定する足幅にする

①手を腰の横に置く

肩甲骨の内側縁・下部でフォームローラーをはさむ

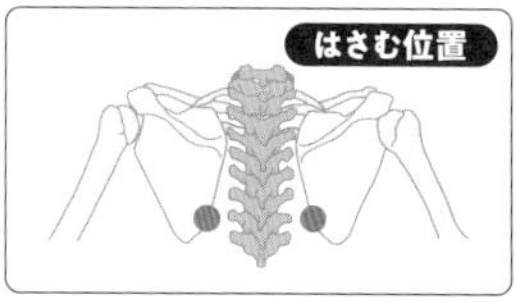

2

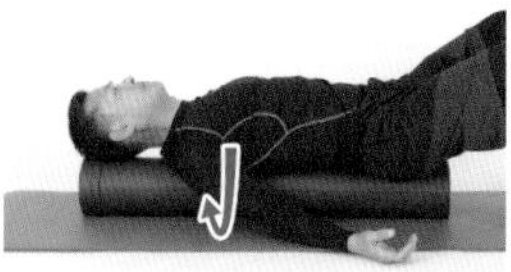

1

手を腰の横に置き、肩甲骨の内側縁・下部ではさむ

やり方

❶フォームローラーに正しく寝転がる
❷手を腰の横に置く
❸肩甲骨の内側縁・下部でフォームローラーを3秒ほどはさむ
❹3秒挟んだら脱力する
❺この動きを5回繰り返す

②脇の下を40度くらい開く

肩甲骨の内側縁・中部でフォームローラーをはさむ

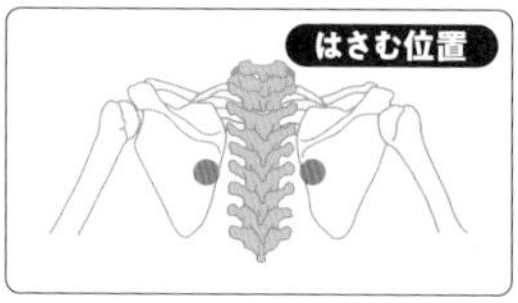

2

1

脇の下を40度ほど開き、肩甲骨の内側縁・中部ではさむ

やり方

❶フォームローラーに正しく寝転がる
❷脇の下を40度ほど開く
❸肩甲骨の内側縁・中部でフォームローラーを3秒ほどはさむ
❹3秒挟んだら脱力する
❺この動きを5回繰り返す

③脇の下を80度くらい開く

肩甲骨の内側縁・上部でフォームローラーをはさむ

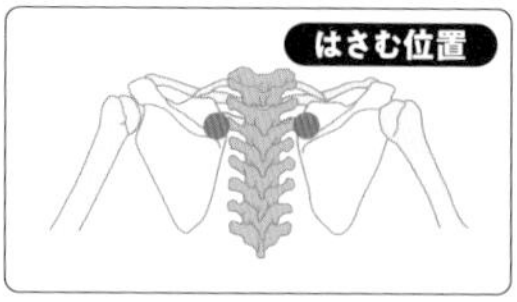

2

1

脇の下を80度ほど開き、肩甲骨の内側縁・上部ではさむ

やり方

❶フォームローラーに正しく寝転がる
❷脇の下を80度ほど開く
❸肩甲骨の内側縁・上部でフォームローラーを3秒ほどはさむ
❹3秒挟んだら脱力する
❺この動きを5回繰り返す

④腕を挙げて肩甲骨の下部ではさむ

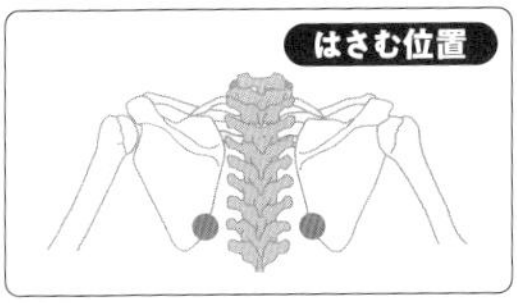

肩甲骨の内側縁・下部で
フォームローラーをはさむ

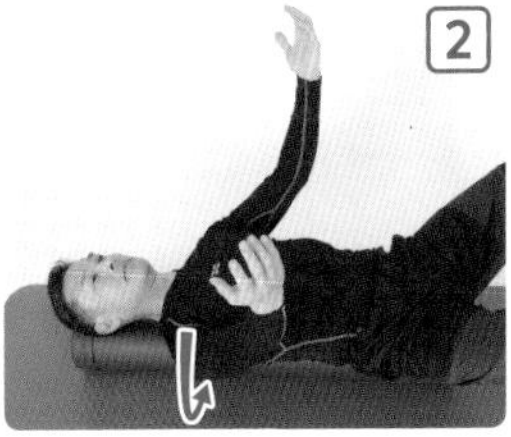

腕を挙げて肩甲骨の内側縁・下部でフォームローラーをはさむ

やり方

❶フォームローラーに正しく寝転がる
❷腕を挙げて手のひらを頭のほうに向ける
❸肩甲骨の内側縁・下部でフォームローラーを3秒ほどはさむ
❹3秒挟んだら脱力する
❺この動きを5回繰り返す

⑤腕を挙げて肩甲骨の中部ではさむ

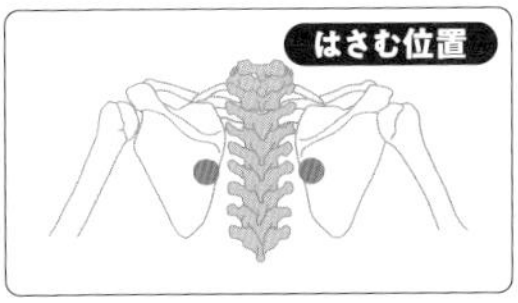

肩甲骨の内側縁・中部でフォームローラーをはさむ

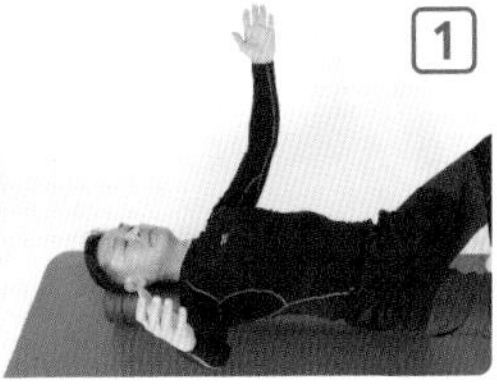

腕を挙げて手のひらが向かい合うようにし、肩甲骨の内側縁・中部でフォームローラーをはさむ

やり方

❶フォームローラーに正しく寝転がる
❷腕を挙げて手のひらが向かい合うようにする
❸肩甲骨の内側縁・中部辺りでフォームローラーを3秒ほどはさむ
❹3秒挟んだら脱力する
❺この動きを5回繰り返す

⑥腕を挙げて肩甲骨の上部ではさむ

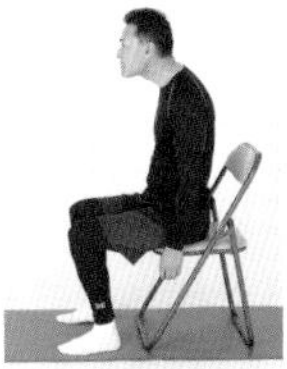

計6つの動きを終えたら120ページのチェックを再び行い、胸郭部の動きを確認する

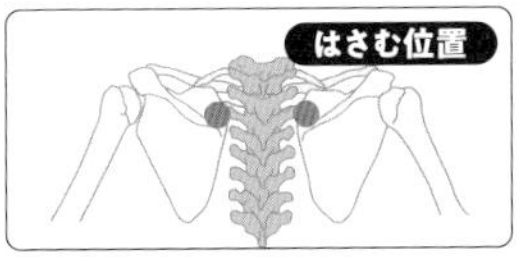

肩甲骨の内側縁・上部ではさむ

腕を挙げて手のひらが外側に向くようにし、肩甲骨の内側縁・上部でフォームローラーをはさむ

やり方

❶フォームローラーに正しく寝転がる
❷腕を挙げて手のひらが外側に向くようにする
❸肩甲骨の内側縁・上部でフォームローラーを3秒ほどはさむ
❹3秒挟んだら脱力する
❺この動きを5回繰り返す
❻最後に120ページのチェックを再び行う

PART4

胸郭部のチェック②
前から腕挙げ

もう1つの胸郭部のチェックとして前から腕を挙げてみます。腕を挙げることで胸郭が開きますが、胸郭が固くなっていると十分に腕を挙げることができません。イスに座って左右の腕を挙げ、スムーズかつ十分に挙げることができるかをチェックします。十分にできていない場合は、ここで紹介するエクササイズで動きを改善してください。

胸郭部のチェック②前から腕挙げ

1

イスに座わる

2

左腕を前から挙げる

3

右腕を前から挙げる

CHECK

左右とも腕がスムーズに耳の横まで挙がればOKです。左右のどちらか、もしくは両腕ともぎこちなかったり、可動域が足りない場合にはエクササイズに進んでください。

エクササイズの準備

121ページで紹介したタオルを使います

巻きタオルを当てる位置

- ①脇のすぐ下、②そこから巻きタオル1本分下、③さらに巻きタオル1本分下（脇の下から2本下）の3箇所に巻きタオルを当て、125ページのエクササイズを行う
- 巻きタオルを当てる位置を3箇所にすることで、胸郭部全体をカバーできる

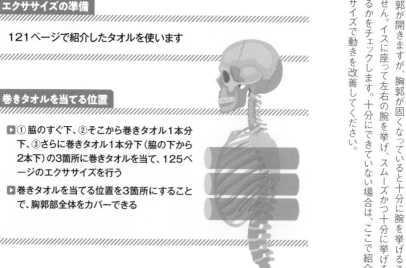

胸郭のエクササイズ②

胸郭ころがし

脇の下に巻きタオルを置く

脇のすぐ下に巻きタオルを当てる。巻きタオルの先端と胸前面を合わせる

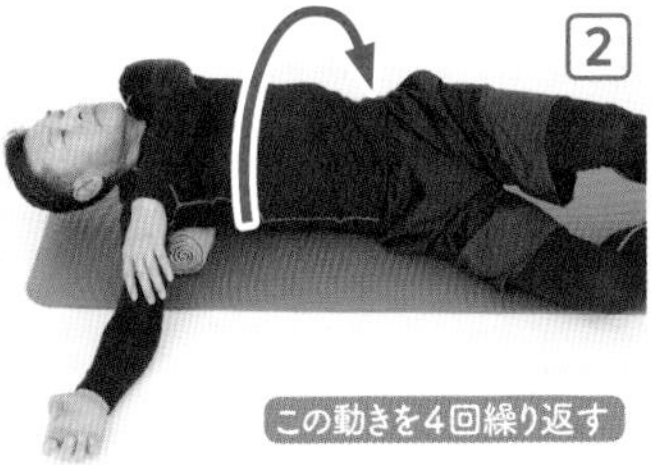

息を吐きながら巻きタオルの上に寝転がる。寝転がったら大きく息を吸い、吐きながら元の姿勢に戻る

やり方

❶可動域が少ない腕のほうの脇の下に巻きタオルを当てる

❷大きく息を吸い、吐きながら巻きタオルの上に寝転がる

❸背骨が巻きタオルに当たるくらいまで寝転がり、大きく息を吸う

❹息を吐きながら1の位置に戻る

❺この動きを4回繰り返す

❻続いて巻きタオルを1本分下にずらし、1〜5を行う

❼さらに巻きタオルを1本分下にずらし、1〜5を行う

❽最後に124ページのチェックを行い、可動域を確認する

脇のすぐ下から巻きタオルを1本分下げる

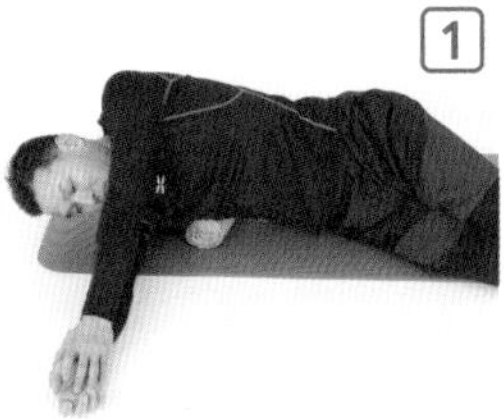

大きく
息を吸う

巻きタオルを1本分下に下げる。巻きタオルの先端と胸前面を合わせる

息を吐きながら巻きタオルの上に寝転がる。寝転がったら大きく息を吸い、吐きながら元の姿勢に戻る

脇のすぐ下から巻きタオルを2本分下げる

巻きタオルをさらに1本分下に下げる。巻きタオルの先端と胸前面を合わせる

息を吐きながら巻きタオルの上に寝転がる。寝転がったら大きく息を吸い、吐きながら元の姿勢に戻る

PART 4

肩甲帯のチェック&エクササイズ

ここでは肩甲帯の基本的な動きである①挙上と下制、②内転、③上方回旋をチェックします。可動域が不十分な場合には、エクササイズに進んでください。またどの競技のアスリートにも必要な、肩甲骨周りの筋が十分に機能しているかをチェックする方法も合わせて紹介します。

肩甲帯のチェック 挙上と下制

鎖骨が
水平の状態から
60度以上
挙げられたら
OK

2

肩をすくめる(肩甲帯・挙上)

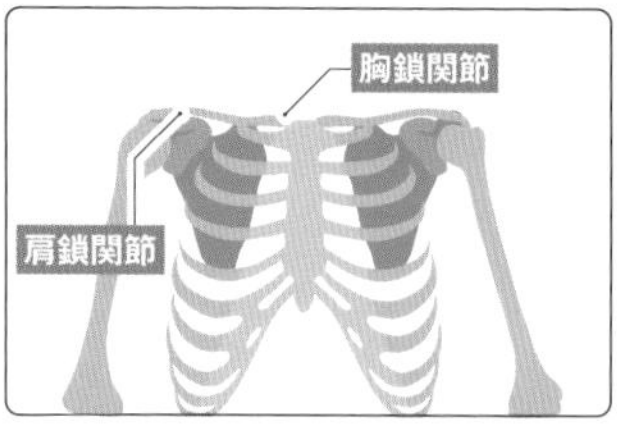

鎖骨が
水平の状態よりも
下に下げられたら
OK

3

肩を下げる(肩甲帯・下制)

1

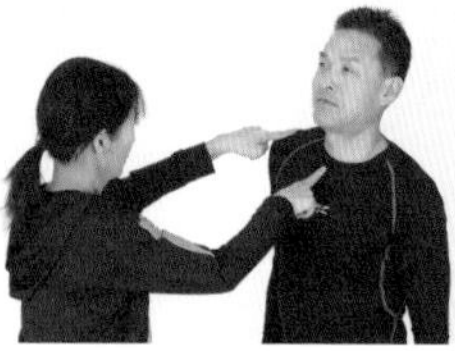

胸鎖関節と肩鎖関節に指を置いてチェックしてもらう

内転

左右の肩甲骨の
中央辺りが
ぴったりと寄れば
OK

2

左右の肩甲骨で背中を寄せる(肩甲帯・内転)

1

腕を軽く前に出す

上方回旋

耳の横に
腕がつけば
OK

2

そのまま耳の横まで腕を挙げていく

1

腕を下げて手のひらを太もものほうに向ける

CHECK

すべての動きが十分な可動域で行えたらOKです。いずれかの動きにぎこちなさを感じたり、可動域が少ない場合にはエクササイズに進んでください。

アスリート向け（中級）・左右肩逆回しチェック

右肩の動き

片方の肩を後ろから前に大きく回す

左肩の動き

もう一方の肩は後ろ方向に回す

同時に行う

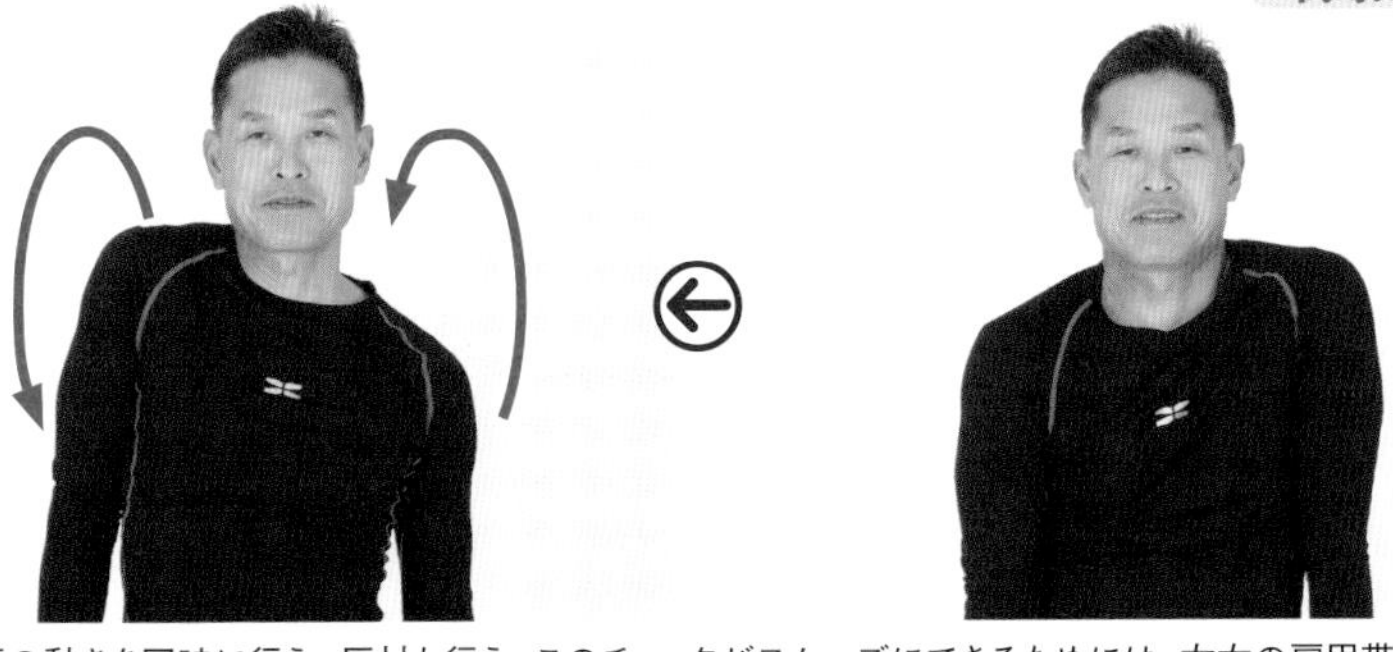

右肩と左肩の動きを同時に行う。反対も行う。このチェックがスムーズにできるためには、左右の肩甲帯を動かす筋が同時に違う作用を発揮するという高い技能が必要になる

肩甲帯のエクササイズ①

側臥位で肩甲骨を動かす

エクササイズの注意点

- 腕を下にして横向きに寝た姿勢（側臥位）で行う
- パートナーに補助をしてもらいながら行うと効果が倍増する

パートナーに補助してもらう

- 補助をしてもらう場合、自分が発揮する力が10だとすると、パートナーには1程度の力で動きをサポートしてもらう

やり方

❶側臥位になり、上の手をお尻に軽く置く

❷その状態から肩を挙げたり下げたりする（挙上と下制）

❸この動きを10回繰り返す

❹肩を開いたり閉じたりする（外転と内転）

❺この動きを10回繰り返す

❻最後にお尻をなでるように肩で円を描く。前回しと後ろ回しをする

❼それぞれ10回ずつ繰り返す

※×方向運動や△方向運動は行わない

挙上と下制

1

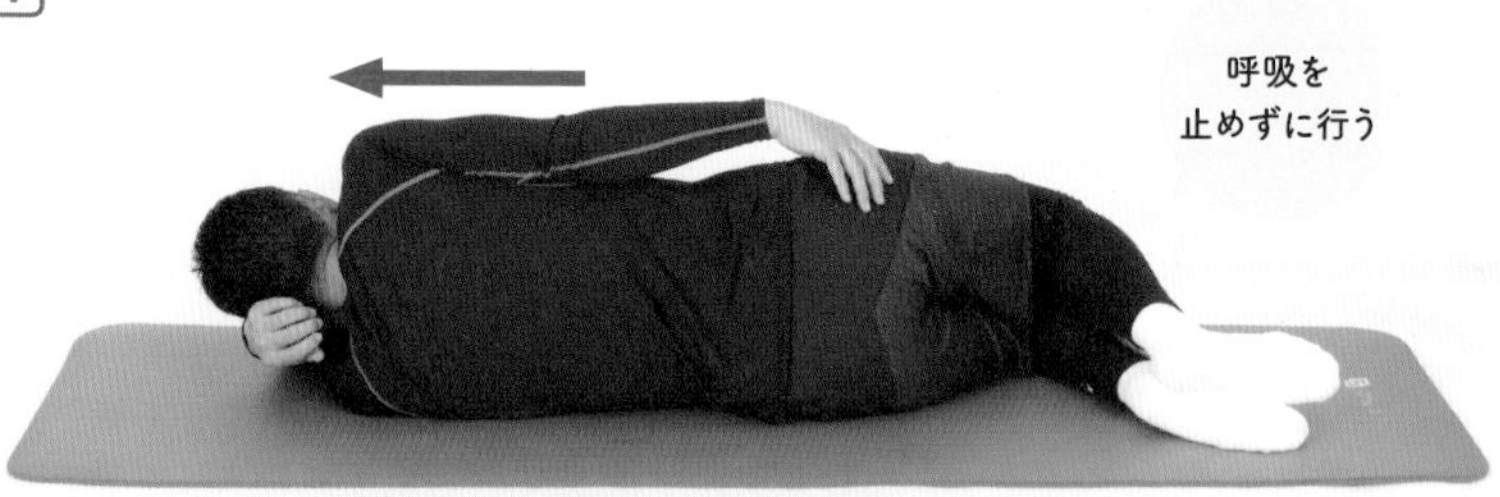
呼吸を
止めずに行う

肩を挙げる

2

この動きを10回繰り返す

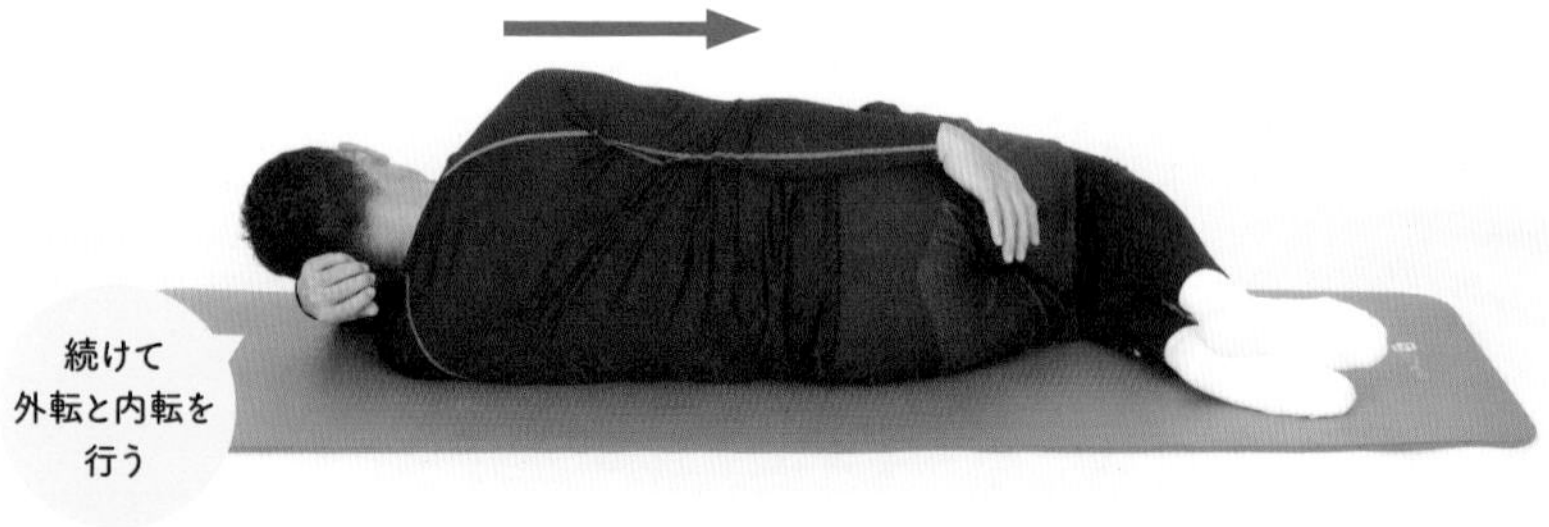
続けて
外転と内転を
行う

肩を下げる

外転と内転

1

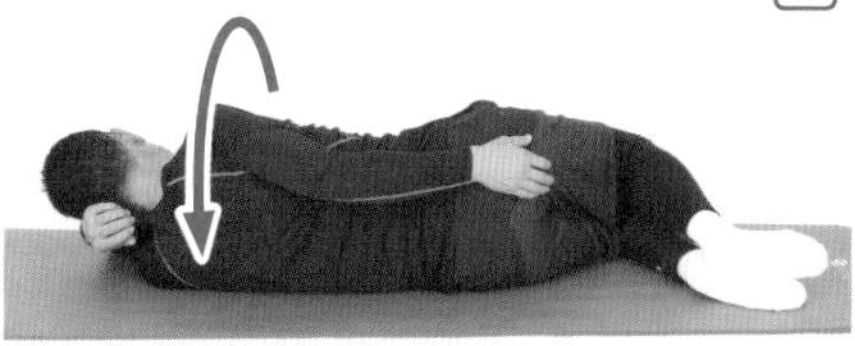

肩を背中側に動かして胸を開く

2

続けて
お尻をなでながら
円描きを行う

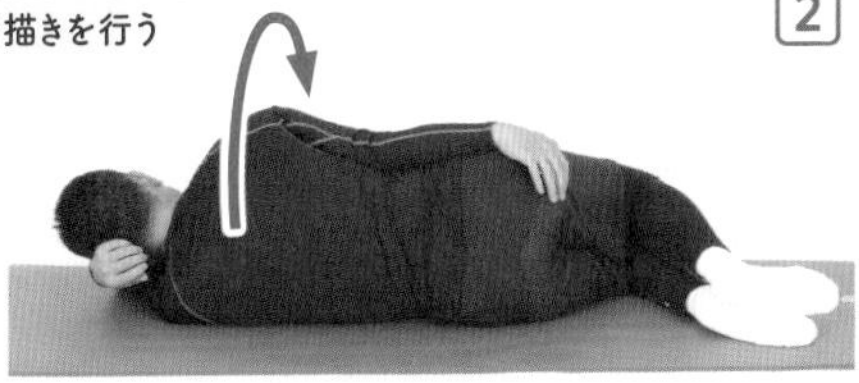

肩を前に出して胸を閉じる

肩先で円描き

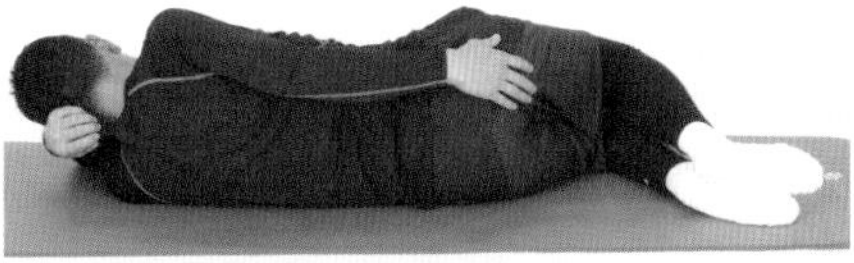

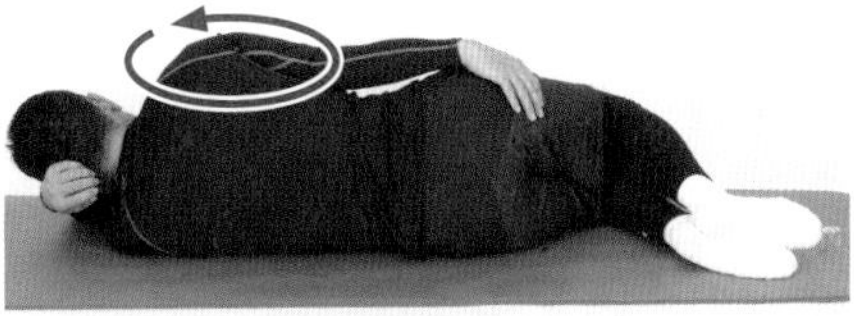

この動きを10回繰り返す

お尻をなでるようにして、肩で大きく円を描く。まずは前回しをする

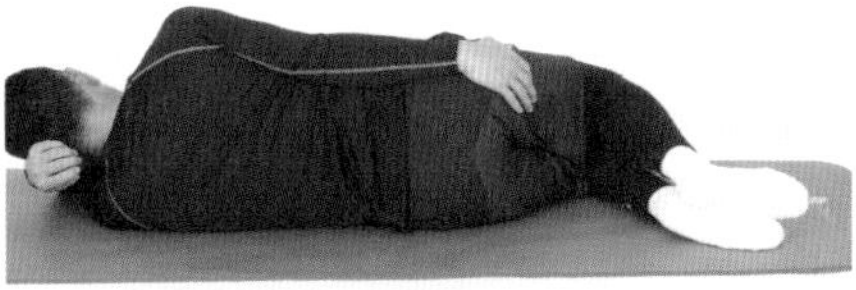

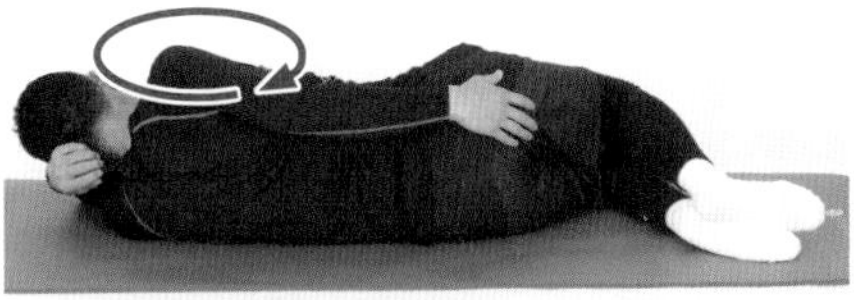

この動きを10回繰り返す

お尻を先ほどと逆回しになでるようにして、肩で大きく円を描く。後ろ回しをする

CHECK 側臥位で行うワケ

立った姿勢では、上体を立てる脊柱起立筋なども働きます。このように肩甲骨近くの筋が働く状態では、肩甲骨を動かす筋に強い刺激が入りにくくなります。そのため側臥位になることで脊柱起立筋が働かず、肩甲骨を動かす筋だけを動かしやすくなります。

肩甲帯のエクササイズ②

床に座って肩甲骨を動かす

エクササイズの注意点

- 膝を曲げて足裏全体を床につける
- 両手は斜め後ろにつく
- 肩甲骨が動かしやすいようにお尻の位置を調整する

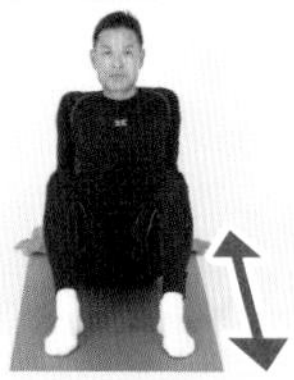

やり方

❶写真のように床に座る
❷その状態から首をすくめたり伸ばしたりする（挙上と下制）
❸この動きを10回繰り返す
❹続けて肩を前に出したり後ろに引いたりする（外転と内転）
❺この動きを10回繰り返す
❻最後に126ページのチェックを行い、可動域を確認する
※×方向運動や△方向運動は行わない

挙上と下制

1

呼吸を
止めずに行う

首をすくめるようにすると肩甲骨の挙上の動きになる

2

挙上と下制を10回繰り返す

首を伸ばすようにすると肩甲骨の下制の動きになる

外転と内転

1

肩を前に出すと肩甲骨は外転する

2

外転と内転を10回繰り返す

肩を後ろに引くと肩甲骨は内転する

CHECK エクササイズを連続で行うワケ

エクササイズ①を行うことで肩甲骨を動かす筋を主に動かし、肩甲骨の動きをよくすることができます。その状態を作ってからエクササイズ②を正しく行うと、首周りのコンディションも改善することができます。肩甲骨を動かす筋のこわばりをなくし、機能を向上すると、首に過度の負担をかける「頭部前方姿勢」や「ストレートネック」の固定化を予防することができるからです。

骨盤部のチェック&エクササイズ

骨盤部の基本的な動きには①腹圧、②前傾後傾、③左右傾けがあります。このうち①の腹圧については56ページでチェックとトレーニング方法を紹介しましたので、ここでは②の前傾後傾と③左右傾けのチェックとエクササイズを紹介します。

骨盤部のチェック① 脚のつけ根手指はさみ

1

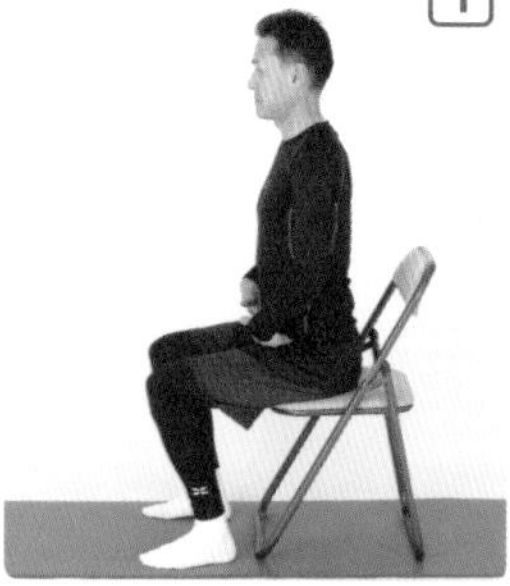

鼠径部に手指先を前からあてて座る

やり方

❶イスに座り、手指先を前から鼠径部にあてる

❷骨盤を前傾させて手をはさむ

❸元の姿勢に戻る

❹この動きを10回繰り返す

❺続けて133ページのエクササイズを行う

2

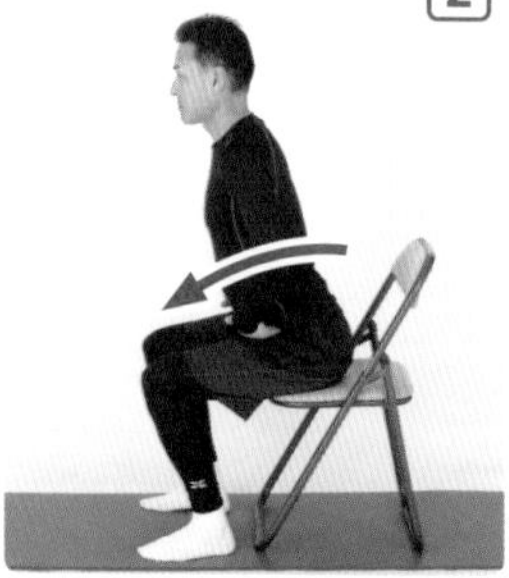

骨盤を前傾させて手指をはさみ、元の姿勢に戻る

チェックの注意点

- 膝の角度は70度くらいにする
- 肩幅くらいに足を開く
- 足の裏全体を床につけて踏ん張る

CHECK この動きから立ち上がると…

脚のつけ根にあてた手指をはさんだ状態から床を強く踏むと、自然にお尻が上がった中腰の姿勢になります。その時の姿勢（画像）を見ると、正しいスクワットの基本である膝がつま先よりも大きく前に出ていない」動作になっていることがわかります。このエクササイズを応用することで、正しいスクワットの基本動作ができるのです。

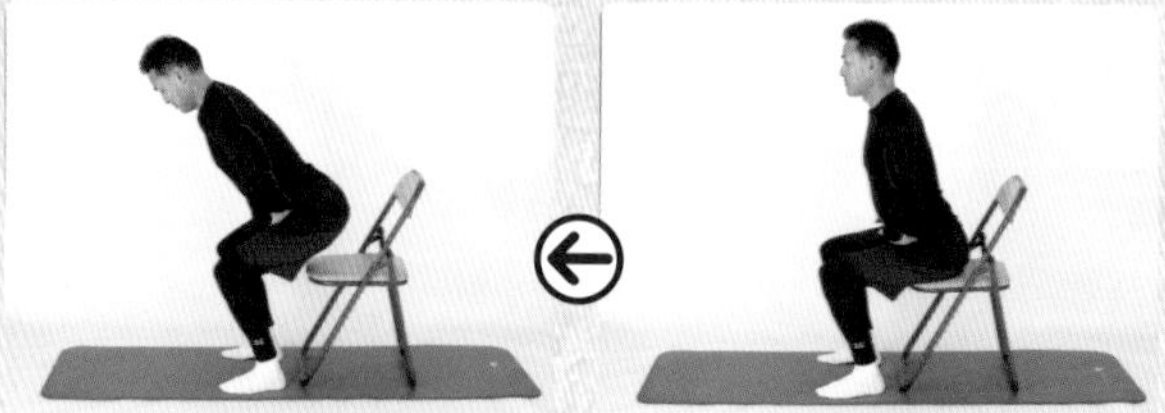

骨盤部のエクササイズ①

あぐらで骨盤の前傾後傾

やり方

❶あぐらで座る
❷両手を前の足の上に置き、骨盤を後傾させる
❸骨盤を前傾させる
❹10回繰り返したら、前後の足を入れ替える
❺続けて135ページのエクササイズを行う
※×方向運動や△方向運動は行わない

1

あぐらで座り骨盤を後傾させる

2

この動きを5回繰り返す

骨盤を前傾させる

CHECK 胸郭部が十分に動いていなかったら、胸郭部エクササイズからはじめる

胸郭部がスムーズに動かないと骨盤部の前傾や後傾の動きも十分にできません。その場合は胸郭部のエクササイズから行いましょう。

骨盤部のエクササイズ②

三角座りで骨盤の前傾後傾

1

膝を持って座り足裏全体を床につける

2

骨盤を後傾させると太ももからお腹が離れる

3

骨盤を前傾させると太ももとお腹が近づく

やり方

❶三角座り（体育座り）で座る。足を腰幅に開き、手は軽く膝前に置く

❷太ももからお腹を離すようにして骨盤を後傾させる

❸太ももにお腹を近づけるようにして骨盤を前傾させる

❹この動きを10回繰り返す

❺132ページのチェックを行い、やりやすさを確認する

※×方向運動や△方向運動は行わない

骨盤部のエクササイズ③

後ずさりして骨盤の前傾を深める

1

足を開き、膝を曲げて座る。手は身体の前に置く

2

2cmずつ後ずさりするように左右のお尻を動かして前傾を深める。ある程度のところで一度呼吸をする

3

この動きを3回ほど繰り返す

さらに後ずさりして前傾を深める。まずは肘がつくくらいまで前傾できるとよい

やり方

❶足を開き、膝を曲げて座る。手は身体の前に置く

❷2cmずつ後ずさりするように左右のお尻を動かす

❸後ずさりすることで骨盤の前傾を深くする

❹ある程度前傾したら呼吸をする

❺さらに後ずさりして前傾を深める（まずは肘まで床につくくらい）

❻この動きを3回ほど続ける

エクササイズの注意点

- 足を開いて膝を曲げる
- 身体の正面に手をつく
- 後ずさりすることで骨盤の前傾を深めていく

骨盤部のチェック② 横座りで骨盤左右傾きチェック

やり方

❶正座から膝の前に手をつき、お尻を右側の床につけ、両腕を真横に開く（右横すわり）
❷膝の前に手をつき、お尻を左側の床につけ、両腕を真横に開く（左横すわり）
❸右横すわりと左横すわりでバランスの取りやすさや、やりにくさの左右差を確認する

イスに座って骨盤左右傾け

1

右横すわりのバランスの取りやすさや、やりやすさをチェックする

2

左横すわりのバランスの取りやすさや、やりやすさをチェックする

骨盤部のエクササイズ④

3つの骨盤左右傾け

胴体を大きく動かして骨盤左右傾け

1

四つばい位になる。
足首を曲げて足指を
床につける

2

右側からお尻の後方を見る

3

○方向運動を10回繰り返す

左側からお尻の後方を見る

やり方

❶四つばい位になる
❷骨盤と胴体を大きく動かして右側からお尻の後方を見る
❸元の姿勢に戻る
❹骨盤と胴体を大きく動かして左側からお尻の後方を見る
❺×方向運動や△方向運動があった場合は○方向運動を10回行う
❻続けて下のエクササイズを行う

上半身を固定して骨盤の左右傾け

1

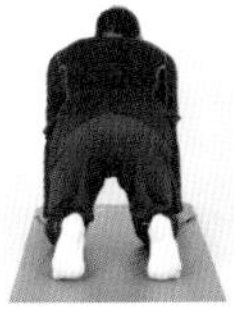

四つばい位になる。
足首を曲げて足指を
床につける

2

上半身を動かさずに右側の骨盤端を胸郭に近づけるようにして、骨盤を傾ける

3

○方向運動を10回繰り返す

上半身を動かさずに左側の骨盤端を胸郭に近づけるようにして、骨盤を傾ける

やり方

❶四つばい位になる
❷上半身を動かさずに右側の骨盤部を胸郭に近づける
❸元の姿勢に戻る
❹上半身を動かさずに左側の骨盤部を胸郭に近づける
❺×方向運動や△方向運動があった場合は○方向運動を10回行う
❻続けて138ページのエクササイズを行う

立位で骨盤左右傾け

1

左右均等に体重が乗るようにして真っすぐに立つ

2

右足に体重を乗せると右側の骨盤の端が上がる（左足は軽くつま先立ち）

3

左足に体重を乗せると左側の骨盤の端が上がる（右足は軽くつま先立ち）

136ページ
チェックで
効果を体感する

やり方

❶真っすぐに立つ

❷右足に体重を乗せると右側の骨盤の端が上がる（左足は軽くつま先立ち）

❸元の姿勢に戻る

❹左足に体重を乗せると左側の骨盤の端が上がる（右足は軽くつま先立ち）

❺この動きを10回繰り返す

❻再び136ページのチェックを行い、やりやすさを確認する

CHECK あなたはどちらの側屈をしていますか？

ラジオ体操やウォーミングアップ等でみかける立位側屈動作。あなたは右側に身体を倒す時にどちらの足に体重をかけて側屈していますか？「両足均等」かもしれませんが、ここではどちらかを選んでみてください。Aは右足に体重がかかった状態、Bは左足に体重がかかった状態です。

身体にやさしく、体操の成果も上がるのはBです。腰背部に目を向けると、右側屈動作では、右側の腰背部が縮み、左側の腰背部が伸びることになります。この時、右足に体重をかけると縮む右腰背部を下から固定し、さらにそこへ上体や頭の重みを加えて強い負担を与えることになってしまいます。無意識にこの動きを習慣にして、腰痛を感じている人もいるので注意が必要です。また、右足に体重をかけると左足は地面から浮くようになってしまい、伸びるはずの左腰背部は十分に伸びず、体操効果も上がりません。

それに対して、左足に体重をかけると右足は固定されないので、縮む右腰背部に過度の圧迫負担はかかりませんし、左足がしっかり床についているので、伸びるはずの左腰背部は十分に伸び、体操効果も高くなります。

骨盤左右傾けはダッシュ力やスイング動作等にも関係し、腰痛予防にもとても大切な動きです。何気ない動作ですが間違ったまま習慣にすると、身体に負担をかけ、パフォーマンスを下げる動きのクセをつくることになってしまいます。注意したいものですね。

PART4

股関節のチェック&エクササイズ

股関節の基本的な動きのうち、最優先してほしい内旋・外旋についてのチェックとエクササイズを紹介します。

股関節のチェック 内旋外旋

1

足を伸ばして座りお尻の後ろに手をつく

2

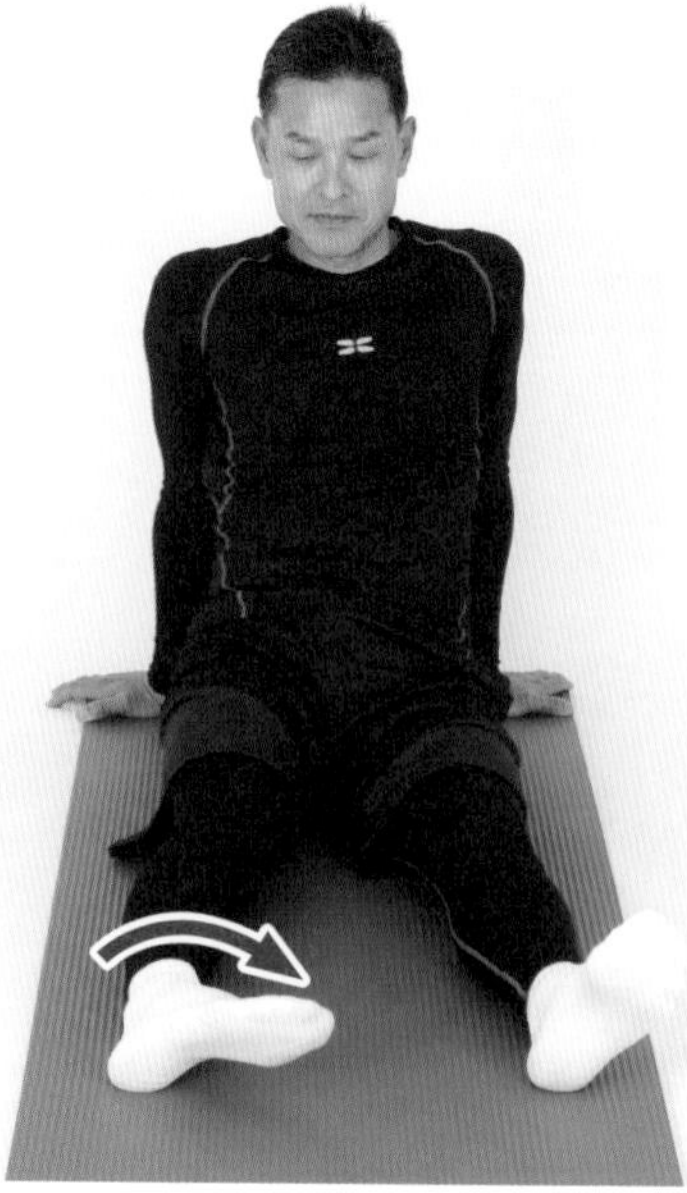

右股関節を内旋させる

3

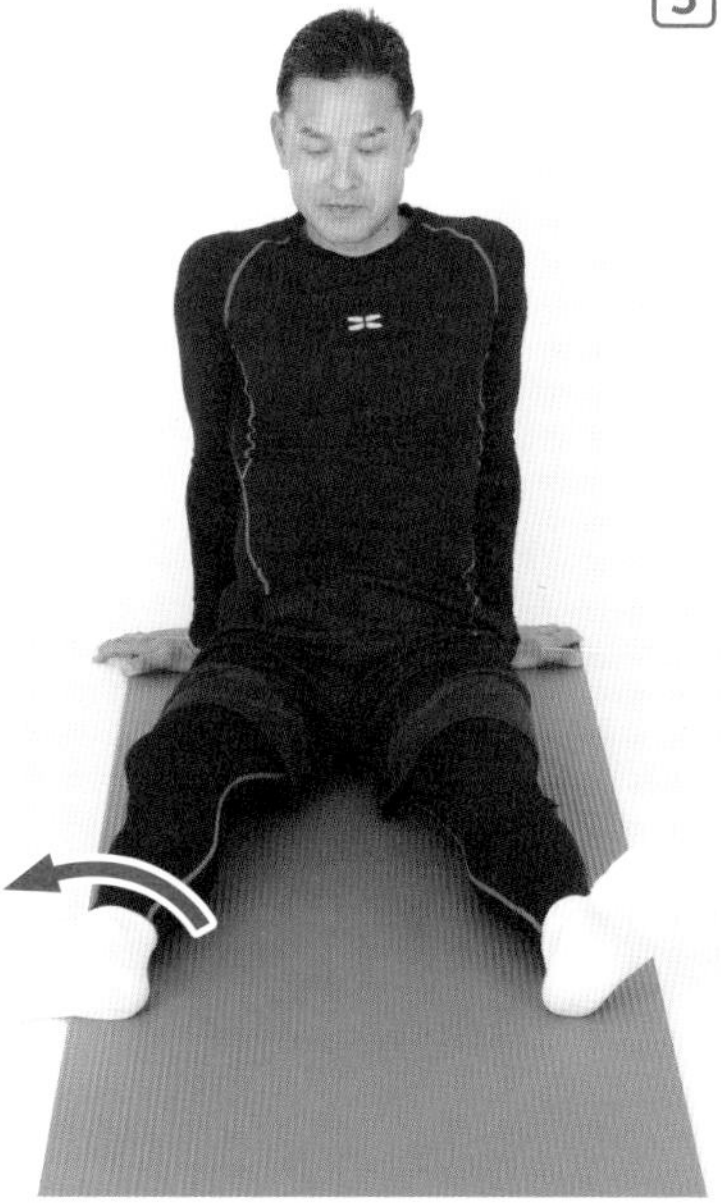

右股関節を外旋させる

4

左股関節を内旋させる

5

左股関節を外旋させる

CHECK

4つの動きのうち、まずは一番可動域が少ない動き、もしくは痛みや不快感を感じる動きを改善するために、142～143ページのいずれかのエクササイズを行いましょう。

股関節のエクササイズ①

股関節を大きく内外旋させる

外旋の可動域が少ない場合&外旋が△(×)方向運動の場合

1

脚を伸ばして座り、お尻の後ろに手をつく

2

外旋の可動域が少ないもしくは外旋が△(×)の股関節を内側にねじる

3

十分に内旋をした後、お尻を上げ、ねじっている足の親指側でさらに床を押す。3秒キープしたら脱力する

この動きを3回繰り返す

左股関節で行っている写真

やり方

❶脚を伸ばして床に座る

❷お尻をつけたまま外旋の可動域が少ない、もしくは外旋が△(×)の側の股関節を内方へねじる

❸股関節で最大可動域の内旋をしてからお尻を上げ、ねじっている側の足の親指側でさらに床を押す

❹内ももまで刺激が伝わり内ももがかたくなったら3秒キープして脱力する

❺元の姿勢に戻る

❻この動きを3回続ける

エクササイズの注意点

- 膝を伸ばして行う
- 最大限に股関節をねじってからお尻が浮くようにする
- お尻の後ろに手をついてバランスを取る

内旋の可動域が少ない場合&内旋が△(×)方向運動の場合

やり方

❶脚を伸ばして床に座る

❷お尻をつけたまま内旋の可動域が少ない、もしくは内旋が△(×)の側の股関節を外方へねじる

❸股関節で最大可動域の外旋をしてから反対側のお尻を上げ、ねじっている側の足の小指側でさらに床を押す

❹お尻まで刺激が伝わりお尻がかたくなったら3秒キープして脱力する

❺元の姿勢に戻る

❻この動きを3回続ける

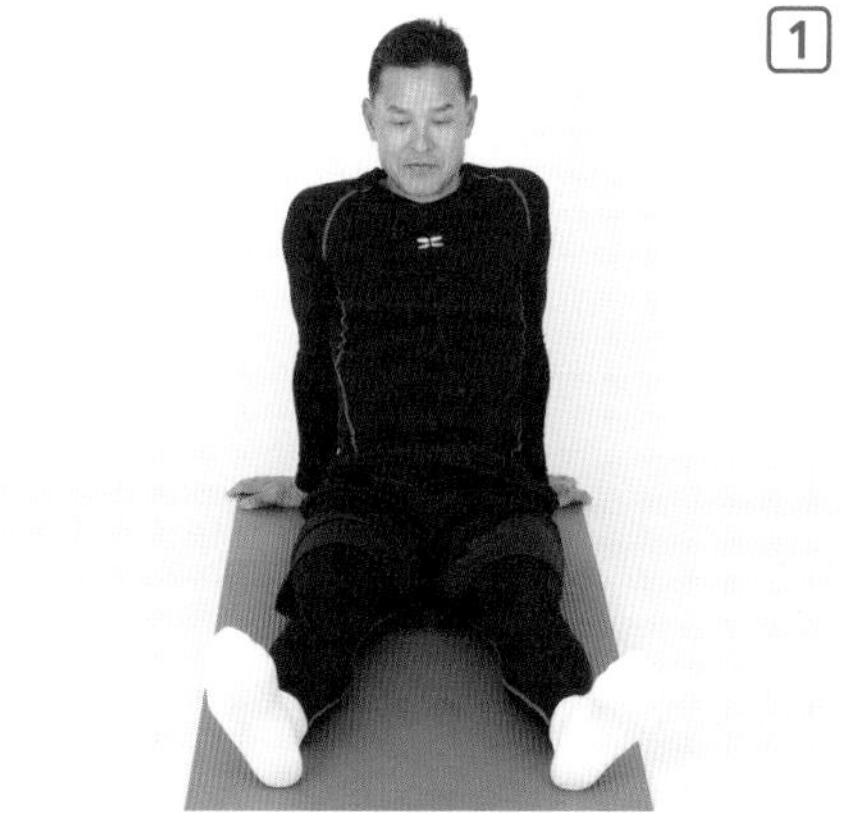

脚を伸ばして座り、お尻の後ろに手をつく

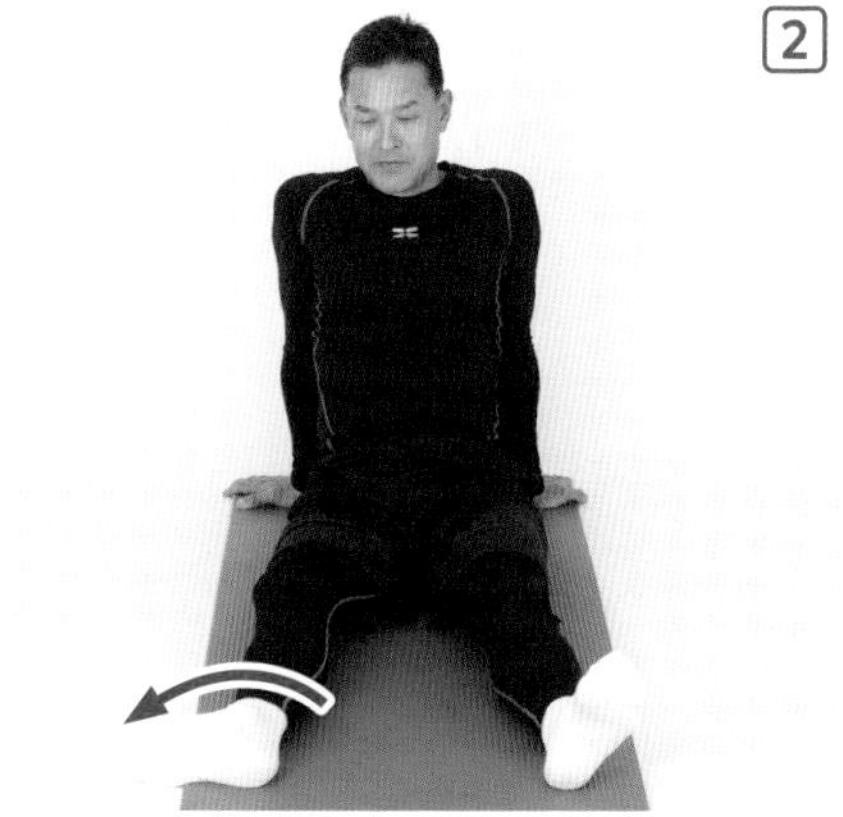

両側のお尻を床につけたまま、内旋の可動域が少ない、もしくは内旋で△(×)の側の股関節を外旋する

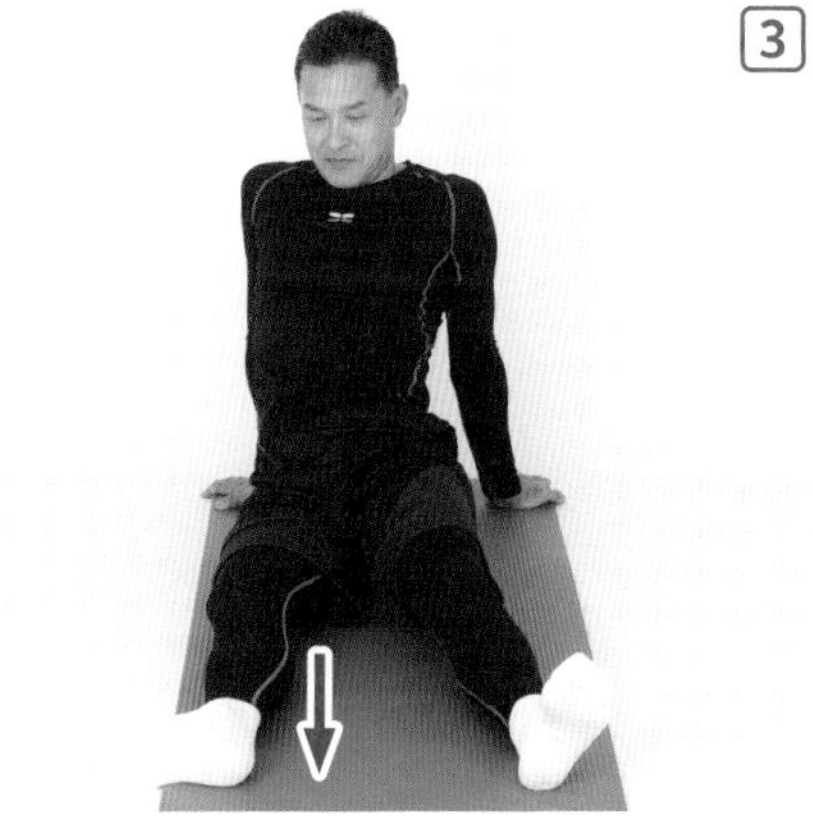

足の小指側でさらに床を押すとお尻に刺激が伝わり、反対側のお尻が上がる。3秒キープしたら脱力する

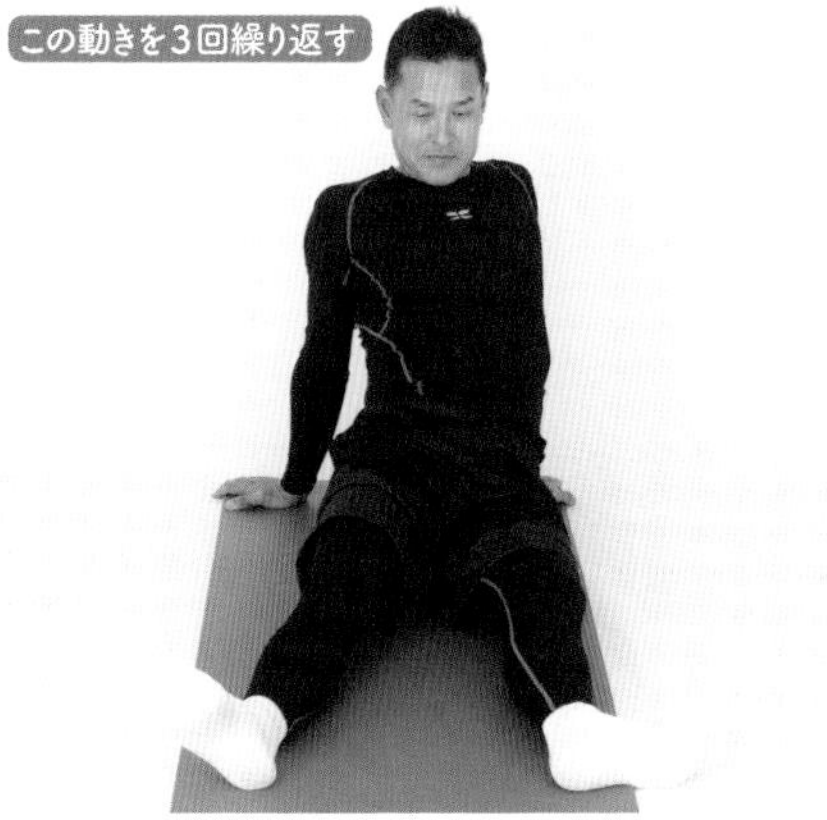

左股関節で行っている写真

スクワットでもチェックしてみよう！

両足に均等に荷重して真っすぐに立つ

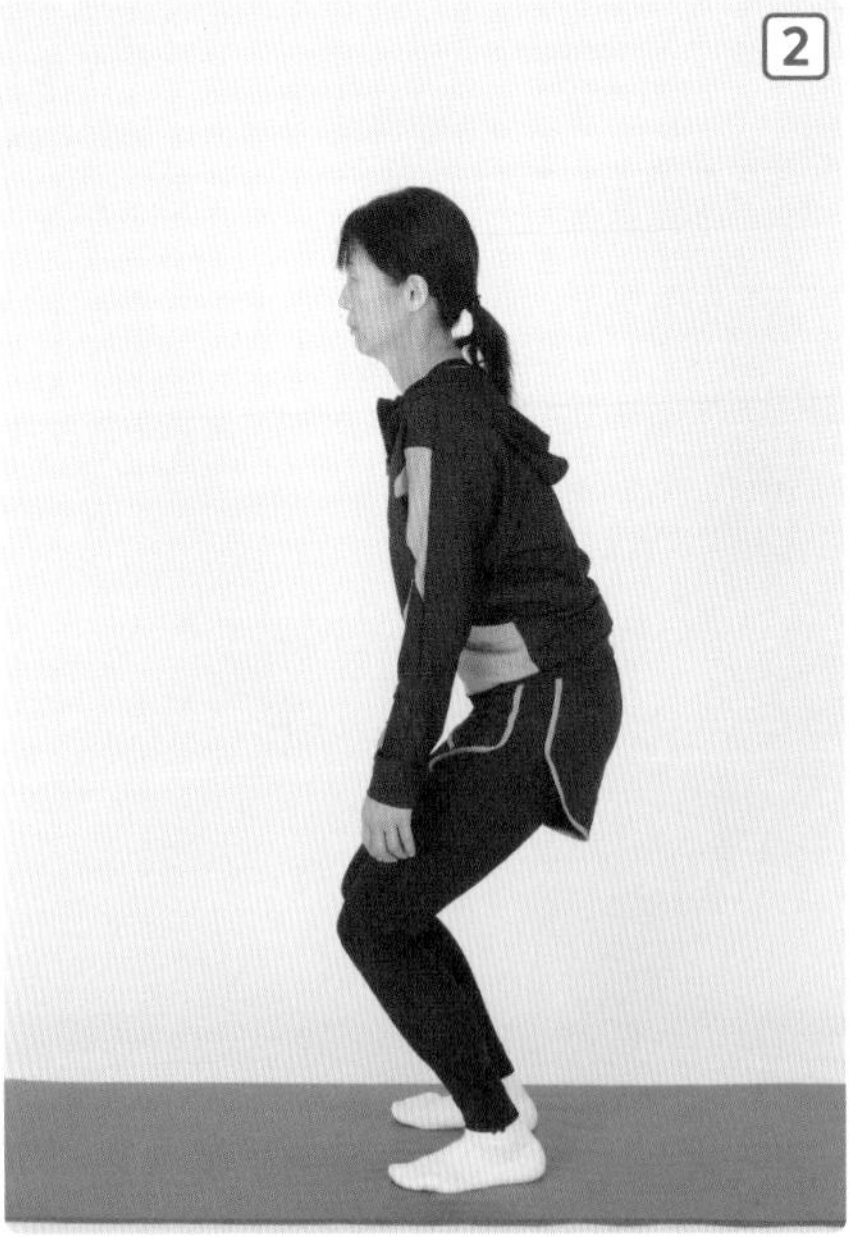

しゃがむ（スクワット）

☒

NGの動き

膝がつま先よりも内方に入ってしまう場合は、股関節でいうと外転・外旋が十分にできなくなっている可能性がある

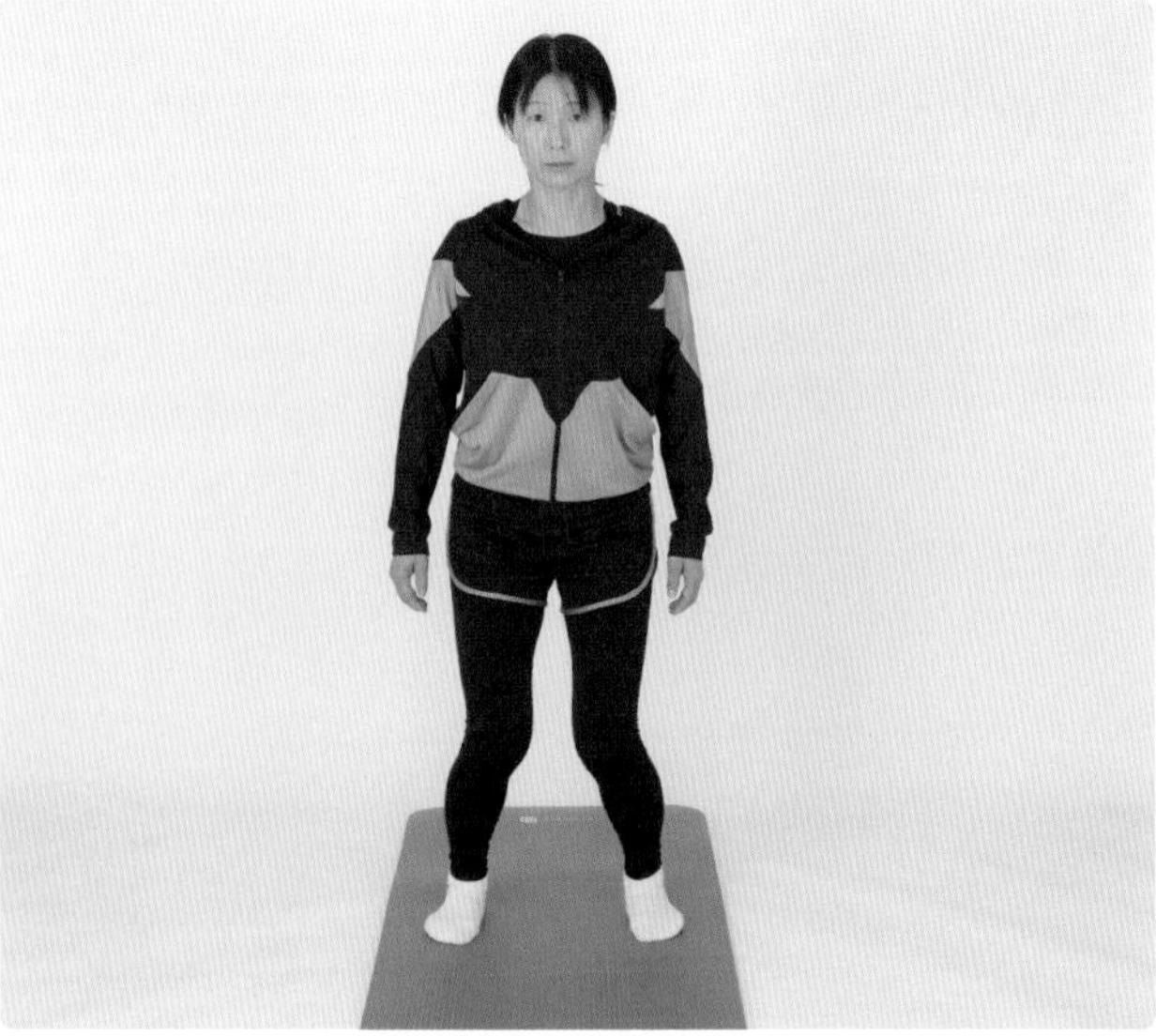

☞ CHECK

☒の画像のように膝が内方に入るような場合は145ページのエクササイズに進む

股関節のエクササイズ②

股関節を外転・外旋させる

1

膝を曲げて座り、お尻の後ろに手をつく

2
3秒ほど
床を押して
脱力
この動きを10回繰り返す

右のすねの外側で床を強く押す。呼吸を止めずに行う

3
3秒ほど
床を押して
脱力
この動きを10回繰り返す

左のすねの外側で床を強く押す。呼吸を止めずに行う

やり方

❶足を開き、膝を曲げて座る
❷右下腿の外側で床を強く押す
❸3秒ほど床を押してから脱力を繰り返す
❹左下腿の外側で床を強く押す
❺3秒ほど床を押してから脱力を繰り返す
❻この動きを10回続ける

エクササイズの注意点

- 足を開いて膝を曲げる
- お尻の筋へ刺激が入るように行う
- 後ろに手をついてバランスを取る

CHECK 内に入らないように外に開く

膝がつま先よりも内方に入る人に多いのは、股関節を外に開くお尻の筋が機能低下していることです。このエクササイズで股関節を外側に開く動きが十分にできるようにします。

膝（下腿）のチェック＆エクササイズ

膝（下腿）の基本的な動きのうち、一般的にはあまり動きを知られていない内旋と外旋のチェックとエクササイズを紹介します。私たちが接する方々の多くは、この内旋や外旋の動きに偏りが起こった後に膝が十分に曲がらなくなったり、足が伸びきらなくなったりします。その偏りを解消してください。

膝（下腿）のチェック 内旋・外旋

くるぶしは下腿の骨の一部

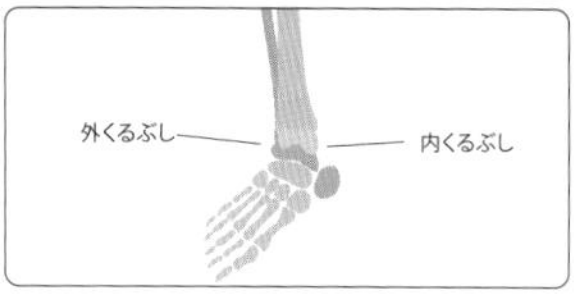

内側と外側のくるぶしは下腿の骨のため、ここが動いていると下腿が動いていると判断できる。またすねを正面に向けるとつま先は少し外方を向くため、そのつま先の向きを基準に外旋と内旋を見る

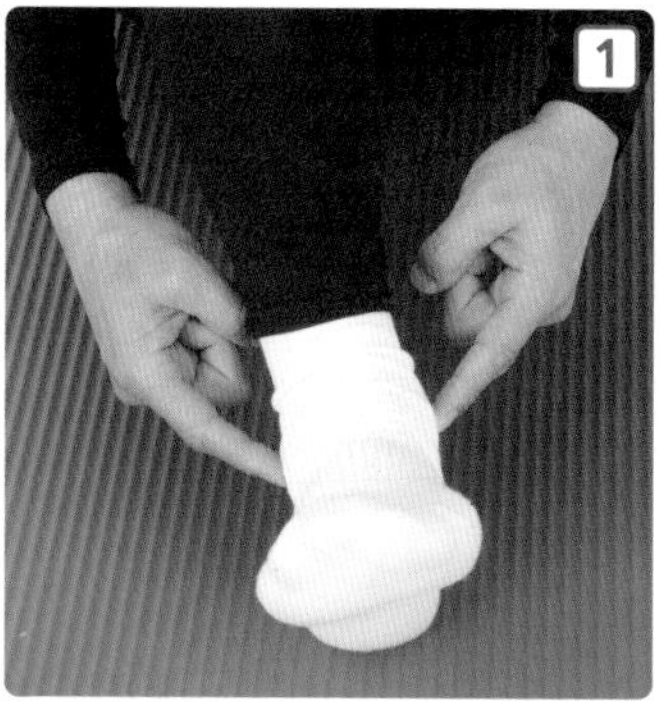

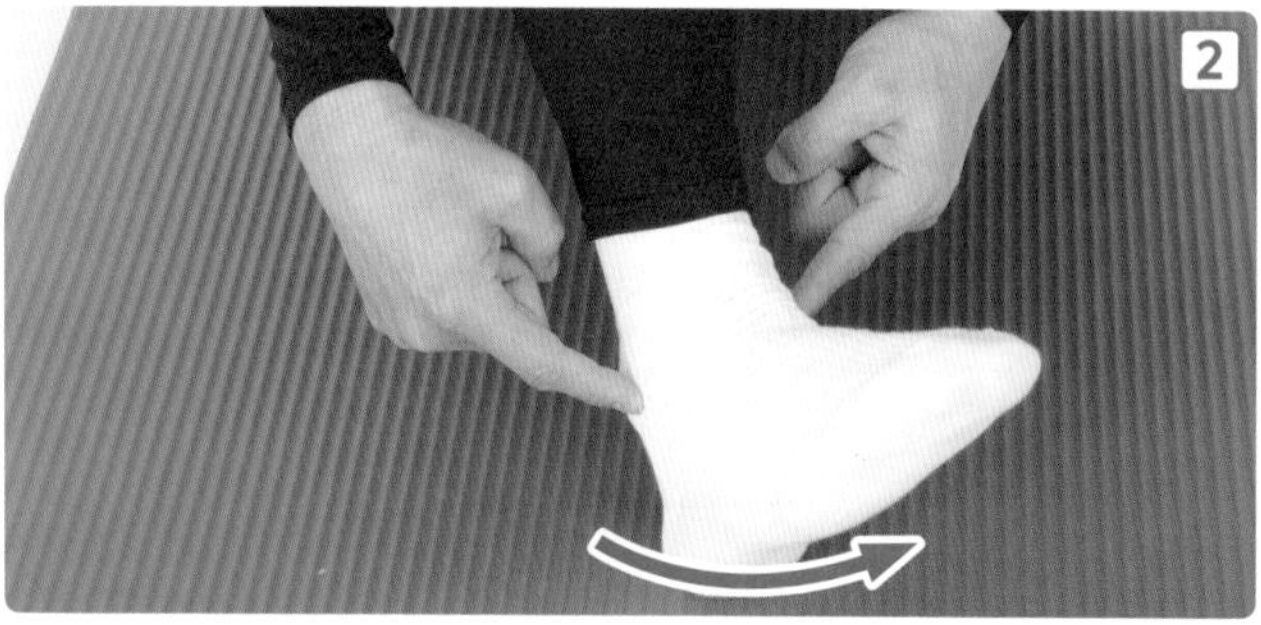

右下腿を内方へねじる

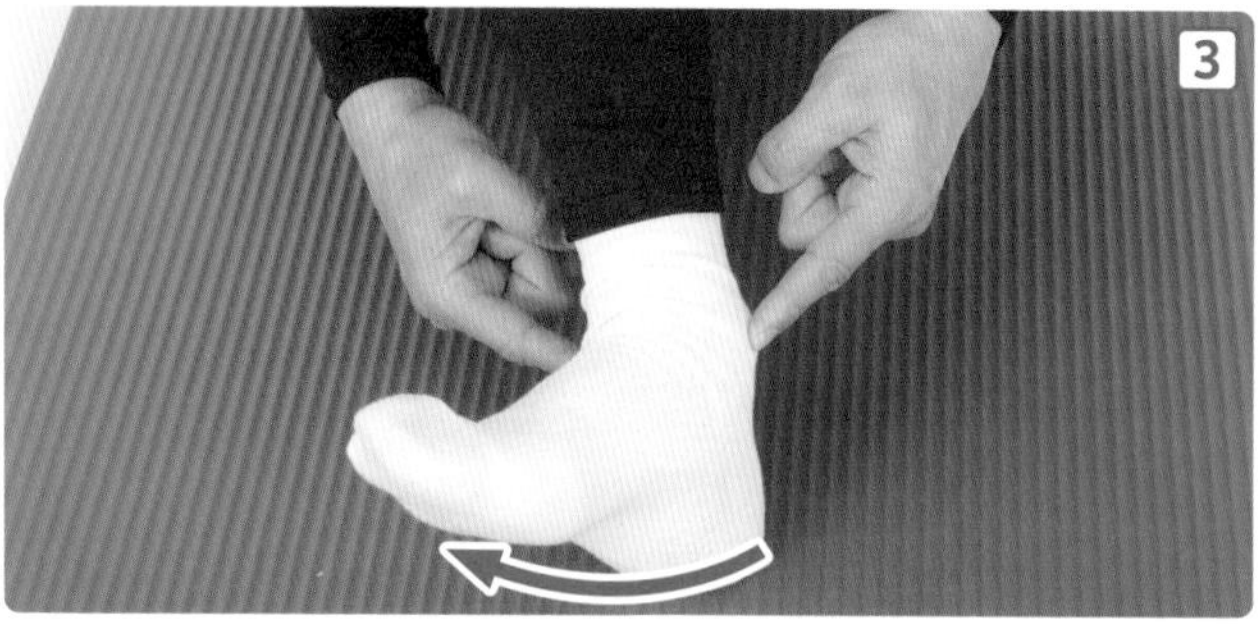

右下腿を外方へねじる。左下腿も同じように行う

CHECK

内旋よりも外旋のほうが、可動域が少し大きいのが標準的です。4つの動きのうち、まずは一番可動域が少ない動き、もしくはやりにくい動きを改善するために147～148ページのいずれかのエクササイズを行いましょう。

膝（下腿）のエクササイズ

膝（下腿）の内外旋エクササイズ

内旋が動かしにくい場合

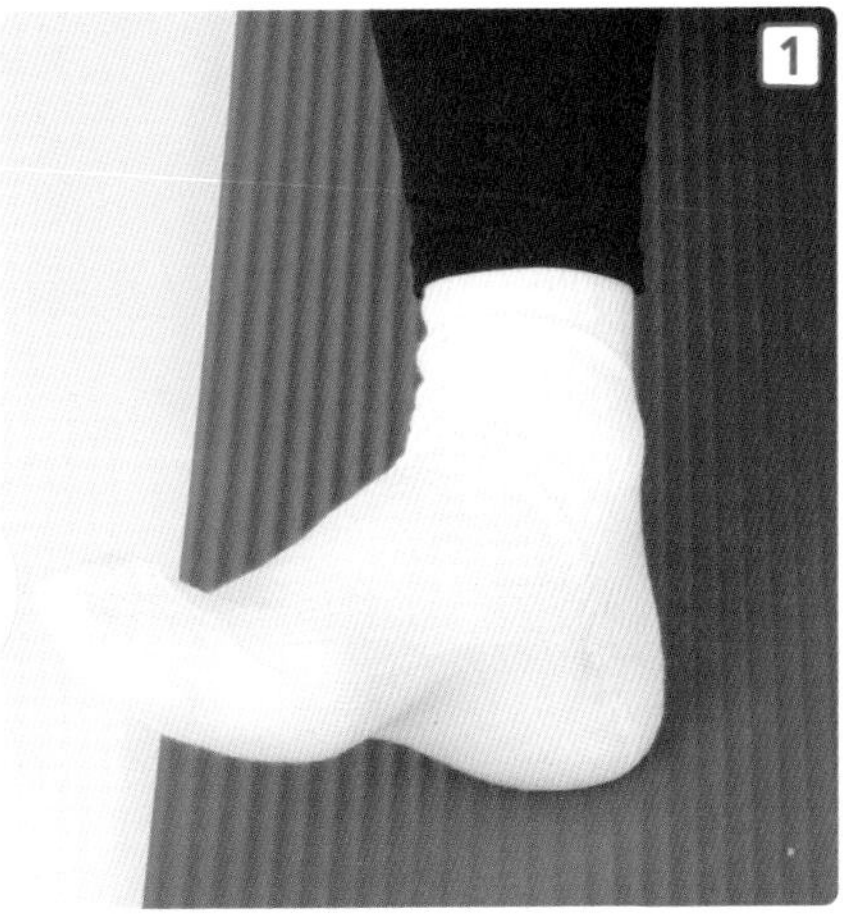

下腿を外旋させる

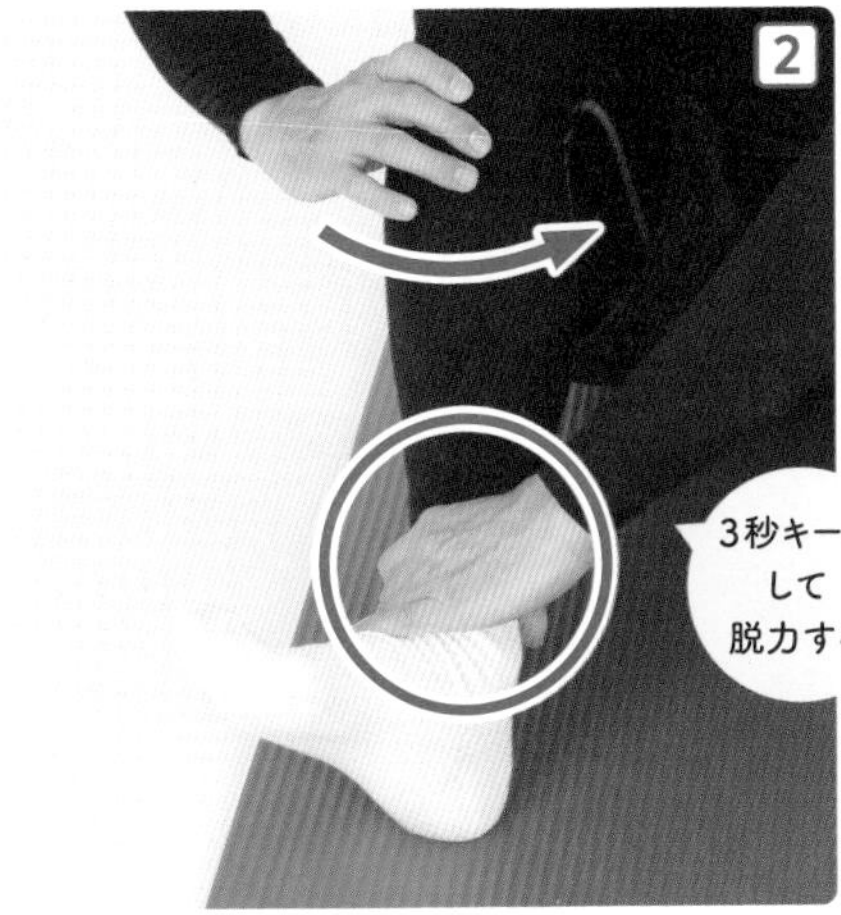

手で足首とすねを持ち、下腿を内方にねじろうとする。力を出して下腿は外旋をキープする

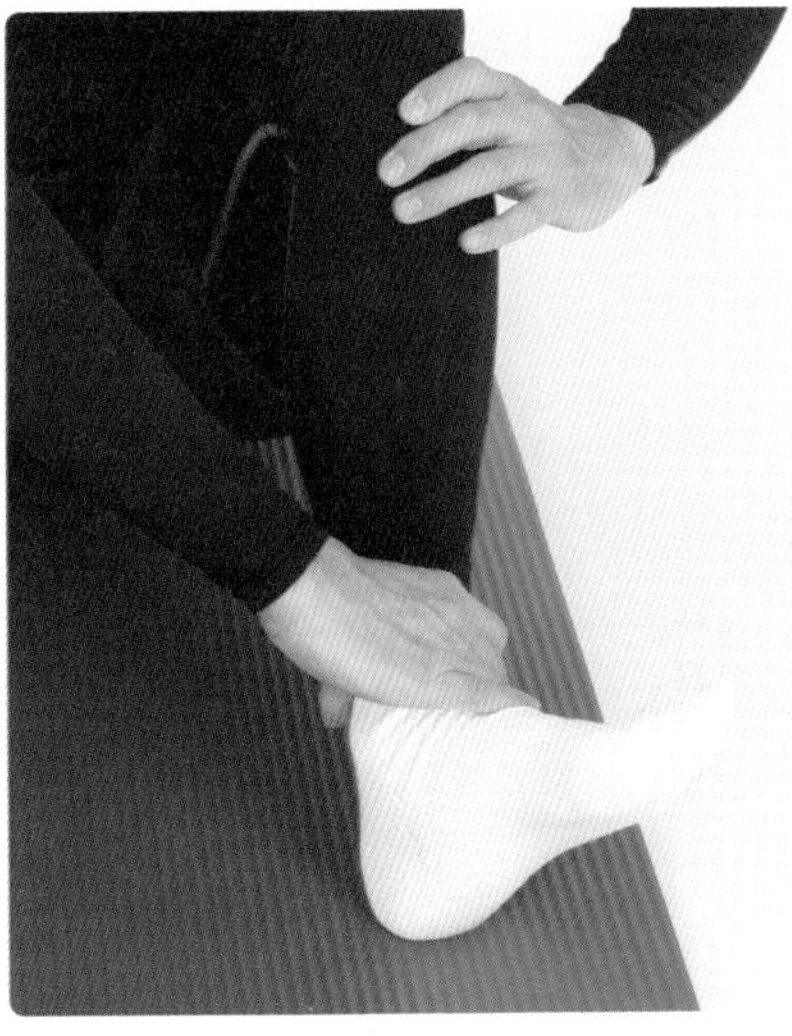

左下腿で行っている写真

やり方

❶内旋が動かしにくい側で行う
❷下腿を外旋させる
❸手で足首とすねを持ち、下腿を内方にねじるようにする
❹力を出して下腿の外旋を3秒キープして脱力する
❺軽く下腿をゆさぶる
❻この動きを3回続ける
❼反対側の内旋とやりやすさを比較する
❽やりやすくなっていたら手でアシストしながら内旋をさらに5回行う

エクササイズの注意点

- 動かしにくい方向（△方向）や×方向運動の反対方向の動きを行う（内旋がやりにくければ外旋）
- バランスのよい姿勢で座る

外旋がやりにくい場合

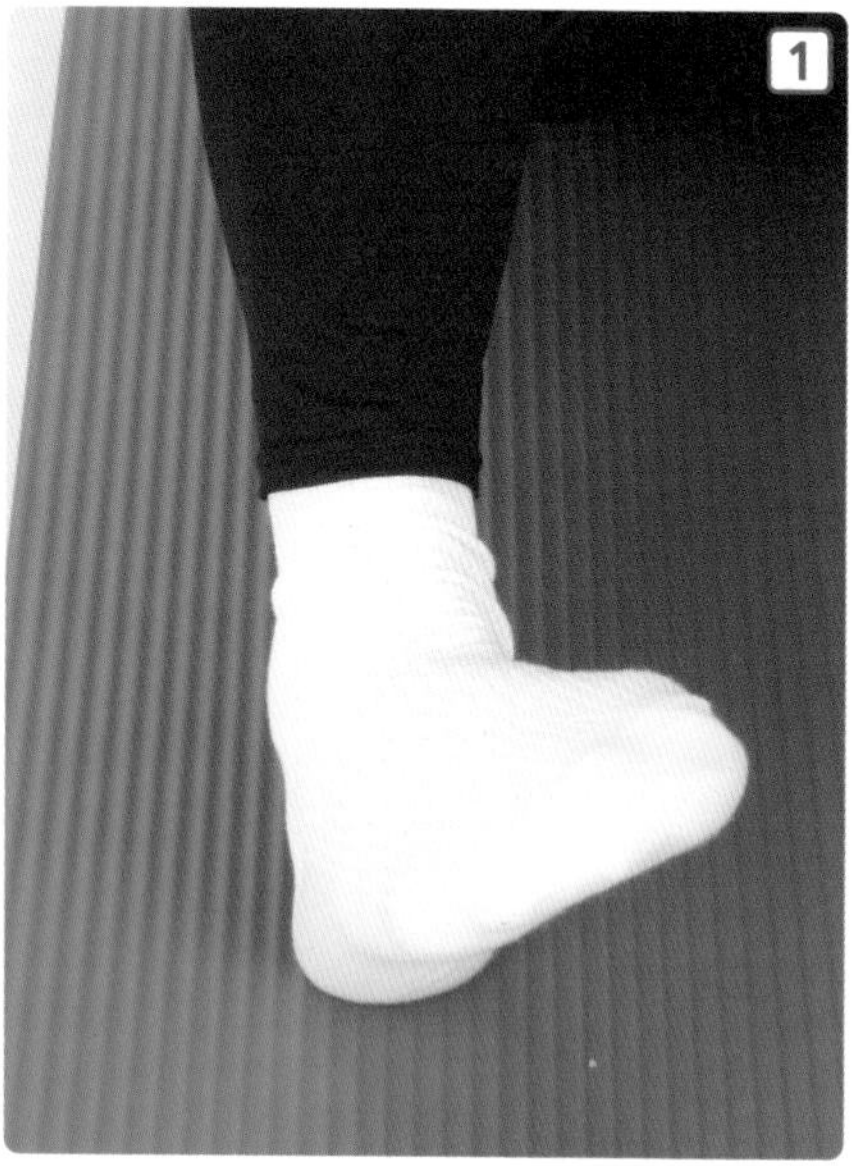

下腿を内旋させる

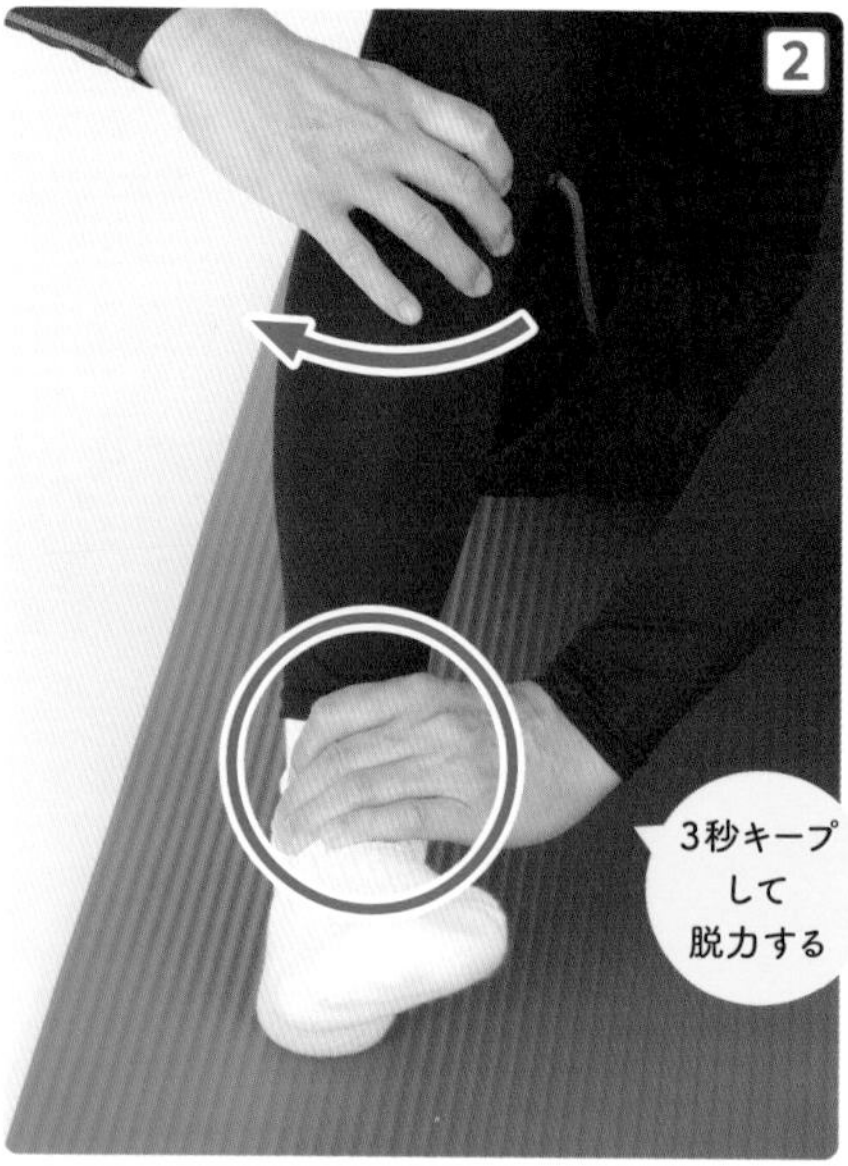

手で足首とすねを持ち、外方へねじろうとする。力を出して下腿は内旋をキープする

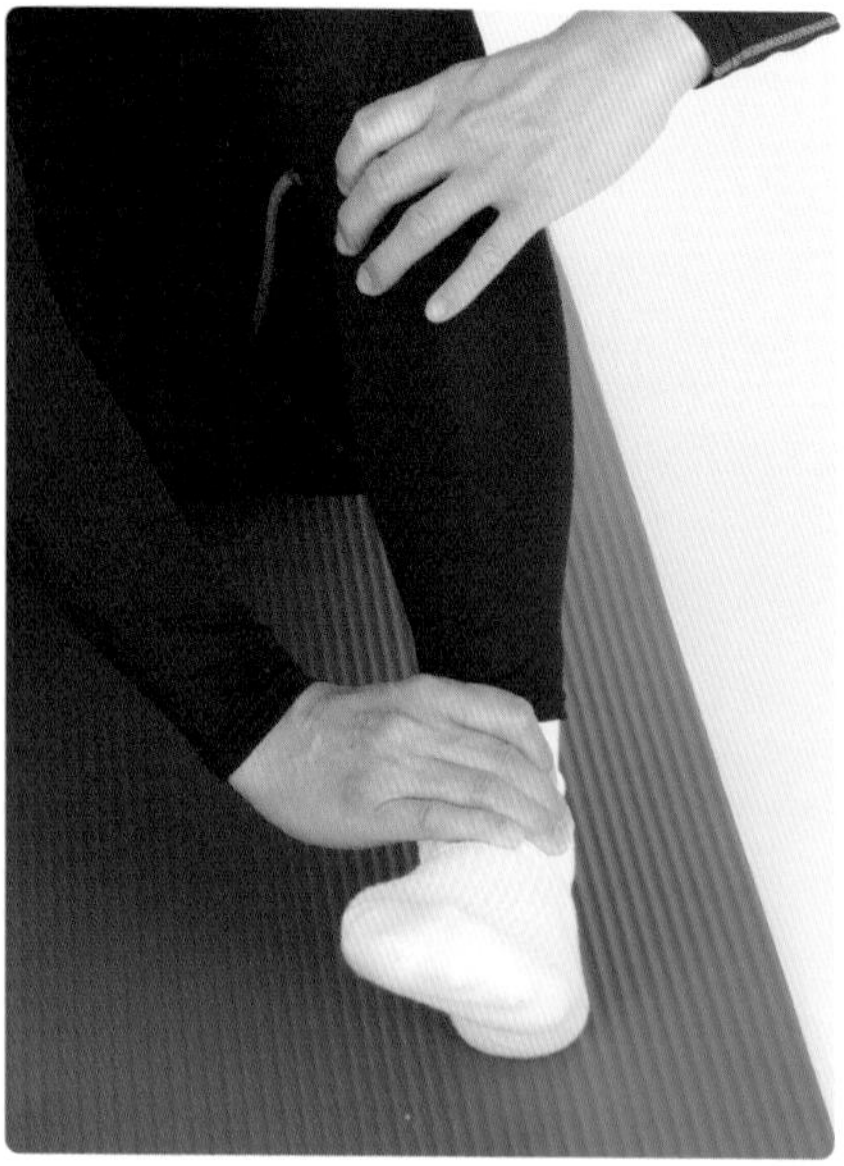

左下腿で行っている写真

やり方

❶外旋が動かしにくい側で行う

❷下腿を内旋させる

❸手で足首とすねを持ち、下腿を外方へねじるようにする

❹力を出して下腿の内旋を3秒キープして脱力する

❺軽く足をゆさぶる

❻この動きを3回続ける

❼反対側の外旋とやりやすさを比較する

❽やりやすくなっていたら手でアシストしながら外旋をさらに5回行う

CHECK 膝をねじる動き

膝の基本運動としてよく知られているのは、膝を伸ばす伸展と膝を曲げる屈曲の動きでしょう。それ以外にも膝を曲げた時だけ、膝を内方と外方へねじる動きがあります。これは目を向けていない方が多いと感じる動きなので皆さんに知っていただきたいという想いから、ここで取り上げました。また膝の内旋と外旋が十分にスムーズに行えるということは、半月（半月板）の良好なコンディションも表しています。膝のコンディショニングを深めるきっかけにしてください。

膝の伸展と屈曲

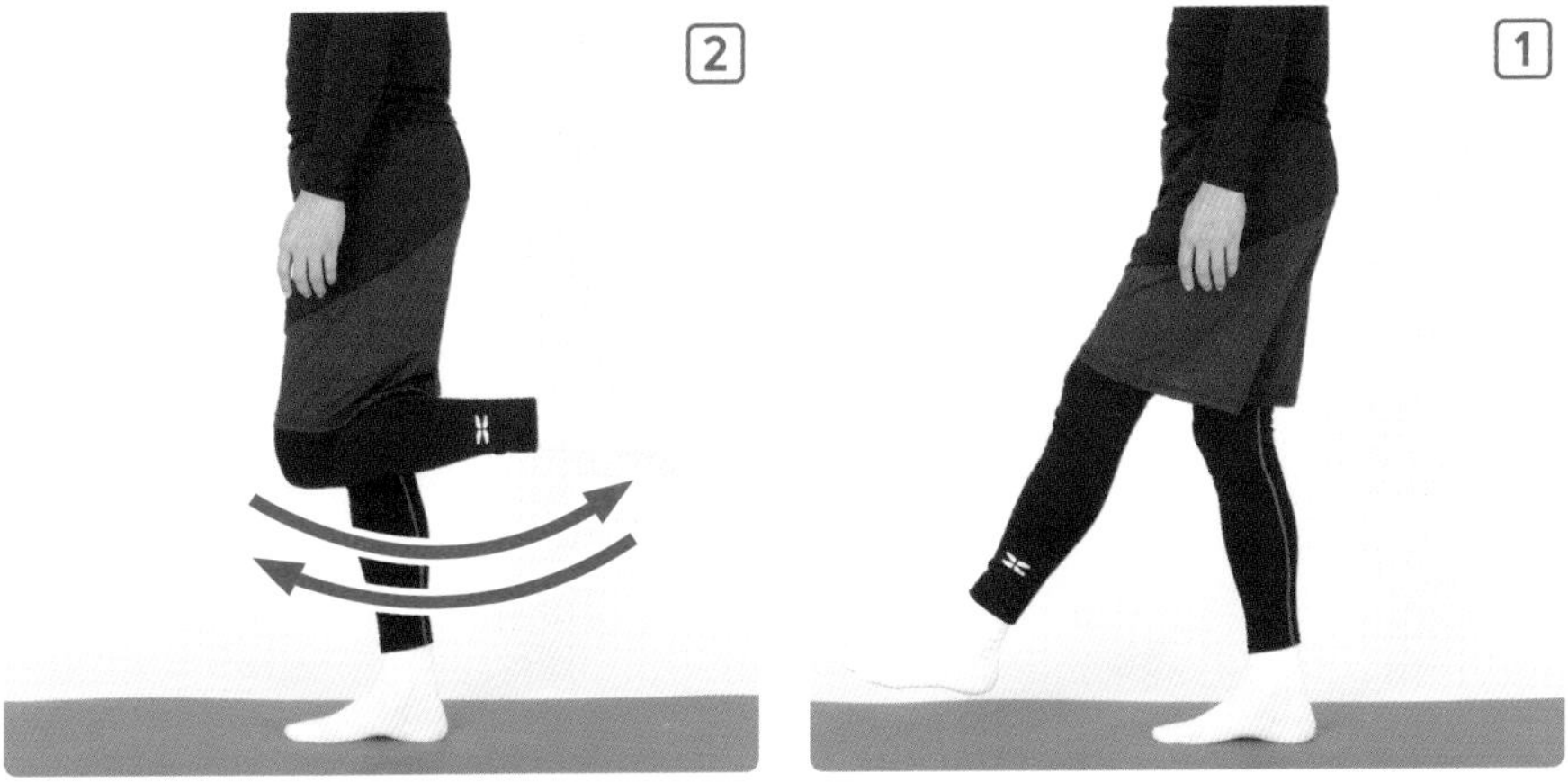

一般的に知られている膝（下腿）の基本運動

膝の外旋と内旋

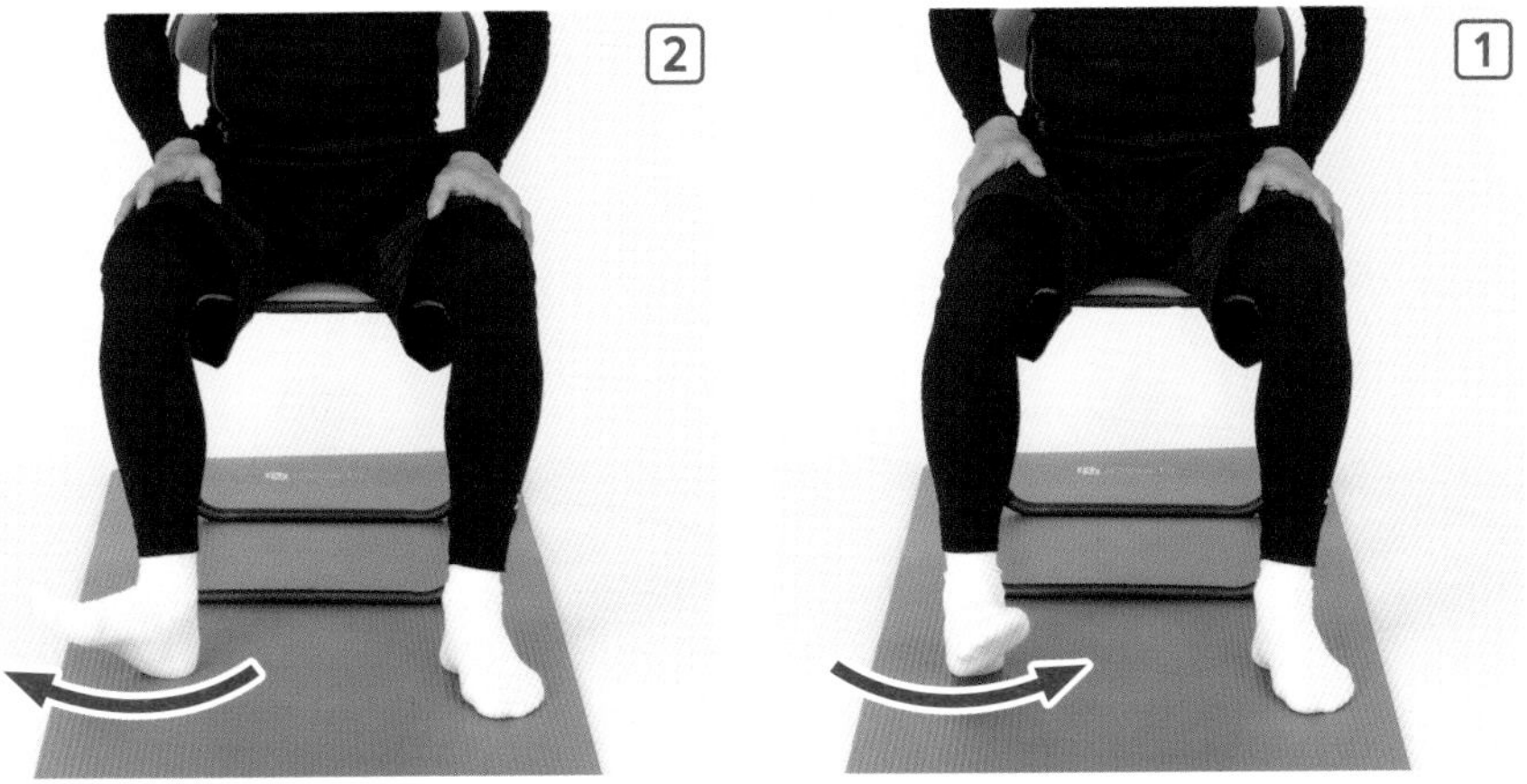

あまり知られていない膝（下腿）の基本運動

足首はこれまでのパートと異なり、チェックとエクササイズが同じ内容です。まずは足首を天然のサポーターとして守っている6つの筋をチェックします。その動きができない場合はパートナーに正しい方向にアシストしてもらい、少しずつ力を発揮し、最終的に目的とする動きができるようにします。

足首のチェック&エクササイズ① 前脛骨筋を動かす

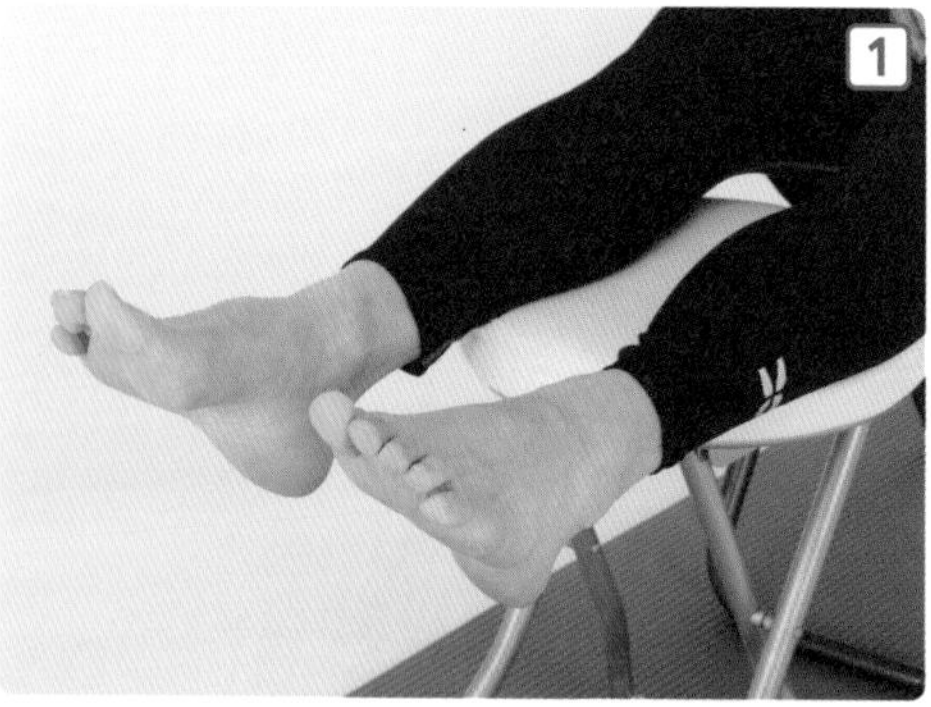

イスやベッドの端から膝下が1/3程度出るようにして行う

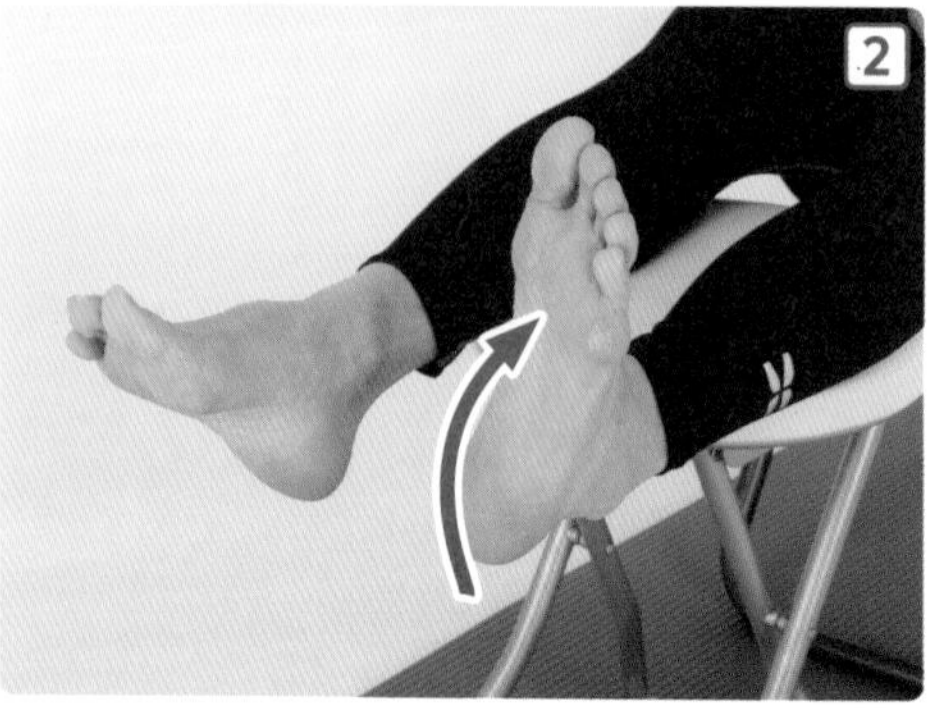

足指を反らさずに足首を曲げる

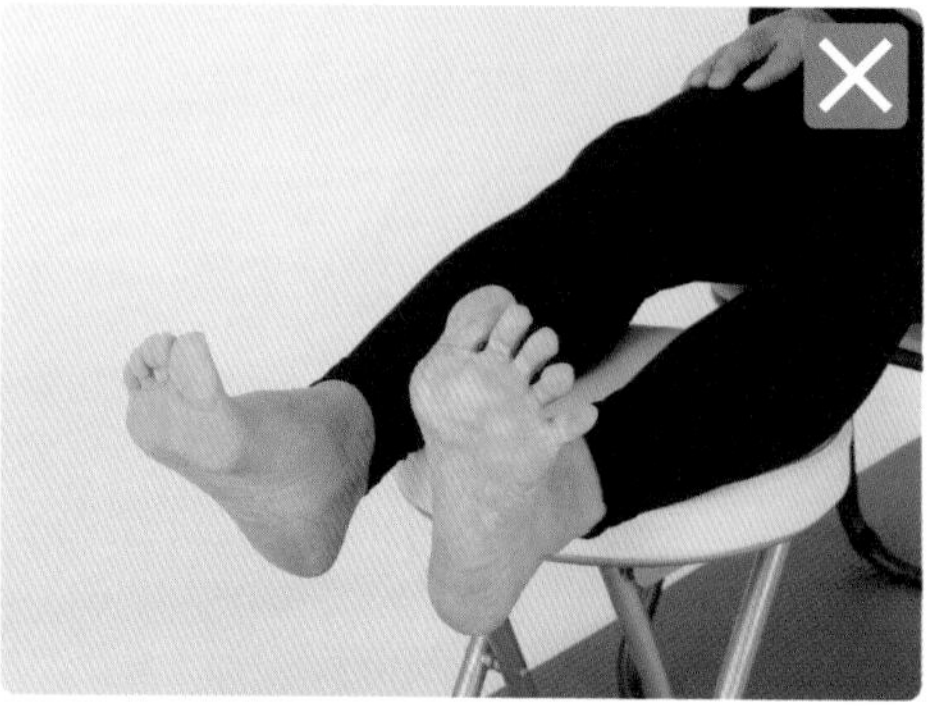

どうしても足の指が反ってしまう場合は前脛骨筋が上手く働いていない（長指伸筋などの代償）

CHECK

この動きができない場合には、正しい方向にアシストしてもらいながら、足指を反らさないで足首を曲げる動きを繰り返します。

CHECK 前脛骨筋の役割とは

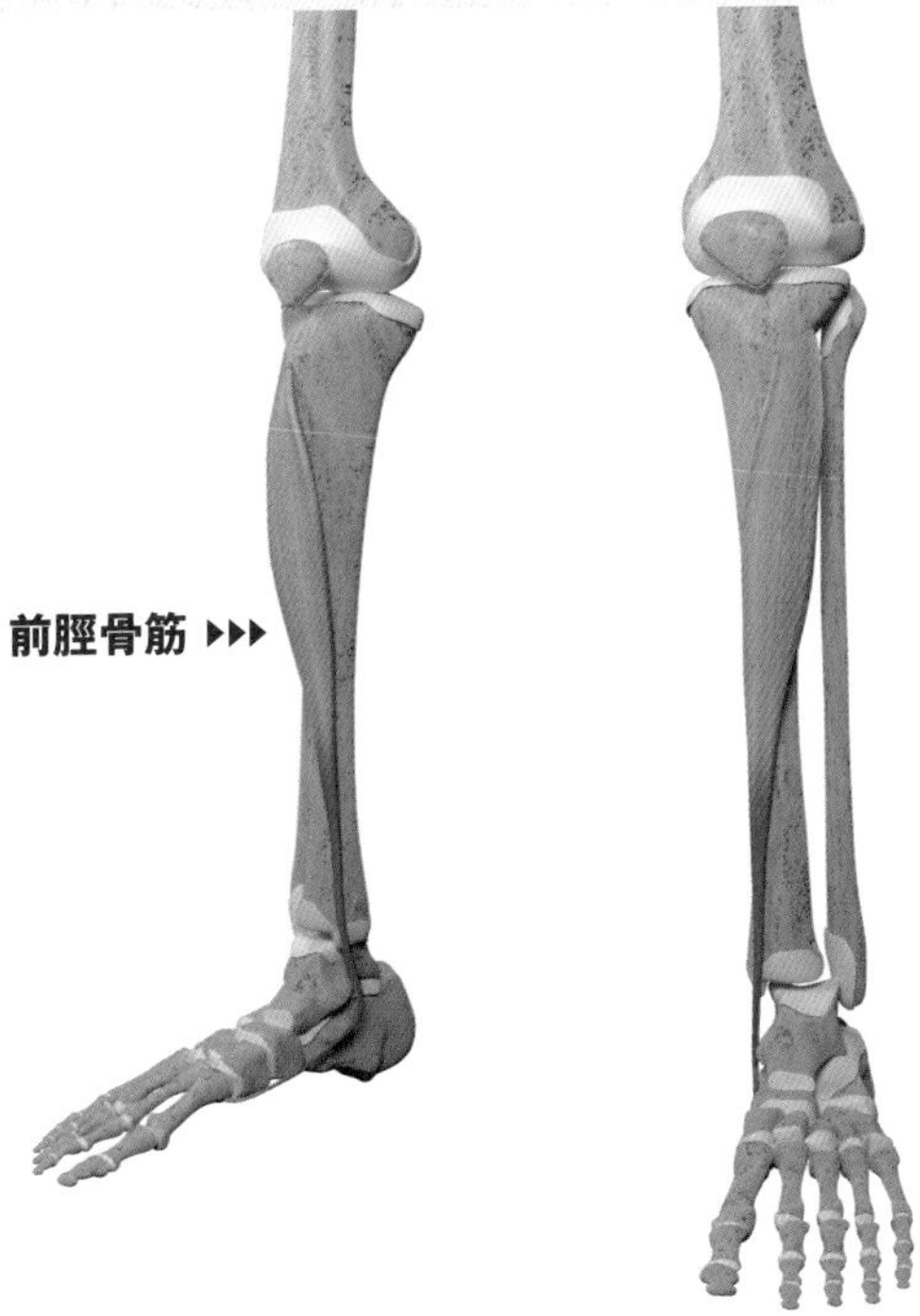

前脛骨筋の画像を見ていただくと、すねの外側から内方へ斜めに走行し、土踏まず辺りについていることがわかるでしょう（下腿前面の筋）。つまり前脛骨筋は足の指についていないため、足の指を反らさなくても足首を曲げることができます。ところが前脛骨筋が使えていないと、代償といって足指を反って足首を曲げる筋の助けを借りて足首を曲げようとします。そのため指が反ってしまうのです。

また土踏まず側についている前脛骨筋が働くと親指側が持ち上がり、内がえしの働きをします。土踏まずが潰れて地面についてしまっている足を偏平足と言ったりします。偏平足では本来親指側（土踏まず）を持ち上げる前脛骨筋は機能していないかもしれません。このように筋がきちんと機能していないと、骨配列や姿勢にも悪影響を与えてしまう場合があるのです。偏平足の原因は前脛骨筋が働いていないことだけではありませんが、前脛骨筋が機能していない場合、前脛骨筋の働きを戻してあげることが改善のためにプラスに作用します。

足首のチェック&エクササイズ② 長指伸筋を動かす

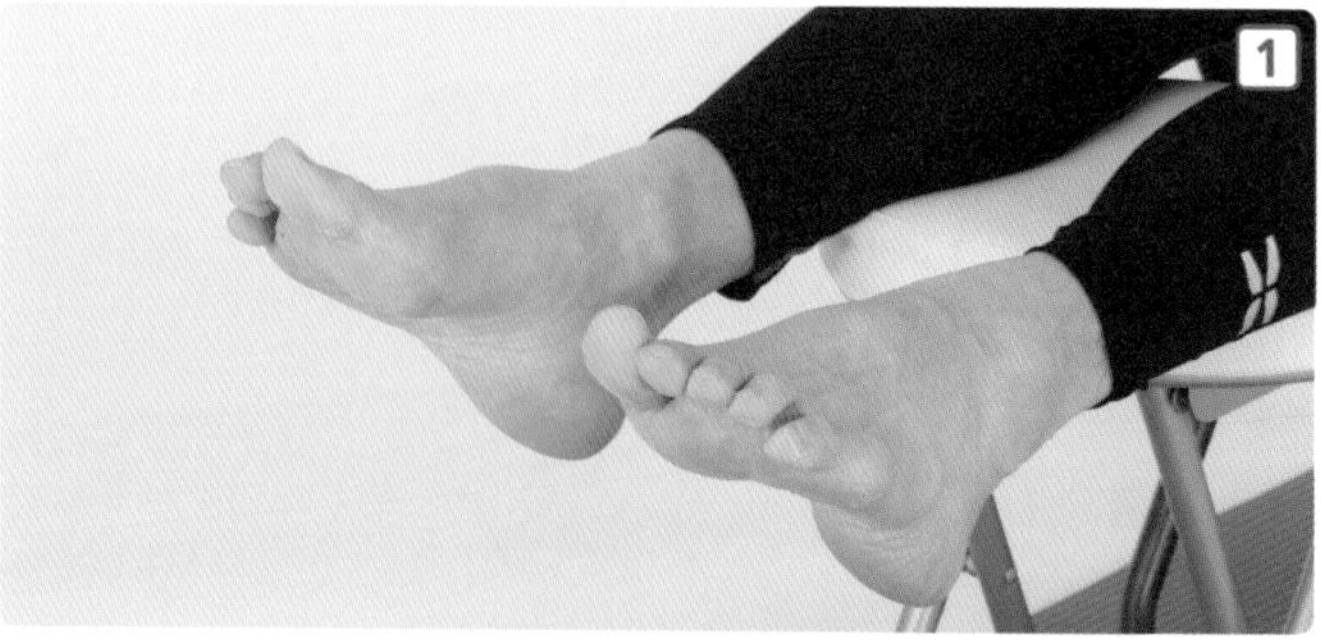

イスやベッドの端から膝下が1/3程度出るようにして行う

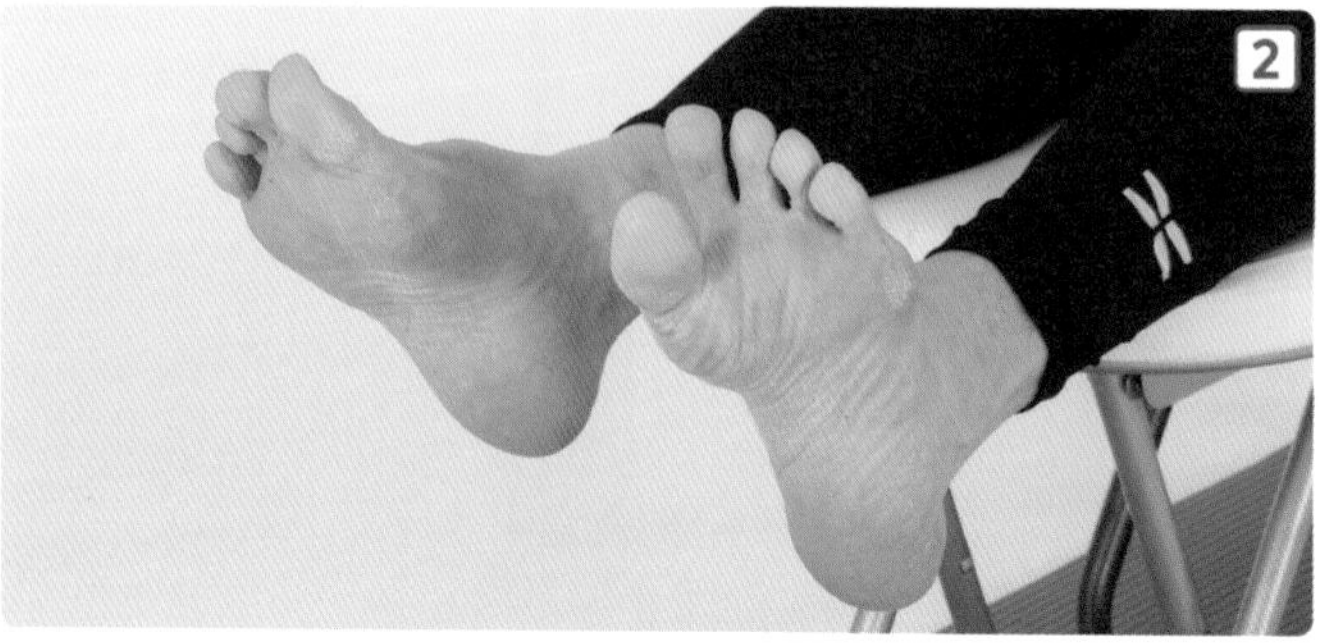

4本の指と親指で足じゃんけんのチョキのような形を作る。4本指が上に来るようにする

☞ CHECK

この動きができない場合には、パートナーに外がえしや足指伸展（反らす）などのアシストをしてもらいながら、4本指が上になるチョキを作る動きを繰り返します。

長指伸筋の役割とは

長指伸筋は下腿前面の筋で、①足首を曲げる、②親指以外の足指を反らす、③小指側を上げる、足裏を外に向ける=外がえしの働きをします。そのためこの筋が機能していないと、小指側で立つような立ち方になり、回外足になる可能性があります。

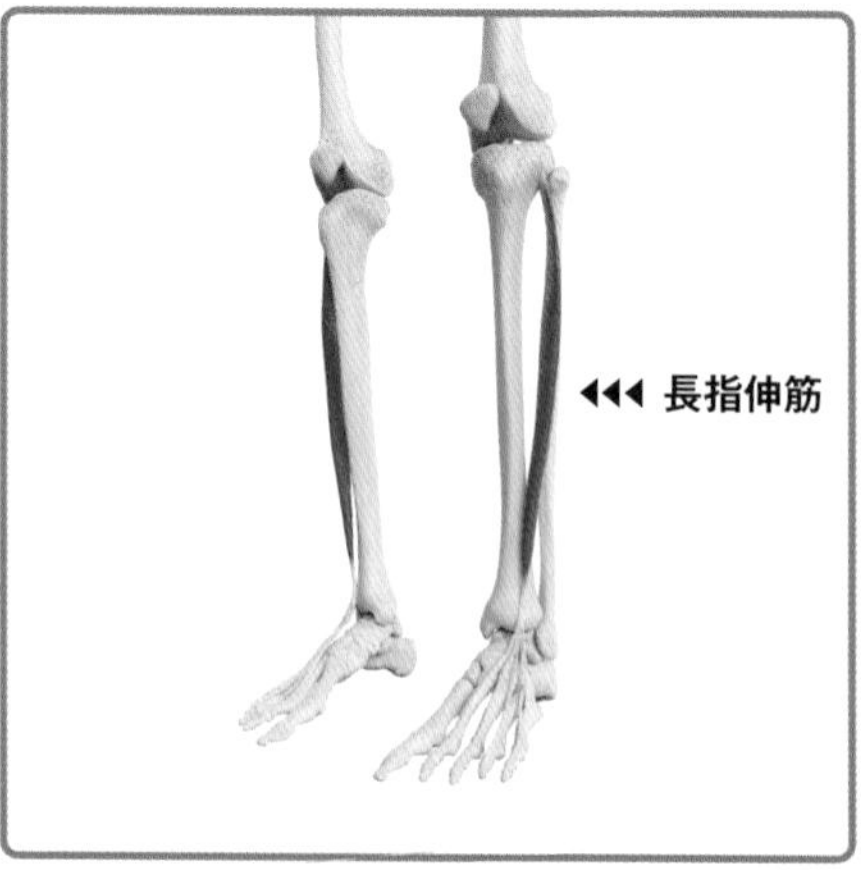

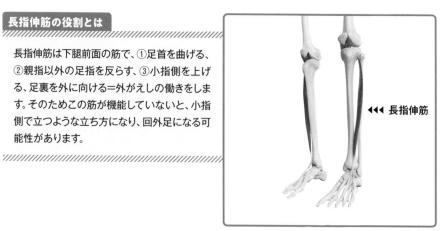

足首のチェック&エクササイズ③ 長母指伸筋を動かす

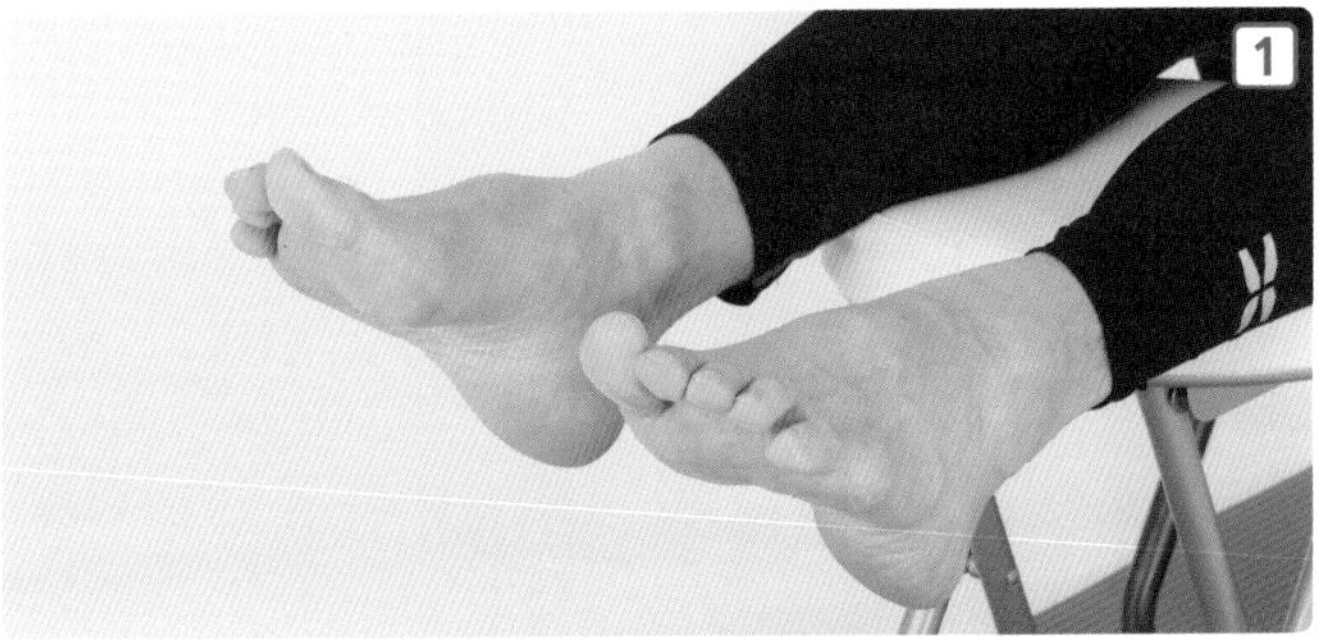

イスやベッドの端から膝下が1/3程度出るようにして行う

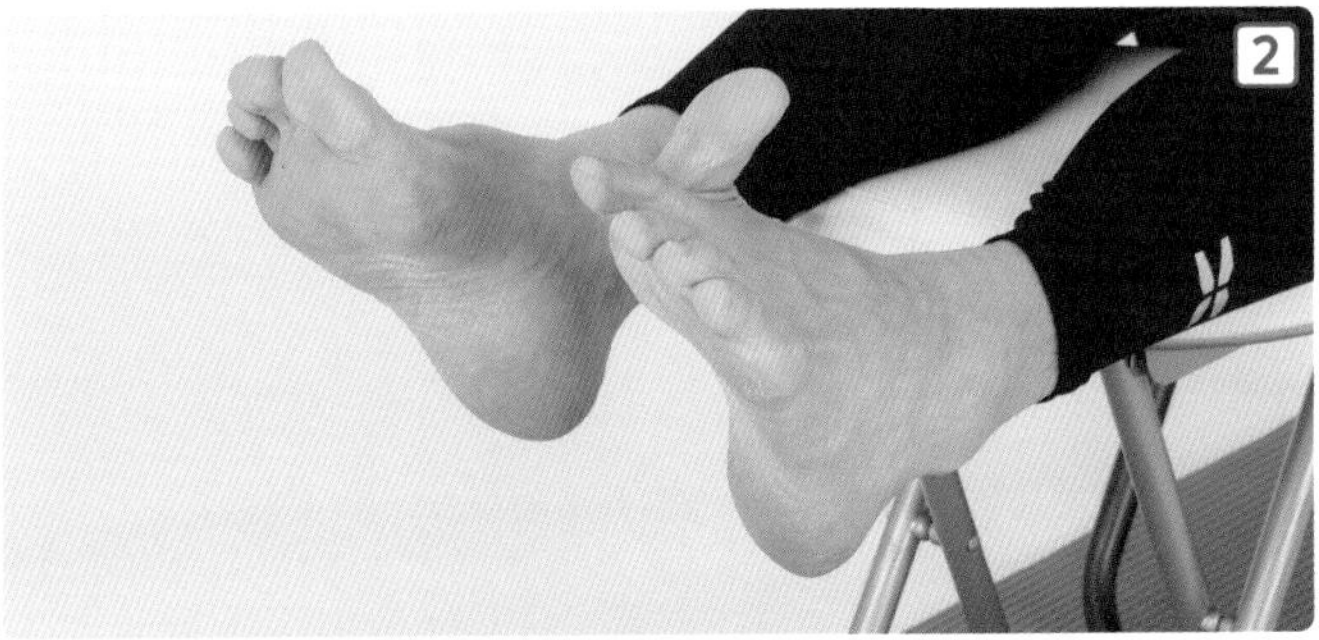

4本の指と親指で足じゃんけんのチョキのような形を作る。親指が上に来るようにする

CHECK

この動きができない場合には、パートナーに内がえしや母指伸展（反らす）などのアシストをしてもらいながら、親指が上になるチョキを作る動きを繰り返します。

長母指伸筋の役割とは

長母指伸筋は下腿前面の筋で、①足首を曲げる、②親指を反らす筋になります。前脛骨筋のすぐ横を走る筋で、この筋も親指側を上げる③内がえしの働きをします。この筋が弱くなると、回内足や偏平足になりやすくなります。

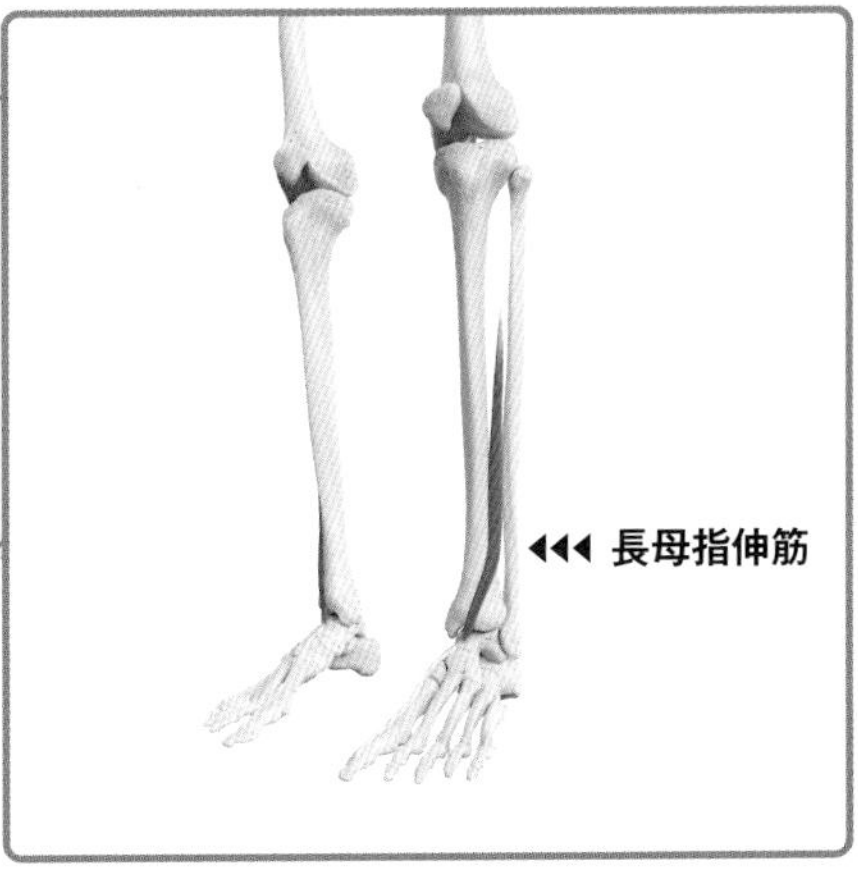

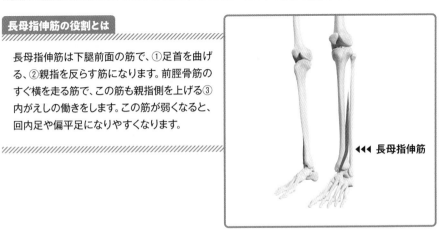

足首のチェック&エクササイズ④ 長腓骨筋と短腓骨筋を動かす

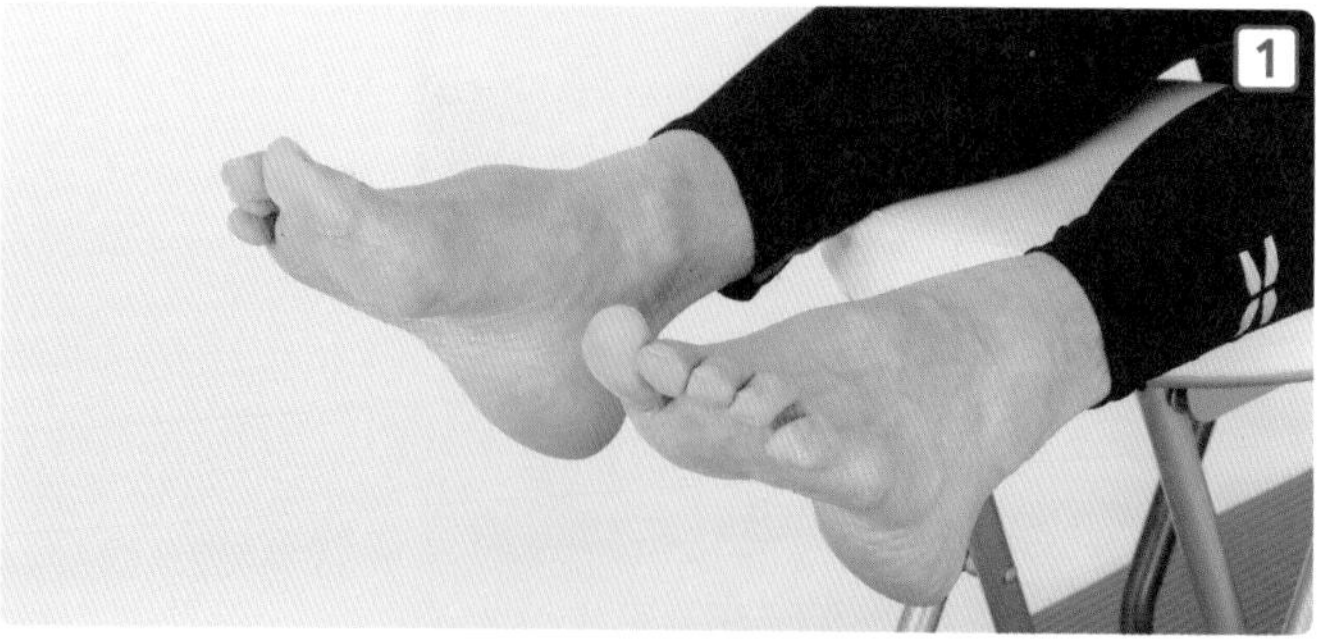

イスやベッドの端から膝下が1/3程度出るようにして行う

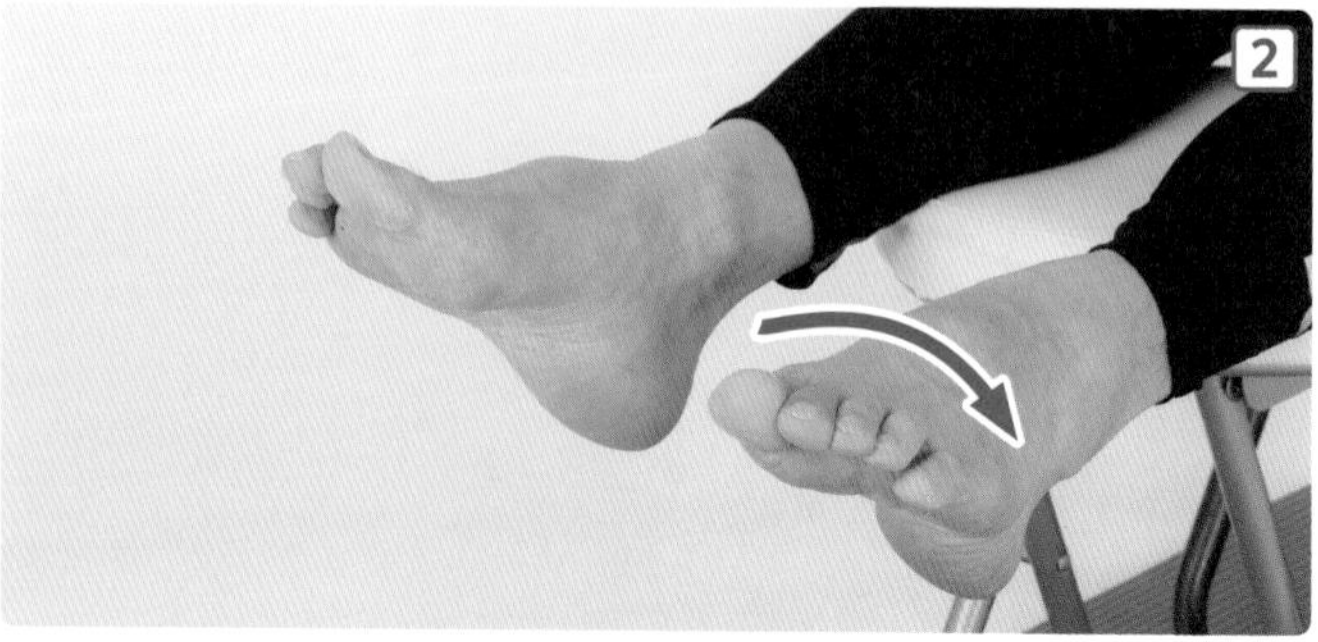

足首を伸ばしたままつま先を外側に向ける

CHECK

この動きができない場合には、パートナーにアシストしてもらいながら、つま先を外側に向ける動きを繰り返します。

長腓骨筋と短腓骨筋の役割とは

この2つの筋は下腿外側の筋です。足裏を外方に向ける外がえしやつま先を外方に向ける外旋の働きを持ち、内反ねんざを予防するためにも重要な筋になります。

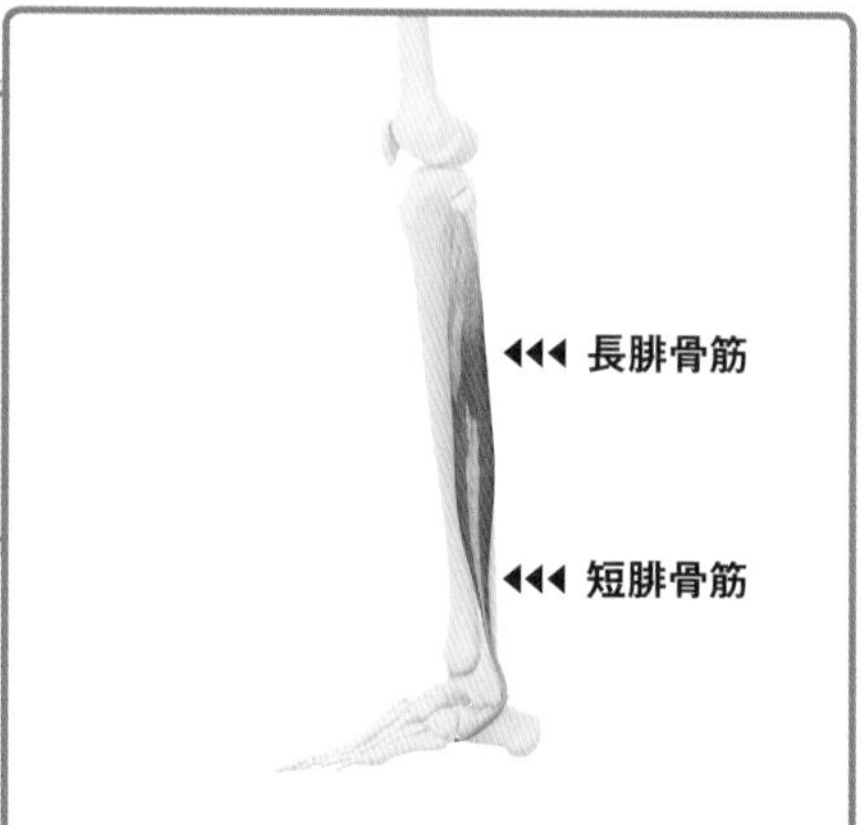

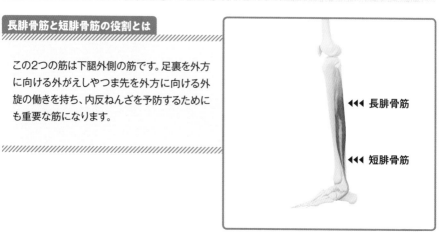

足首のチェック&エクササイズ⑤ 後脛骨筋を動かす

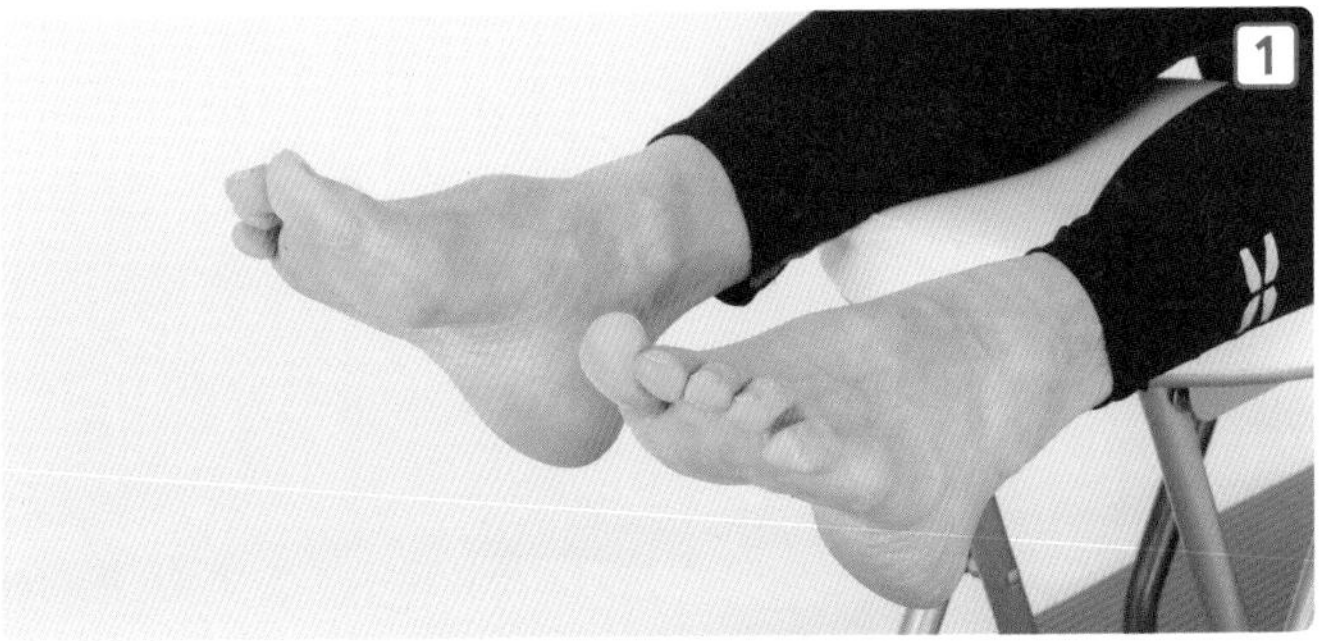

イスやベッドの端から膝下が1/3程度出るようにして行う

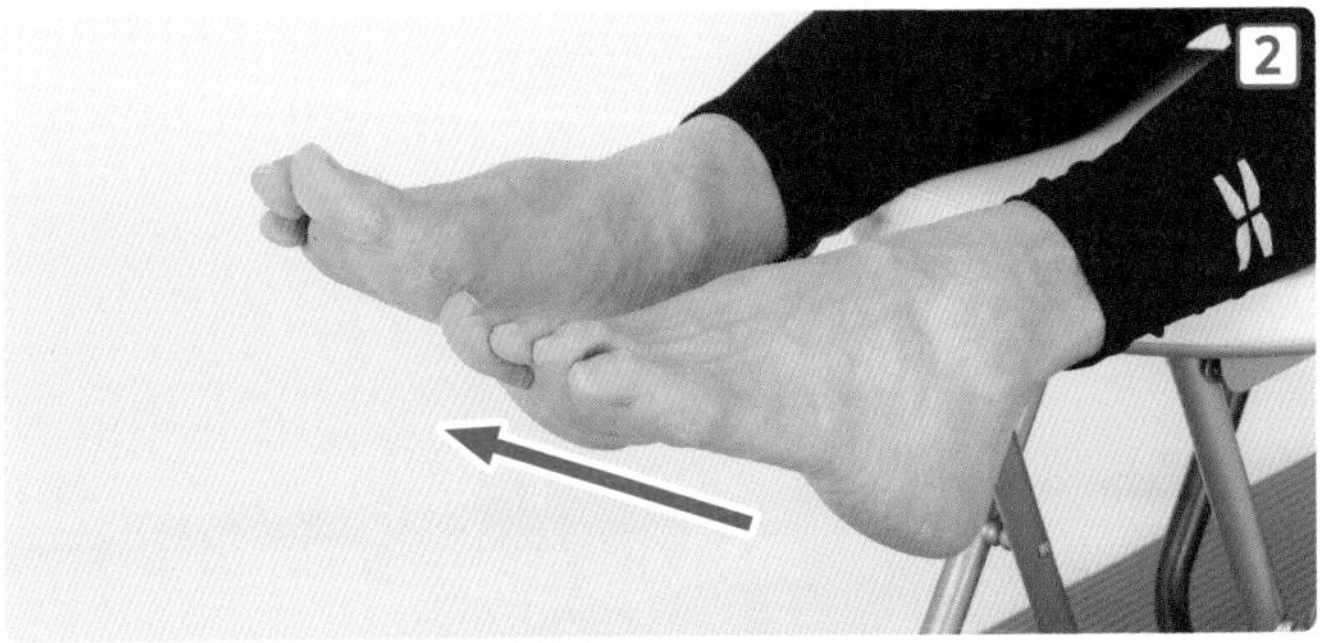

足首を伸ばしたままつま先を内方に向ける

CHECK

この動きができない場合には、パートナーにアシストしてもらいながら、つま先を内方に向ける動きを繰り返します。

後脛骨筋の筋の役割とは

後脛骨筋は下腿後面の筋（深層）の1つです。この筋の働きが衰えると、偏平足や回内足になりやすくなります。また、すねの痛み（シンスプリント）や膝の内側の痛み、股関節の不調などにもつながっている場合があります。

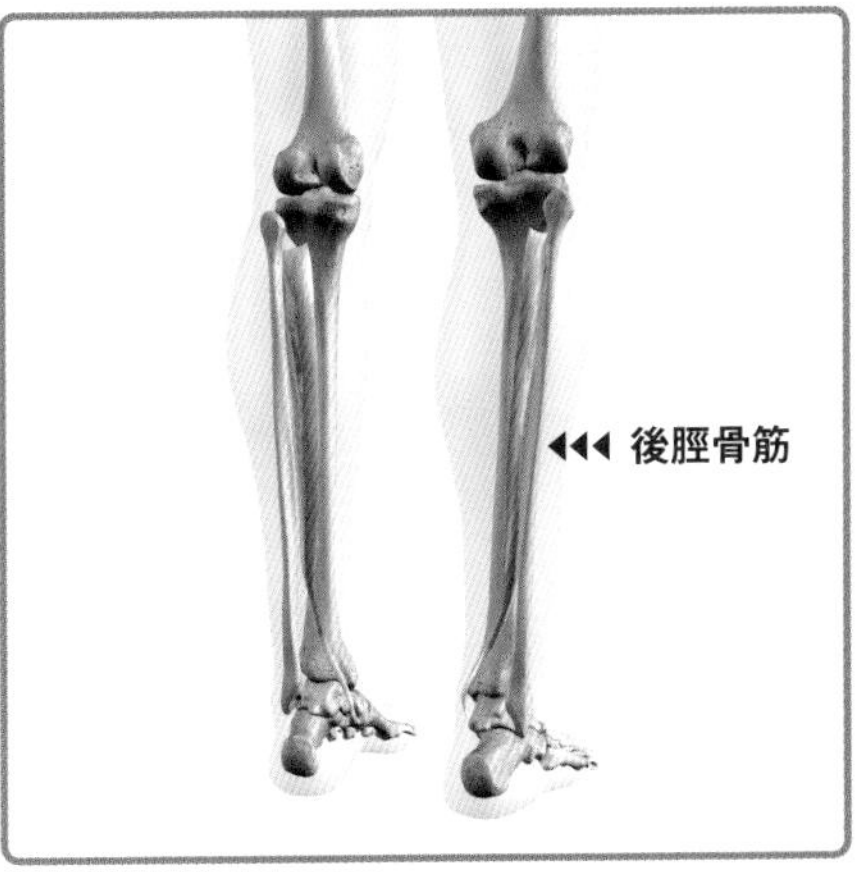

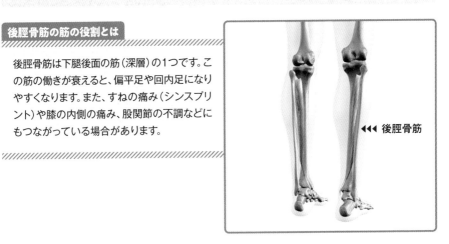

足部のチェック&エクササイズ

特に膝から下の痛みを抱えている人は、横アーチが崩れているケースが多く見られます。ここで紹介する足部のエクササイズは、横アーチを本来のアーチに戻すために効果的な「足首を曲げながら足指グー」エクササイズです。一般的に行われているエクササイズにタオルをたぐり寄せる「タオルギャザー」がありますが、思うような成果が上がっていなかったら、見直すきっかけとしてもご活用ください。

足部のチェック① 足首を曲げながら足指グー

やり方

❶イスに座り、足裏を床につける
❷足首を曲げやすいように膝の角度は90°よりも大きくする
❸足首を曲げながら中足指節関節を曲げる
❹元の姿勢に戻る
❺この動きを20～30回続ける

エクササイズの注意点

- 157ページからのチェックポイントを踏まえて正しい動作をする
- 踵が床から離れないようにする

中足指節関節と動かし方

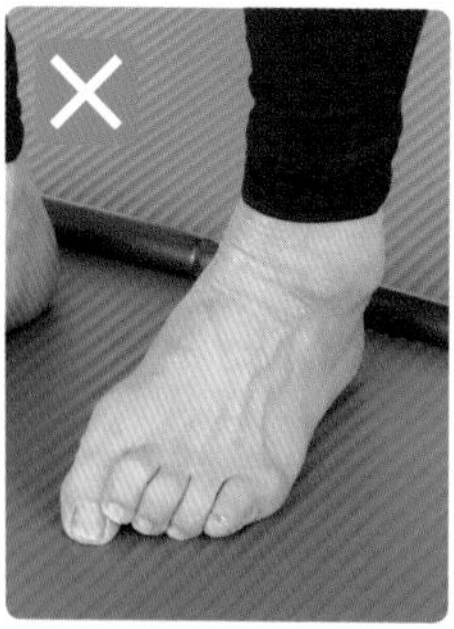
中足指節関節が十分に曲がっていない

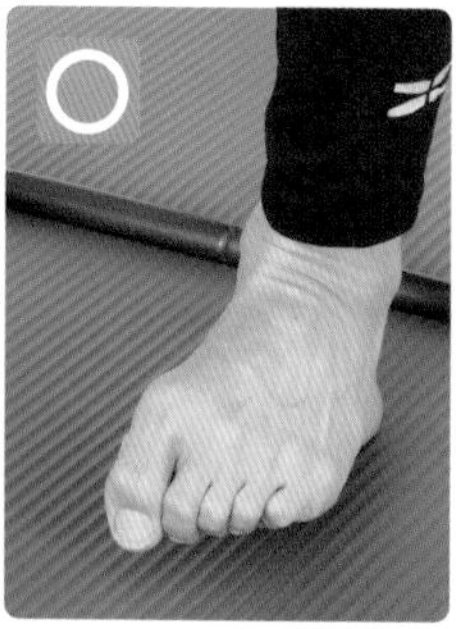
中足指節関節を曲げてグーを作るようにしっかりと握る

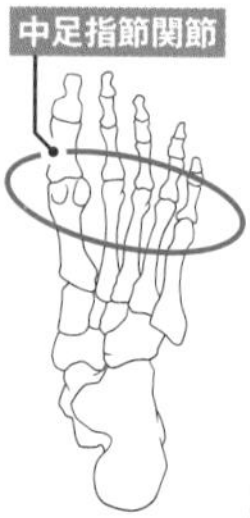

親指の第2関節と他の指の第3関節を指す

正しくタオルギャザーを行う

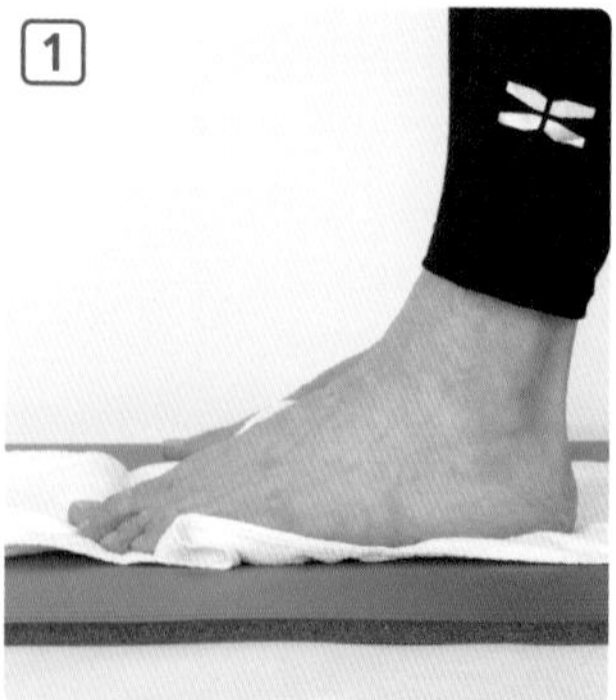

イスに座り、タオルの上に足を置く

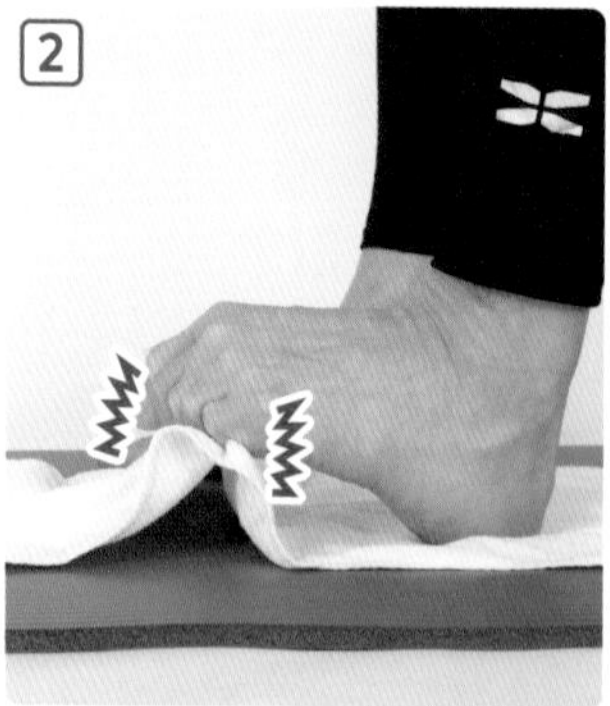

中足指節関節を十分に曲げてタオルをたぐり寄せる

足首を曲げながら足指グーのチェック項目① 足首の角度は80度

足首の曲がっている角度が80度くらいになるようにします。80度まで曲げられない場合はふくらはぎの筋や足首の関節がかたくなっています。その場合には、まずは足首がよく曲がるようにストレッチをしてみてください。

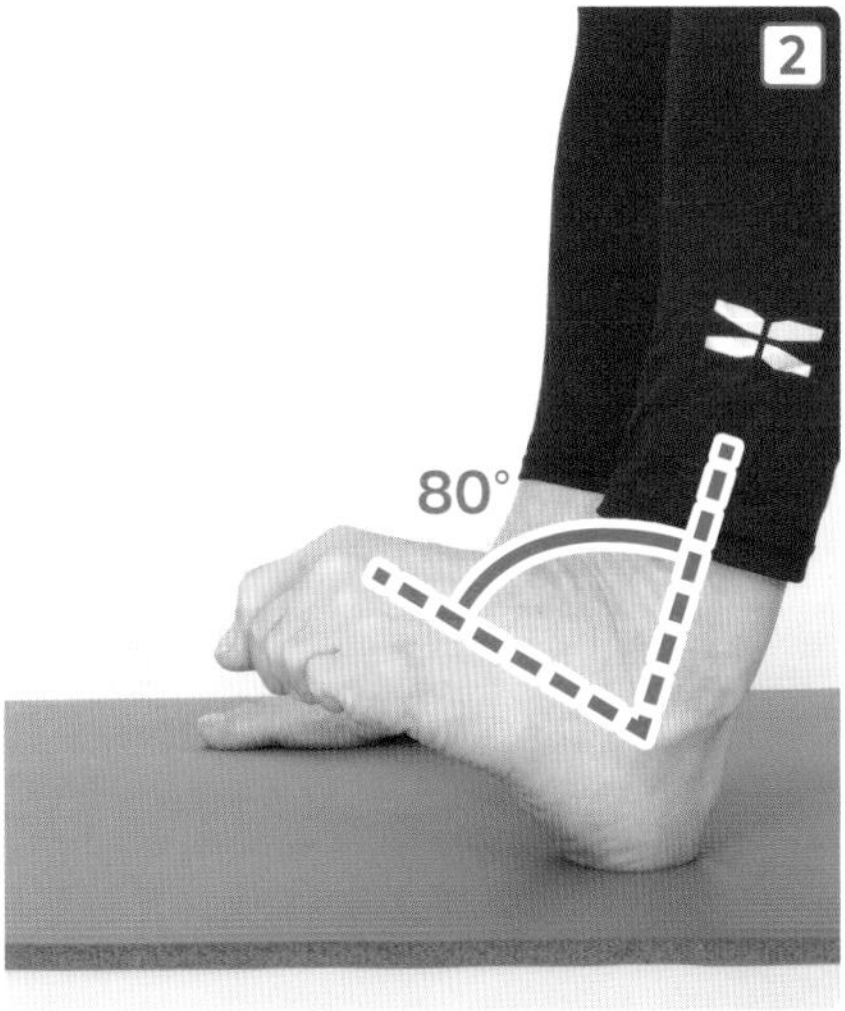

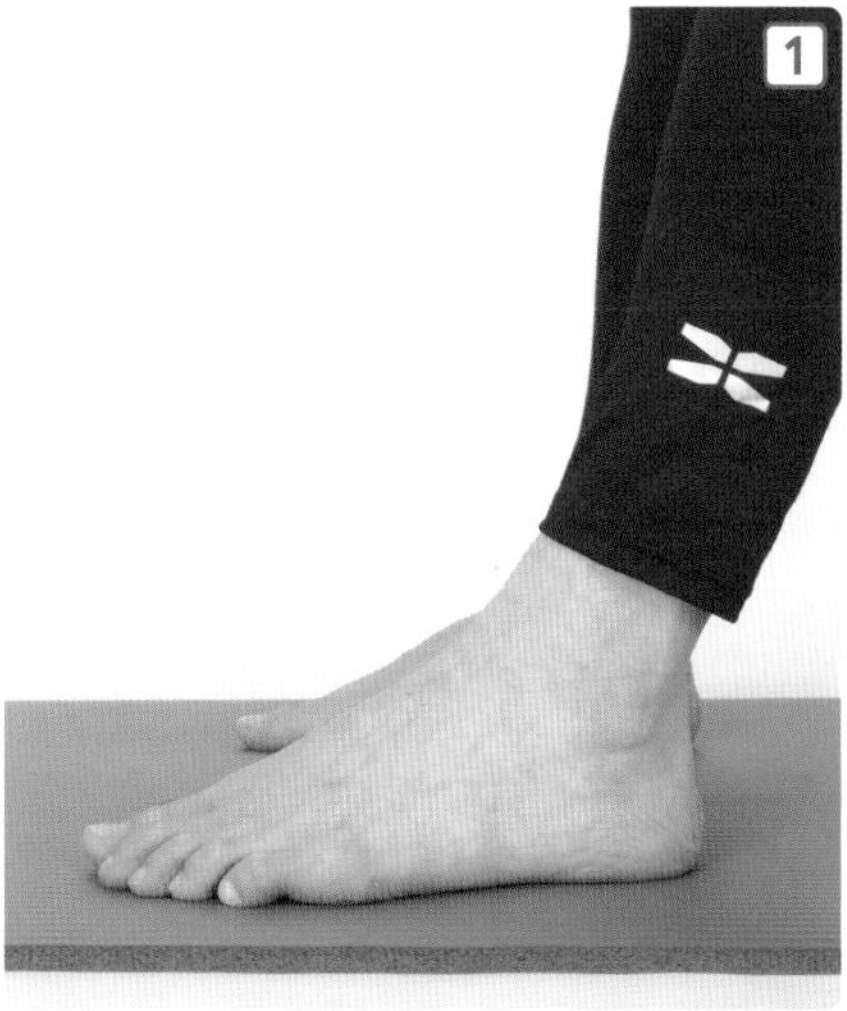

足首を曲げながら足指をグーにした時に、足首が曲がっている角度が80度くらいになる

おすすめストレッチ

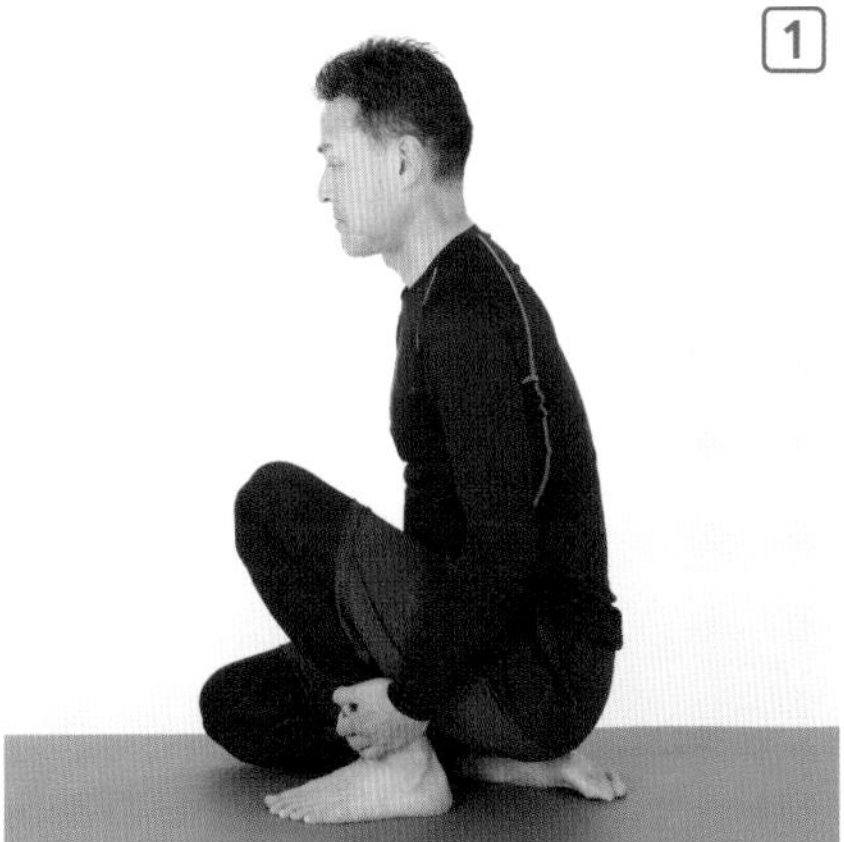

正座の姿勢から片膝を立て、かかとを引く。足裏が床から離れないようにし、膝を床に近づけるように上から体重をかける。両方とも行う。この姿勢を1日に1回は行い、習慣にすることがおすすめ

足首を曲げながら足指グーのチェック項目② 中足指節関節の曲がりは60度

中足指節関節を曲げたときに、60度を目標に曲げるようにします。ただし必ず60度曲がらないと不調が解消しないわけではありません。多くの方は60度曲げることを目指して足指を動かす途中で、不調が改善します。必ずしも「60度曲げなければいけない」ではなく、あくまでも見る基準が60度だと考えてください。曲げる角度を増やすアプローチには、四つばい位での足指そらしがあります。足指曲げが△の場合、足指反らしが○方向運動になります。

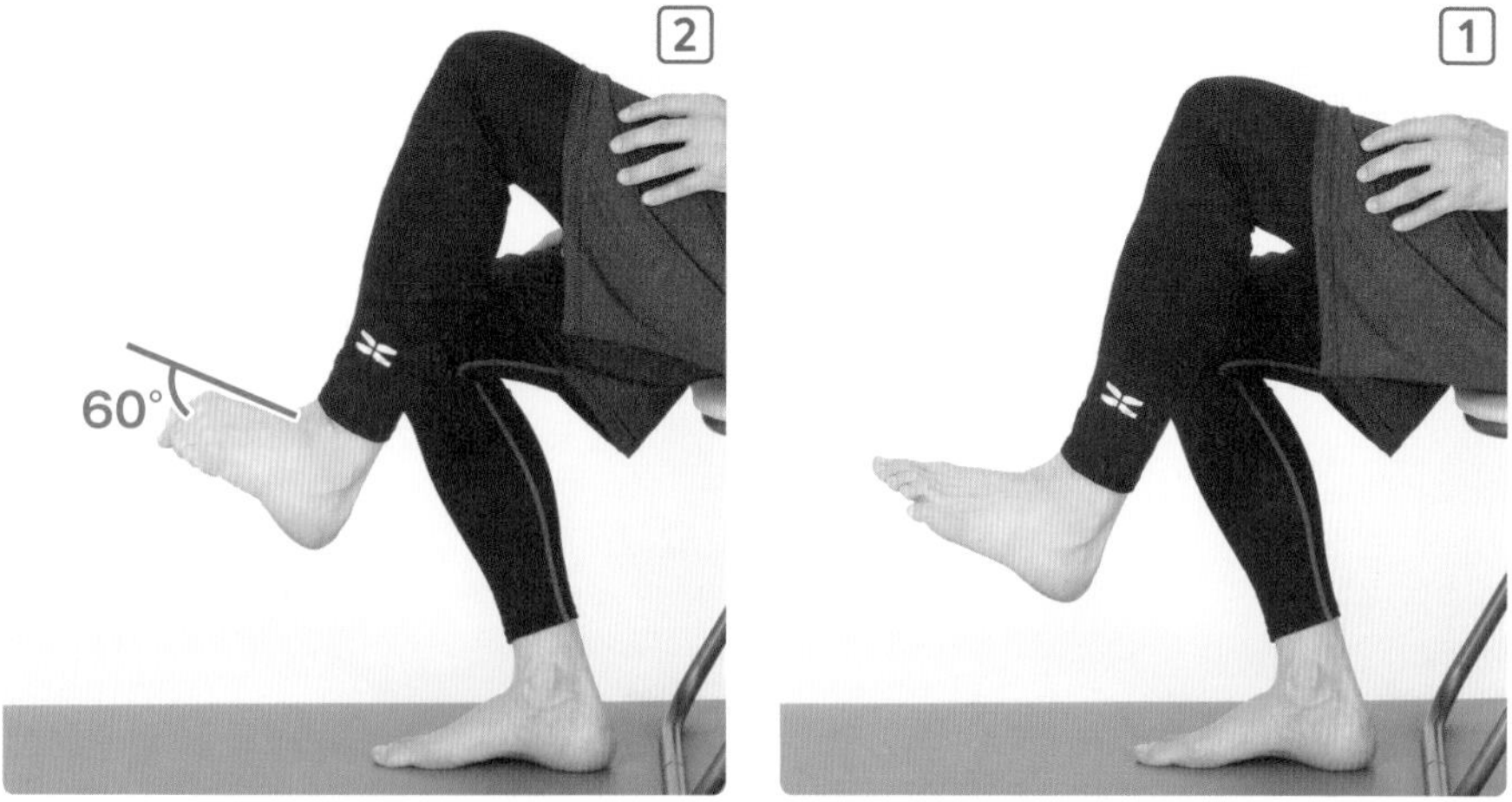

中足指節関節を曲げたときに、60度を目標に曲げるようにする

おすすめエクササイズ

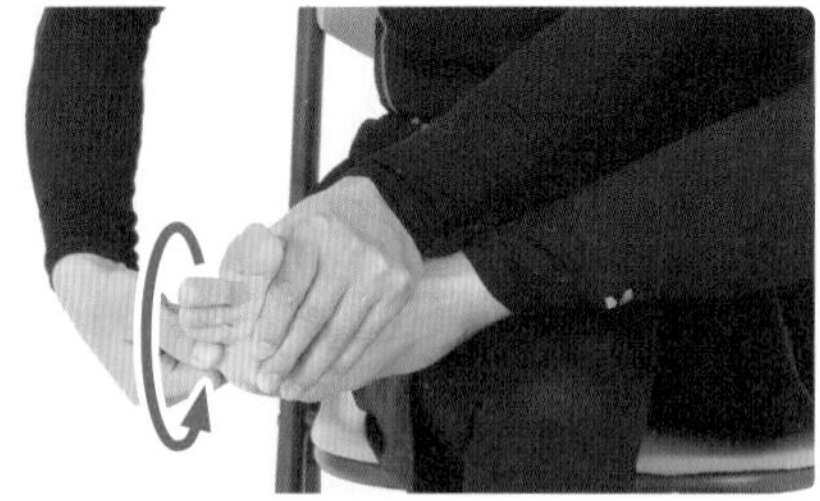

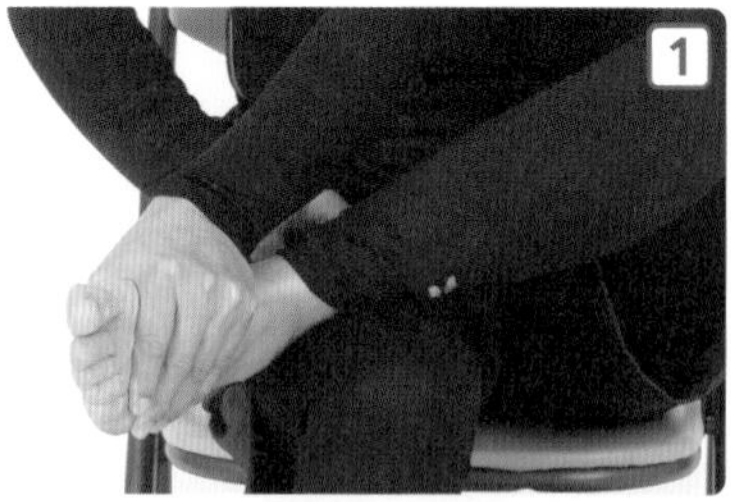

中足指節関節の手前を固定して指を回す。各指に右回しと左回しをして、中足指節関節をほぐすと曲がる角度の向上につながる

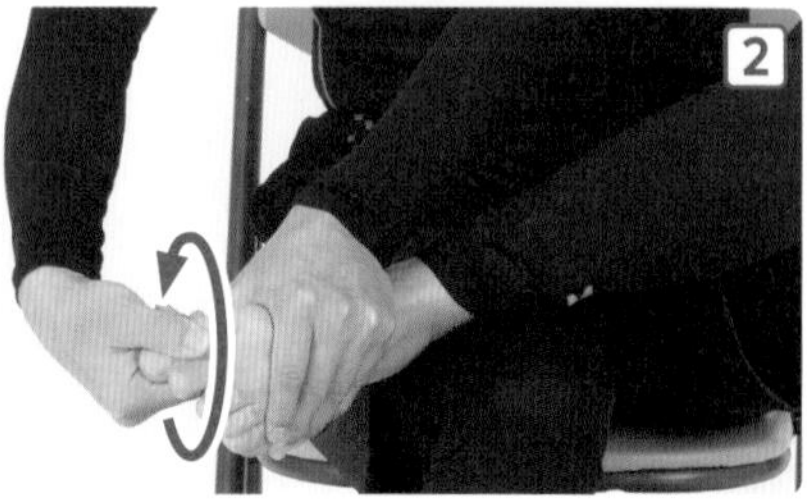

足首を曲げながら足指グーのチェック項目③ グーにしたときに親指側が上

中足指節関節を十分に曲げてグーにしたときに、正面から見ると親指側が上で小指側が下という配列になっていることが標準です。ところが足首をまたぐ筋や足部の筋のなかで十分に機能していない筋があると、標準の形にならない場合があります。

骨配列

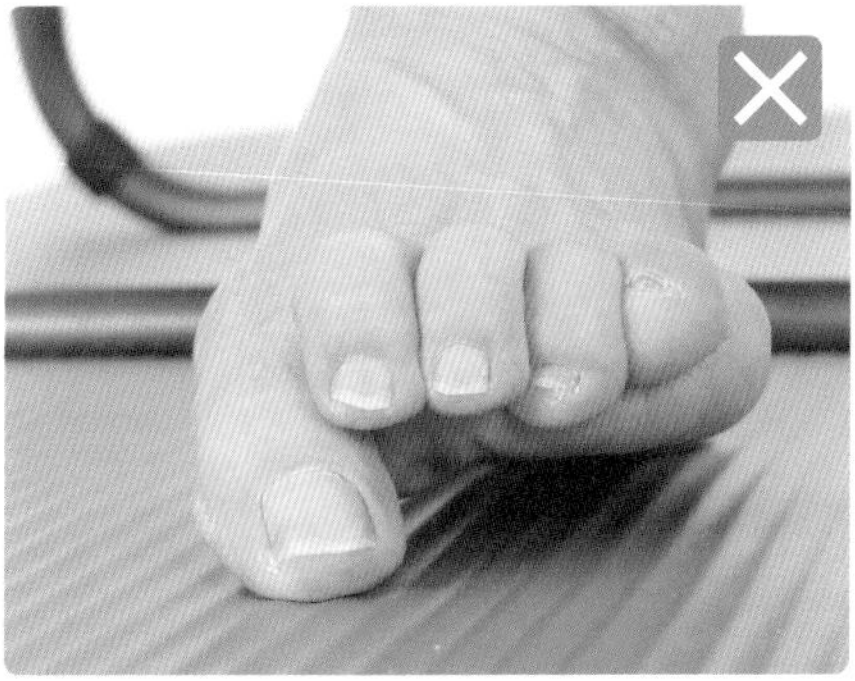

小指側が上で親指側が下になっている

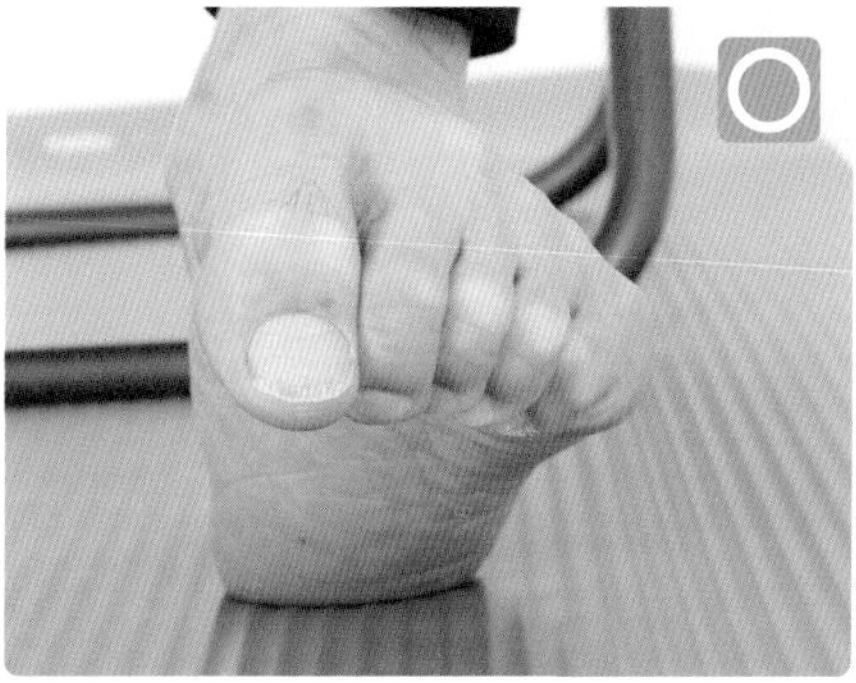

親指側が上で小指側が下になっている

足首を曲げながら足指グーのチェック項目④ 3つの筋

足首は天然のサポーターの役割を果たします（詳しくは164ページのコラムを参照）。そのためには前側の前脛骨筋、内側の後脛骨筋、外側の長短腓骨筋を十分に働かせて足首を安定・保持させることが必要です。3つの筋がきちんと機能していることを確認して行うと、足首の捻挫癖解消にもつながります。

天然のサポーターとして働く3つの筋をチェック

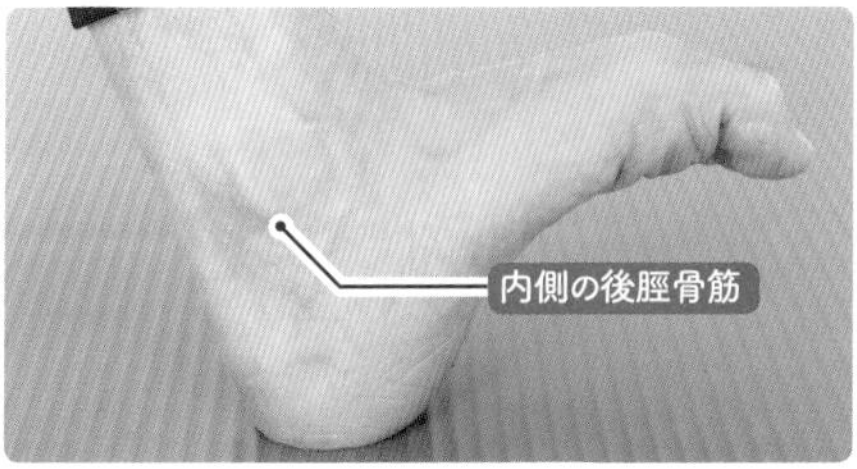

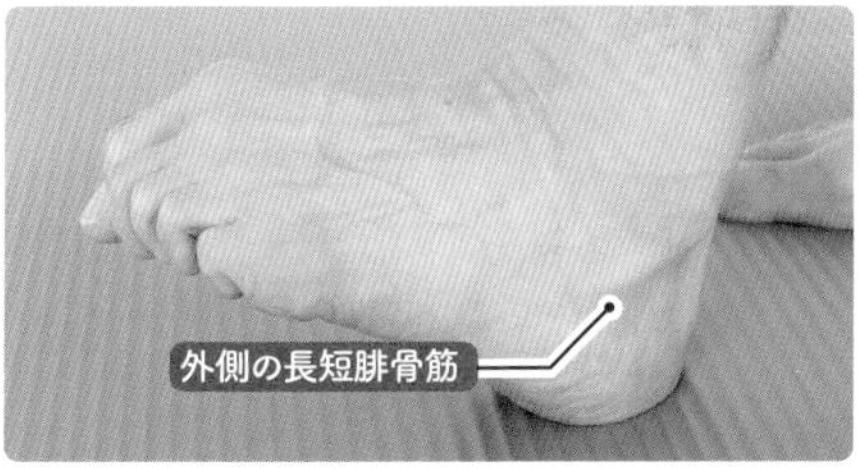

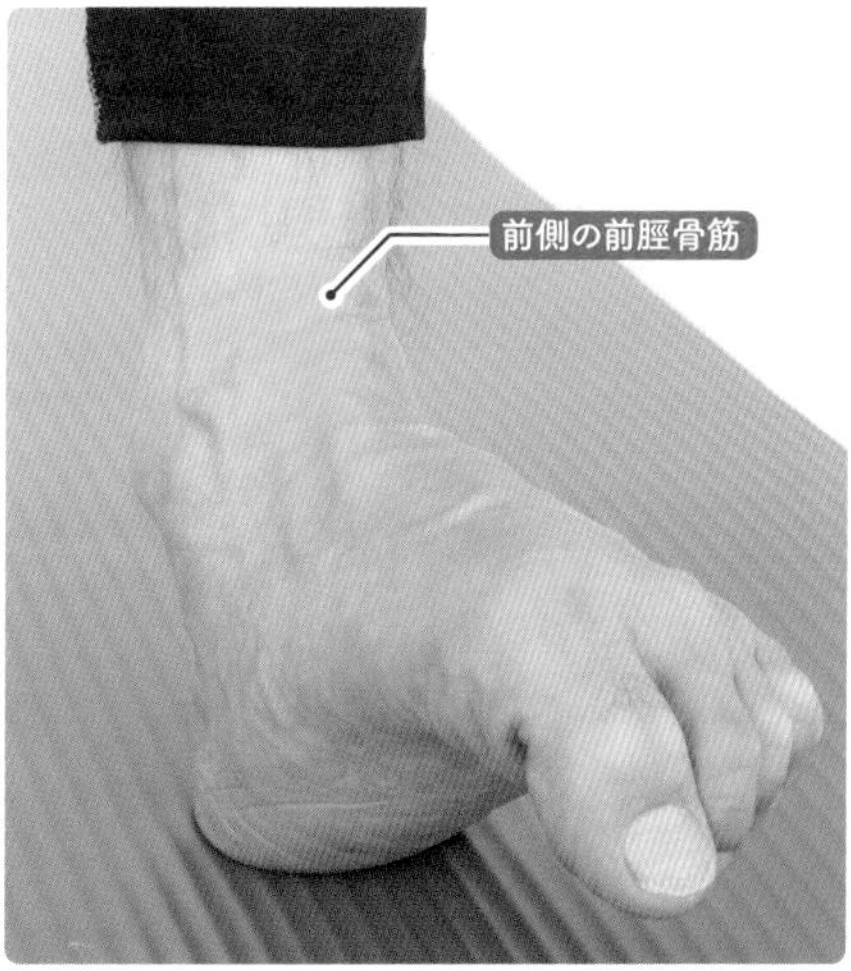

さらに足指を曲げるためのエクササイズ

158ページのおすすめエクササイズによって足指の曲がりが増えてきた方は、このエクササイズを取り入れてください。とくに足指をグーにしたとき、足指の曲がりにばらつきがある方におすすめです。例えば薬指の曲がりが少ない場合は、薬指と小指の指のつけ根にビー玉をはさんでグーにするなど、指の間にビー玉をはさんで行ってください。

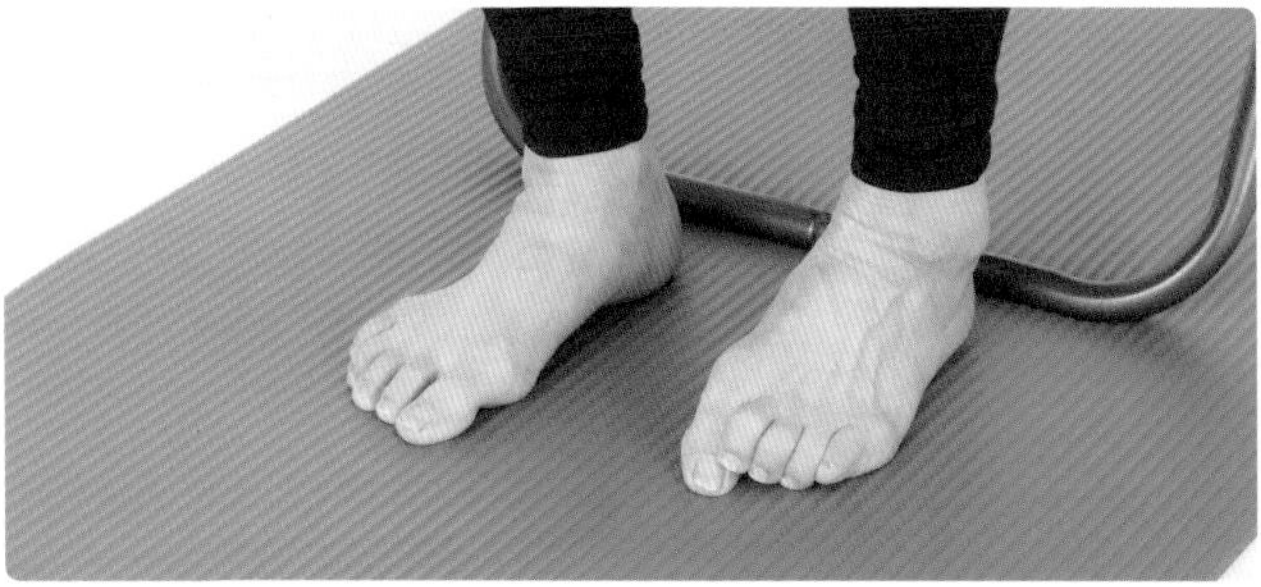

グーにしたときに足指の曲がりにばらつきがある

ビー玉を使って指の曲がりをよくするエクササイズ

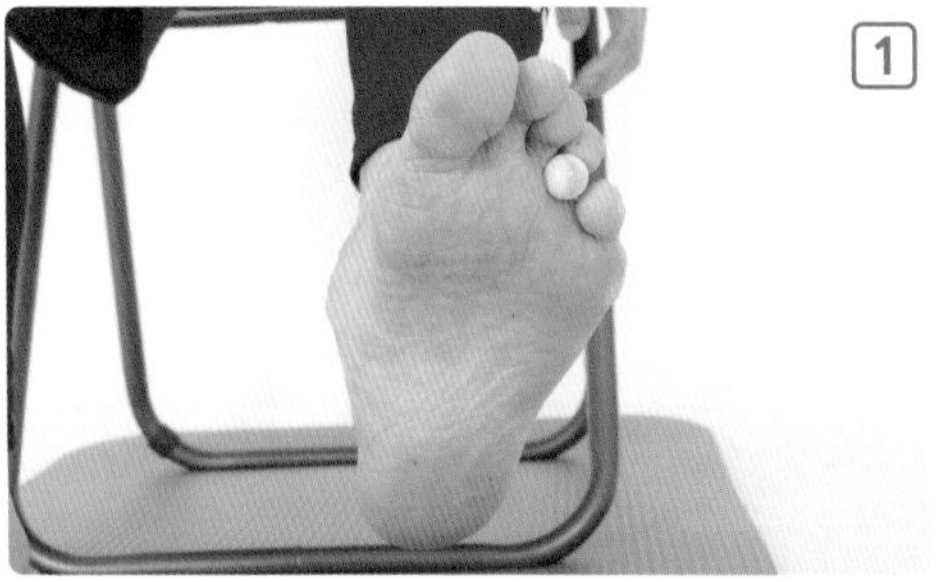

1

中指の曲がりをよくしたい場合は、中指と薬指の指のつけ根にはさむ

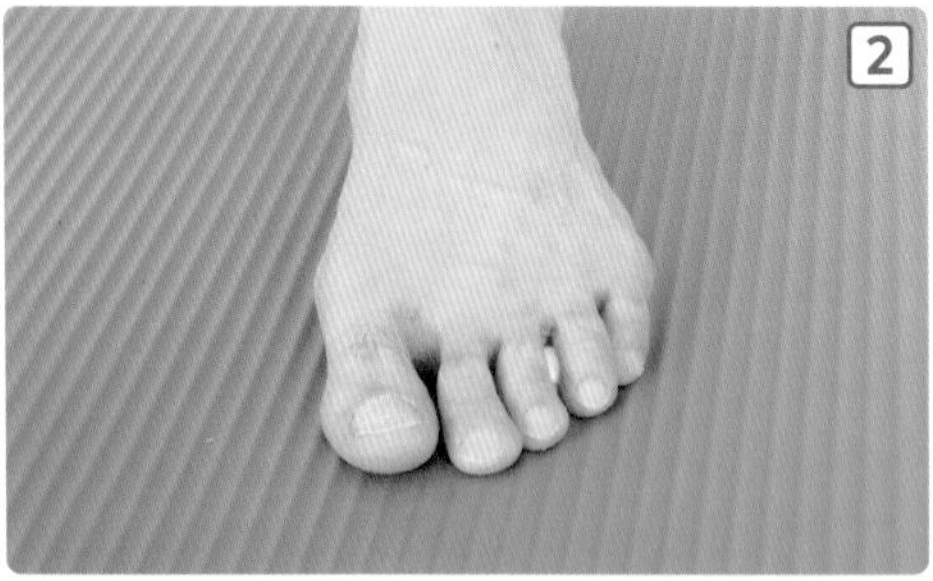

2

中指と薬指の指のつけ根にビー玉をはさんで足裏を床につける

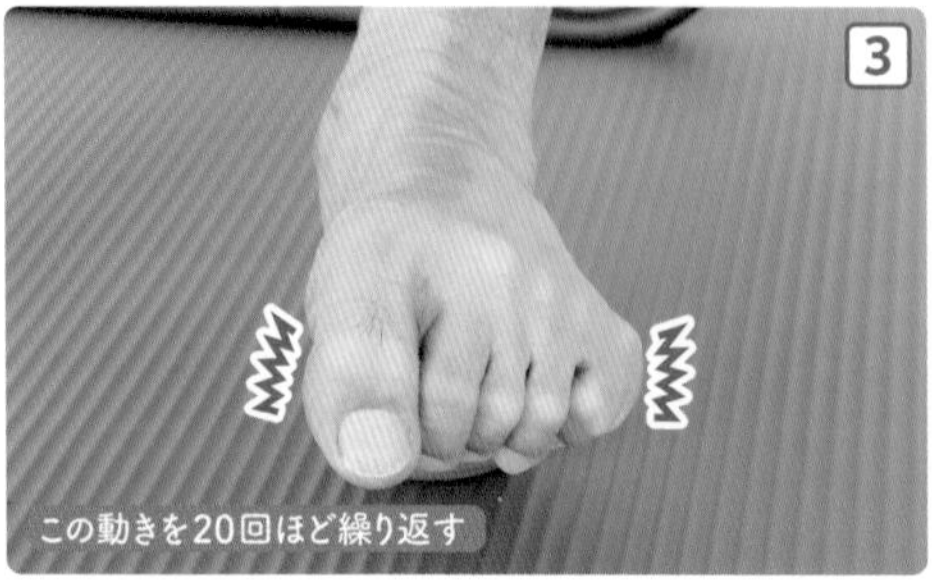

3

足首を曲げながらビー玉を握り、3秒ほどキープする

PART4

地面をつかむ感覚を高めるエクササイズ

ある程度中足指節関節が曲げられる方には、このエクササイズを行うことで、地面を掴む感じが鮮明になります。ビー玉を小指と薬指のつけ根と親指と差し指のつけ根にはさみ、足首を曲げながら足指をグーにします。地面をつかむ感覚が薄い方だけでなく、各指の曲がり方が揃わない方にもおすすめです。

ビー玉を2個使ってつかむ感覚を強めるエクササイズ

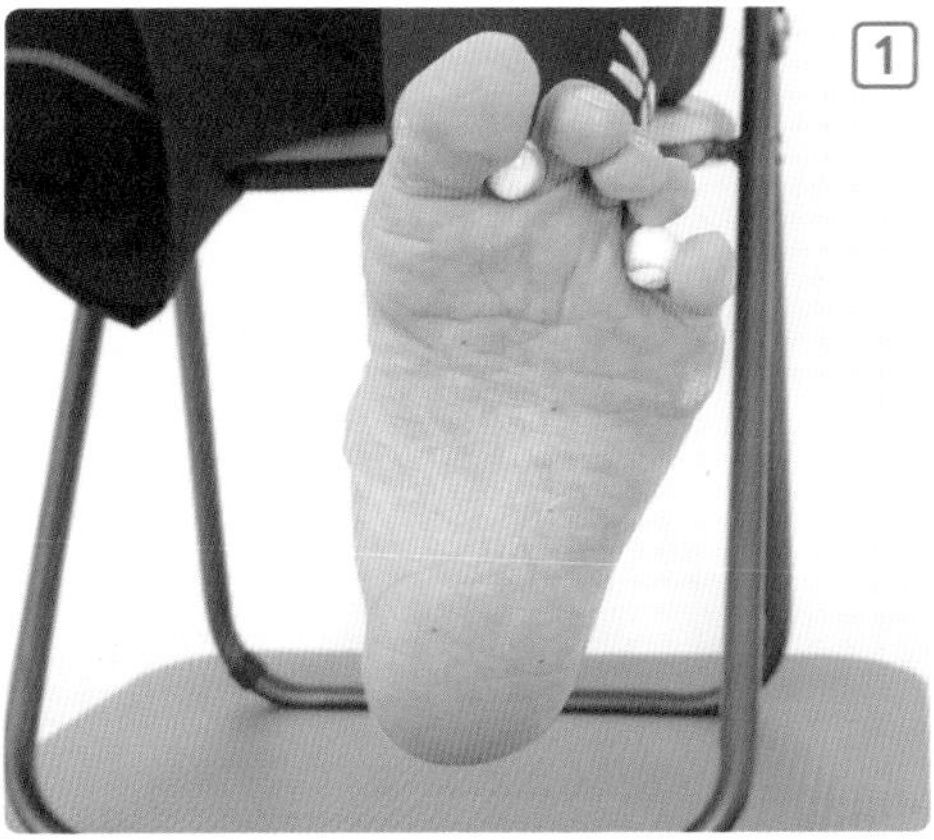

1

地面をつかむ感覚が薄い場合には、小指と薬指のつけ根と親指と人差し指のつけ根にビー玉をはさむ

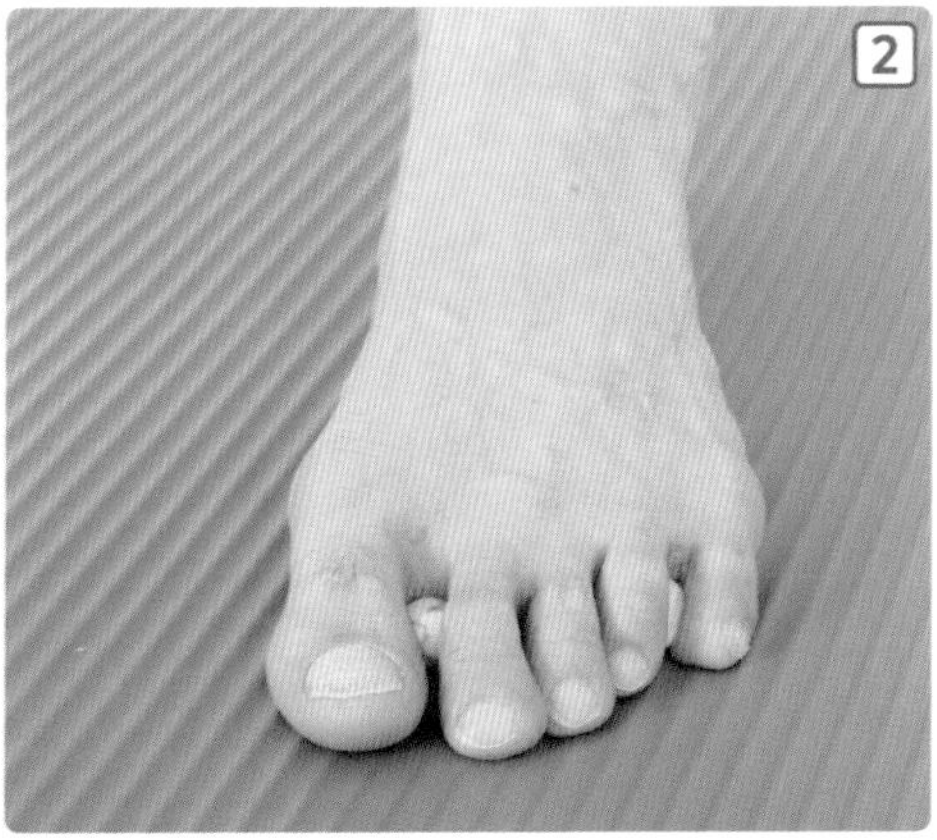

2

ビー玉をはさんだら足裏を床につける

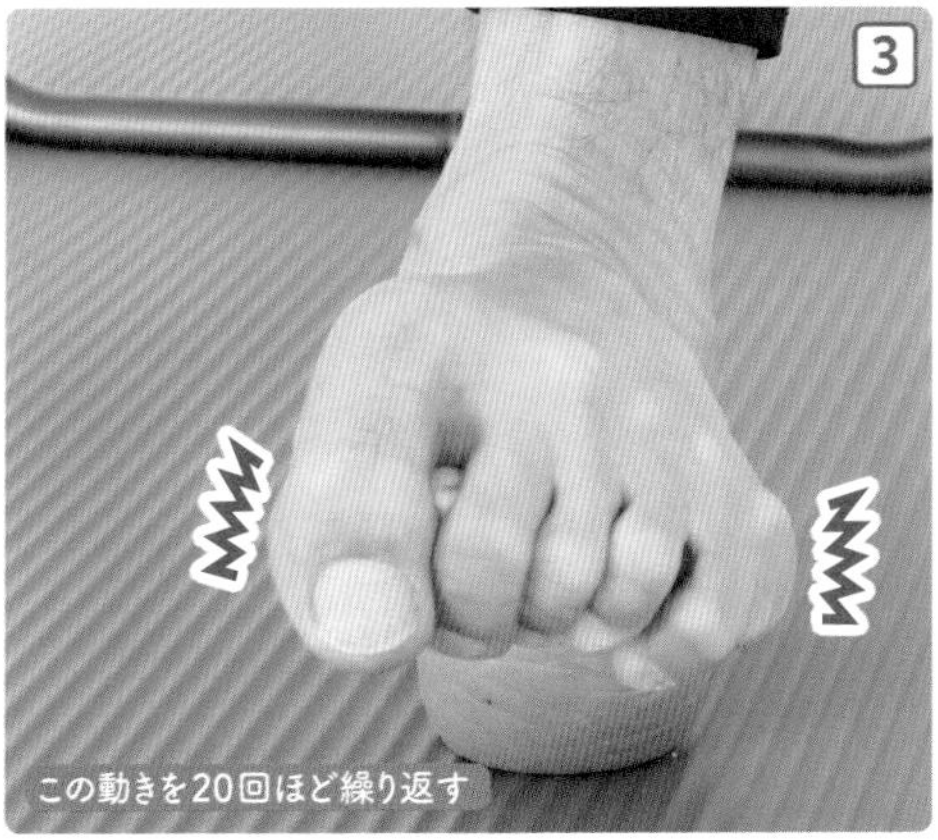

3

足首を曲げながらビー玉を握り、3秒ほどキープする

外がえしと内がえしの動きをやりやすくするエクササイズ

外がえしと内がえしの動きをスムーズに行うために、案外見落とされているのが足部の関節（ショパール関節とリスフラン関節）です。また、一般的に行われている足首回しの危険についても解説します。

ショパール関節とリスフラン関節の位置

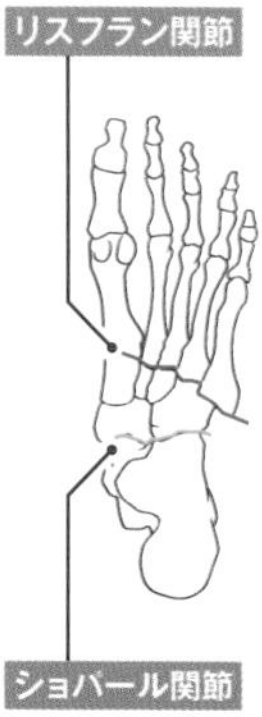

このエクササイズではショパール関節とリスフラン関節を動かす。足部が固い場合にも行う

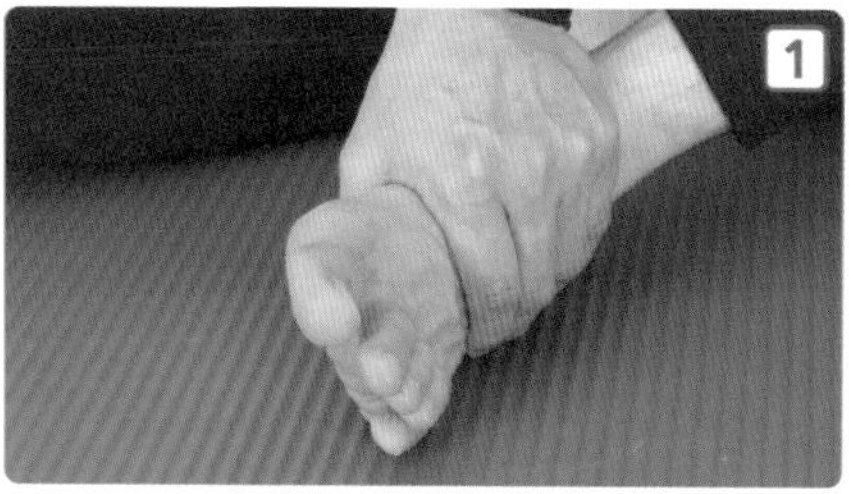

片手でリスフラン関節の手前を握る（左足で行っている写真）

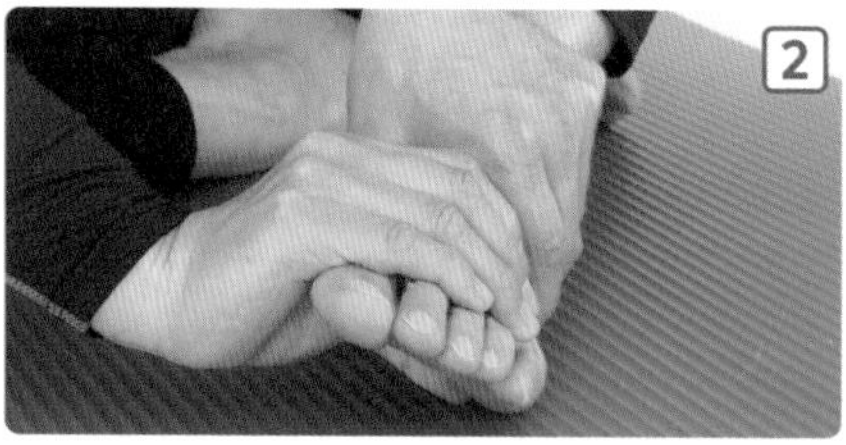

もう一方の手でリスフラン関節を外方（内がえし）もしくは内方（外がえし）へねじる（可動域が少なくなっている方向へ動かす）

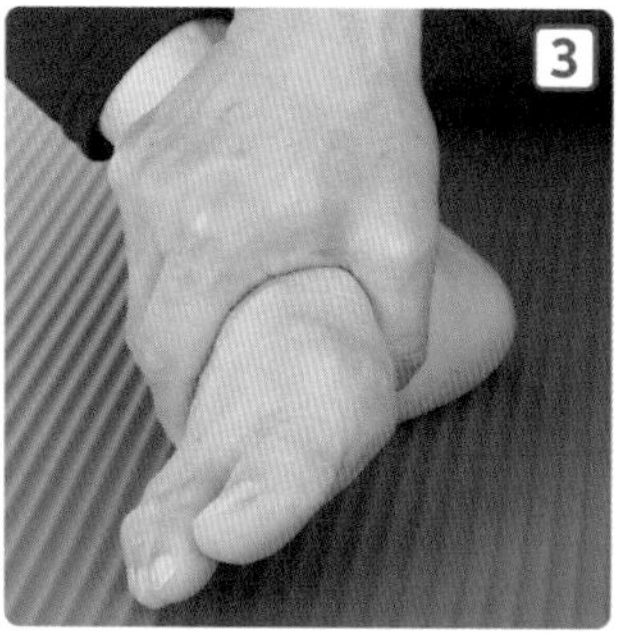

片手でリスフラン関節の手前を握る（右足で行っている写真）

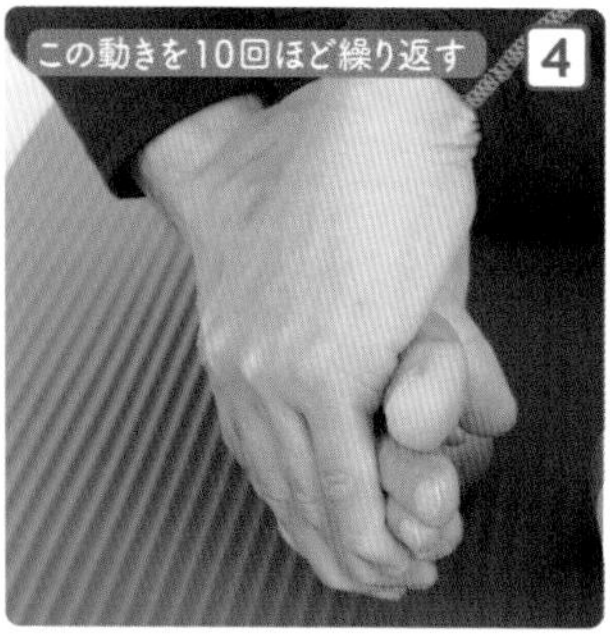

もう一方の手でリスフラン関節を外方（内がえし）もしくは内方（外がえし）へねじる（可動域が少なくなっている方向へ動かす）

CHECK 足首回しは危険!?

手で足を持って足首を回す光景を目にすることがあります。この時、足首から力が抜けて手の力だけで大きく足首を回しているとしたら、少し注意が必要です。他動的に足首を外側が伸ばされるからです。これはねんざしやすい形につながります。162ページや163ページのエクササイズでも、足首をねじることがないよう、足部をしっかりと固定することが重要です。

内がえしをやりやすくする

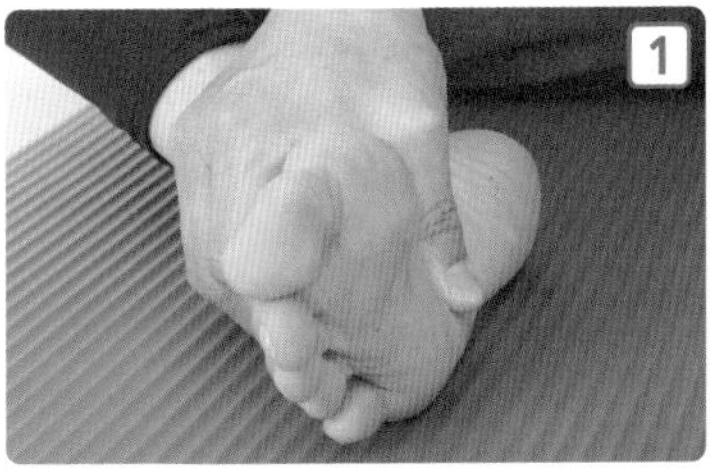

膝を開いて足部の中央（ショパールもしくはリスフラン手前）を手で固定する

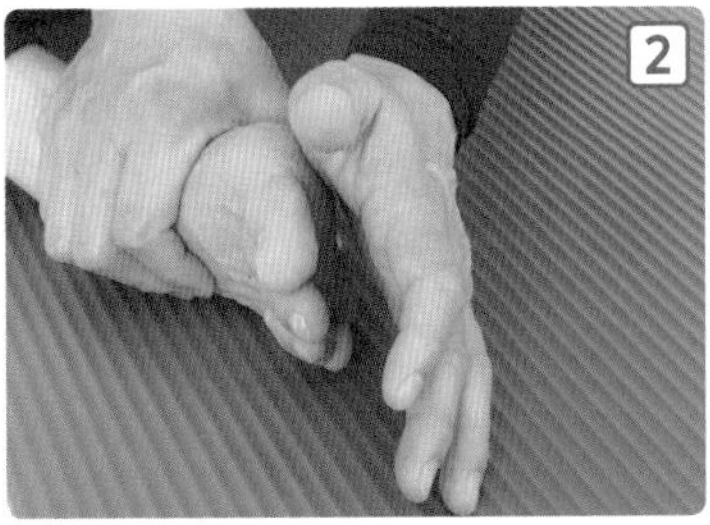

反対側の手を母指球辺りにあてる

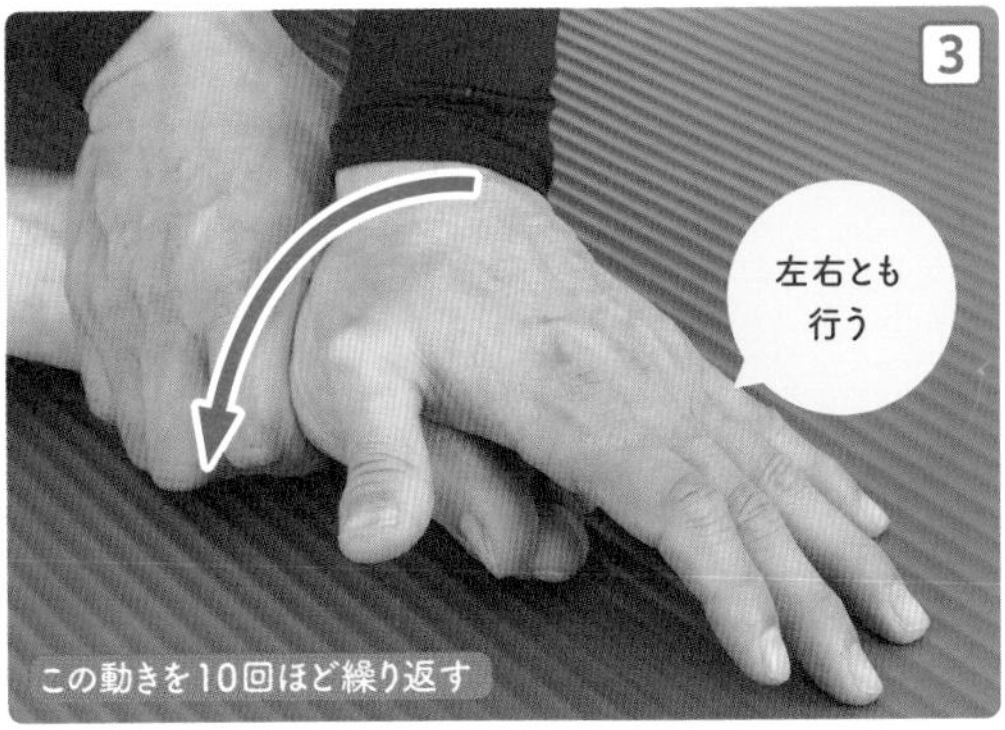

（足）母指辺りを床に向かって押し、その後力を緩める

外がえしをやりやすくする

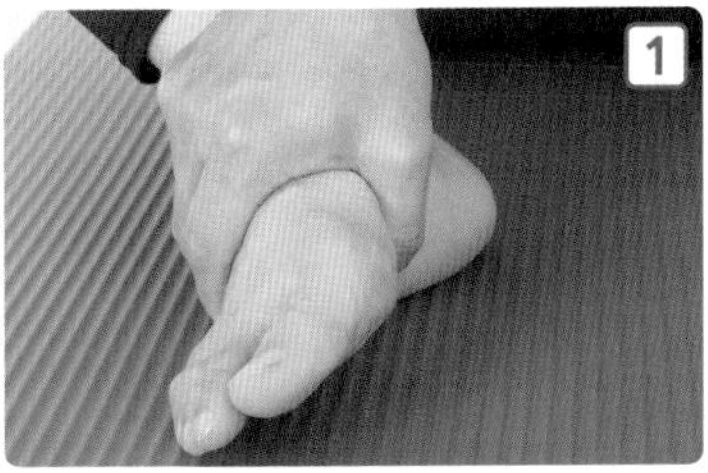

足の裏を床のほうに向けて足部の中央（ショパールもしくはリスフラン手前）を押さえる

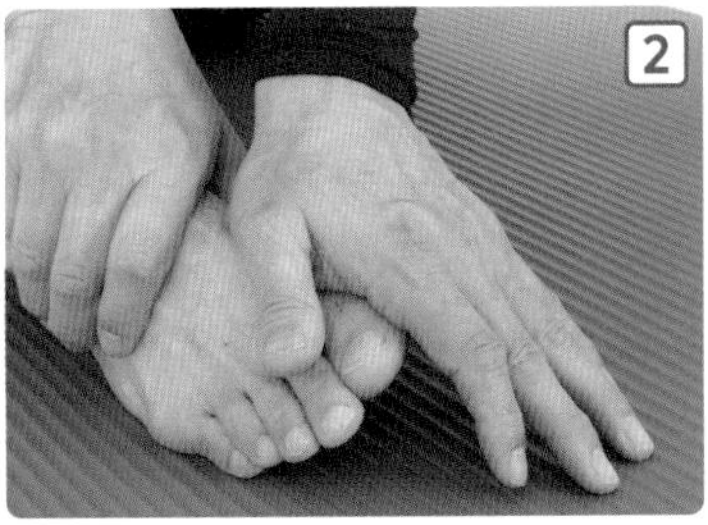

反対側の手を親指のつけ根辺りにあてる

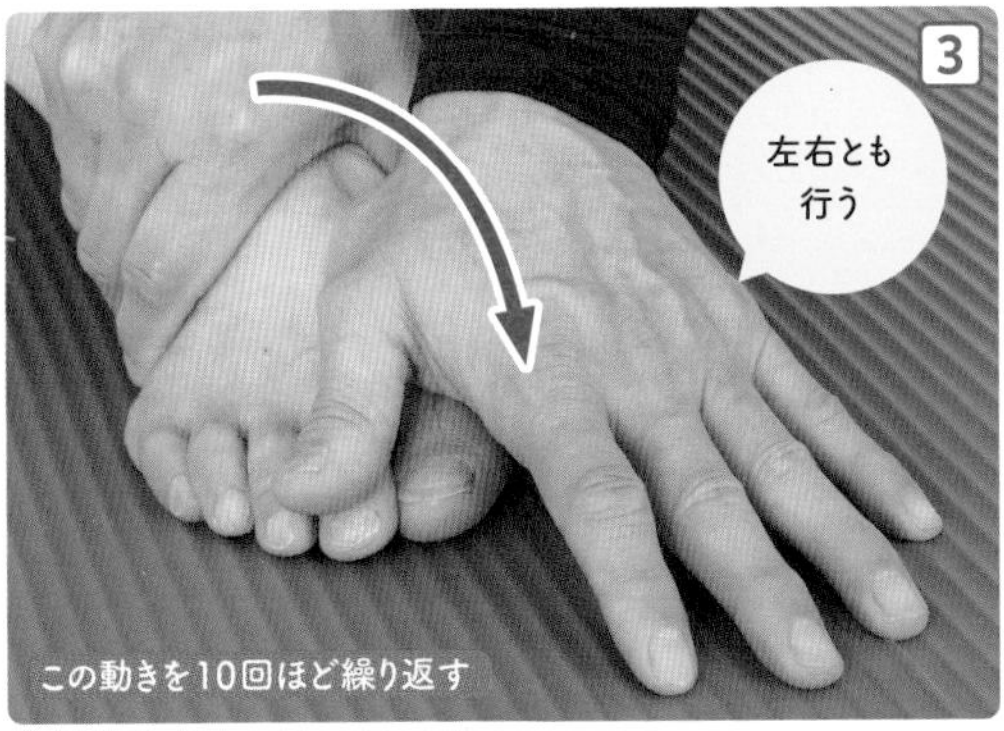

親指のつけ根辺りを床に向かって押し、その後力を緩める

Column

コラム 4

足首の捻挫ぐせを解消するために

足首をまたぐ筋は12個あり、そのほとんどが足首を安定させる天然のサポーターの役割を果たしています。いずれかの筋が機能していないと、足首がぐらついてしまうわけです。スポーツでは足首を捻挫する選手も多く、腫れや痛みが引くと復帰します。ただ、捻挫をきっかけに足首をまたぐ筋のいずれかが機能しなくなっている場合があるのです。そのことを見落としてスポーツ場面に復帰すると足首がぐらついたままですから、また捻挫をしてしまうという悪循環に陥ってしまいます。すでに捻挫グセがある場合には、足首をまたぐ筋のいずれかが十分に機能しなくなっている可能性が大きいのです。足首をまたぐ筋の機能をチェックする方法、機能を取り戻すための具体的エクササイズは150ページから紹介しています。足・足部は身体の土台です。土台が傾くと身体全体も傾きます。他の部位へ影響が及ぶということです。足首の捻挫グセを解消することはもちろんですが、スポーツ傷害予防の観点からも、足・足部の良好なコンディションづくりがとても重要になります。

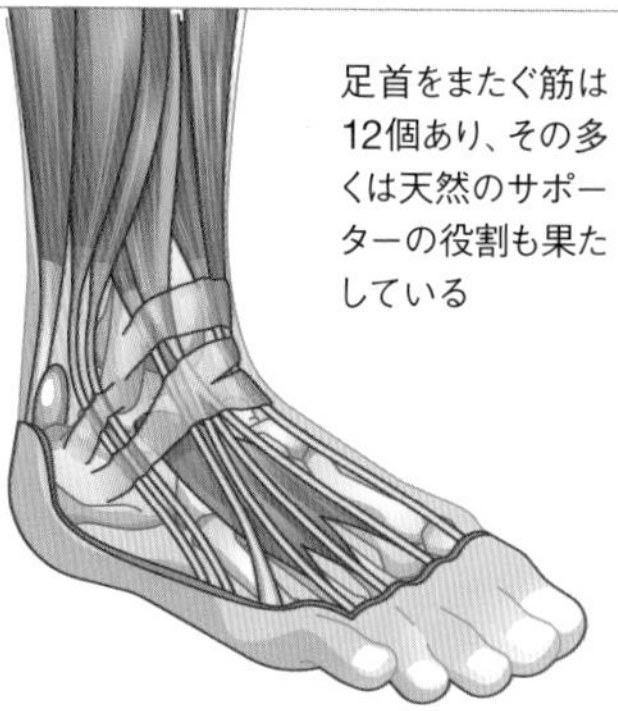

足首をまたぐ筋は12個あり、その多くは天然のサポーターの役割も果たしている

前面の筋

前脛骨筋、長指伸筋、第三腓骨筋、長母指伸筋

外側の筋

長腓骨筋、短腓骨筋

後面の筋（浅層）

腓腹筋、ヒラメ筋、足底筋

後面の筋（深層）

後脛骨筋、長指屈筋、長母指屈筋

PART

5

連動エクササイズ

PART5

連動エクササイズのやり方と注意点

連動エクササイズによって身体の動きを整え調整する

本書の冒頭でも述べましたが、動きケア®の大前提の考え方を述べておきます。「①動くべきところが、動くべき方向へ、十分なだけ動く。②身体各部（身体の部分）がそれぞれの役割を果たす。③身体全体が協調して（うまく連動して）動く。そうすれば本来われわれは元気で、活動的である」になります。

スポーツの動作や日常動作は、ほとんどが全身の連動で成り立っています。ところが身体の部分が十分に動いていなかったり、身体全体がうまく連動して動けていなければ、身体の部分（部位）に過度の負担がかかることになり、スポーツ障害が起きやすくなります。パート4では、身体の部分が十分に動くようにしてあげるエクササイズを紹介しました。そしてこのパートでは、身体全体がうまく連動して動けるようにする4つのエクササイズを紹介します。部分動きケアを行ったらこのパートの連動エクササイズと立位連動エクササイズを行い、身体の動きを整え、調整してください。我々の身体が持つ本来の動きや姿勢を取ることができれば、痛みや不調が改善され、元気で機能的な身体や動きやすい身体の状態を得ることができます。また、機能的な動きを身につけることは、脳の活性化にもつながります。

動きケア®の大前提の考え方

1. **動くべきところが、動くべき方向へ、十分なだけ動く**
2. **身体各部（身体の部分）がそれぞれの役割を果たす**
3. **身体全体が協調して（うまく連動して）動く**

そうすれば本来われわれは元気で、活動的である
大きなケガを予防できる

Dodgers
18

下半身の連動エクササイズ トランク体操

これまでの部分的なエクササイズでは、例えば骨盤であれば前傾後傾が十分にできるように、股関節であれば内旋外旋が十分にできるようにしました。ところが実際の競技の場面では、全身を使って連動する形で動きます。ここでは骨盤部から末端へ、特に下半身を中心とした連動エクササイズを紹介します。ここで紹介するトランク体操は、しなやかな体幹部や股関節の動き、動きの全身へのつながりや連動、効率的な動きを作ることが目的です。

トランク体操①

主に骨盤部から股関節の連動ケア

やり方

❶足裏全体を床につけ、骨盤を後傾させて座る

❷右側のお尻に体重を移しながら骨盤を前傾させる（右股関節：外旋、左股関節：内旋）

❸元の姿勢に戻る

❹左側のお尻に体重を移しながら骨盤を前傾させる（右股関節：内旋、左股関節：外旋）

❺この動きを10回繰り返す

骨盤の前傾後傾確認

1

2

骨盤を前傾させる。左右のお尻に体重が乗る

骨盤を前傾させながら左右に体重移動

1

足を開き、
バランスを
保持する

床に座り骨盤を後傾させる

2

右股関節が
外旋し、
左股関節が
内旋する

右側のお尻に体重を乗せながら骨盤を前傾すると、右股関節は外旋し左股関節は内旋する

3

元の姿勢に戻る(骨盤後傾)

4

左右1セットで10回繰り返す

今度は左側のお尻に体重を移しながら骨盤を前傾すると、左股関節は外旋し右股関節は内旋する

トランク体操②

主に骨盤部から股関節、膝関節の連動ケア

やり方

❶骨盤を後傾させて座る

❷右側のお尻に体重を移しながら骨盤を前傾させる（右股関節：外旋、左股関節：内旋）

❸上体を起こして左側の股関節と膝、足首を伸ばす

❹元の姿勢に戻る

❺左側のお尻に体重を移しながら骨盤を前傾させる（右股関節：内旋、左股関節：外旋）

❻上体を起こして右側の股関節と膝、足首を伸ばす

❼この動きを10回繰り返す

1

骨盤を後傾して座る

2

右側のお尻に体重を移しながら骨盤を前傾すると、右股関節は外旋し、左股関節は内旋する

3

さらに上体を起こして左側の股関節と膝、足首を伸ばす

4

今までの動きを逆のぼるように元の姿勢に戻る

5

左側のお尻に体重を乗せながら骨盤を前傾すると、左股関節は外旋し右股関節は内旋する

6

さらに上体を起こして右側の股関節と膝、足首を伸ばす

下半身の連動が活きる動き

このエクササイズで獲得する主として骨盤部から股関節、膝、足首への連動、左右へのスムーズな体重移動は、スポーツの様々な場面で必要になります。トランク体操をエクササイズとして行うだけでなく、左右差のチェックとしても活用いただき、ご自身の競技に活かしてください。

陸上競技の後ろ脚で地面を蹴る動き

投球時に地面を後ろ脚で押す動き

バスケットボールのディフェンス時の左右へのスムーズなフットワーク

スキーの左右差の少ないターン

PART5

上肢体操

上半身の連動エクササイズ

部分動きケアを行うことで、例えば胸郭部であれば伸展が十分にできるように、肩甲帯であれば内転が十分にできるようにしました。ところが実際のスポーツの場面では、これらの部分が連動する形で動きます。ここでは胸郭部から肩甲帯、上腕骨へと上半身を中心とした連動エクササイズを紹介します。

上腕体操①

主に胸郭部から肩甲帯、肩の連動ケア
（肩甲帯：内転、肩：外旋）

やり方

❶フォームローラーか巻きタオルに寝転がり、足裏全体を床につける

❷腕を伸ばして手の甲を合わせて肩甲骨を開く

❸腕を横に開きながら、左右の肩甲骨を背中で近づけ、フォームローラーや巻きタオルをはさむ

❹さらに上腕骨を外旋させ、手のひらを頭のほうに向ける

❺この動きを10回繰り返す

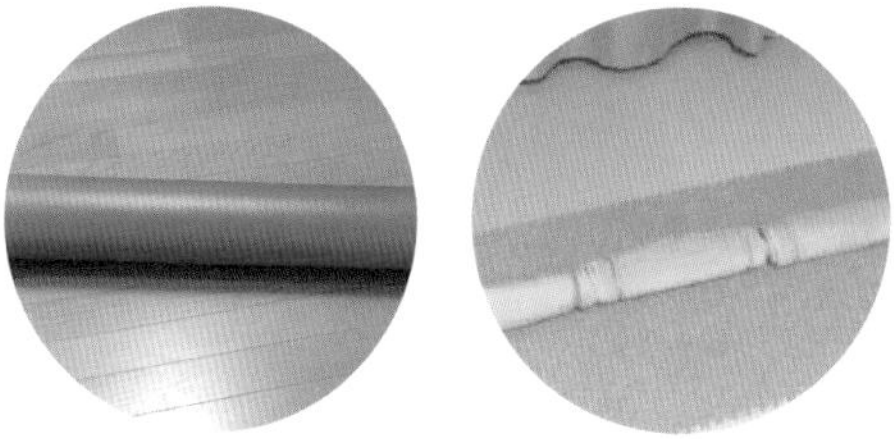

フォームローラーや巻きタオルを用意する

正面から見た腕の動き

1

**足の裏全体を
床につけ、頭まで
フォームローラーや巻
きタオルに乗るように
寝転がる**

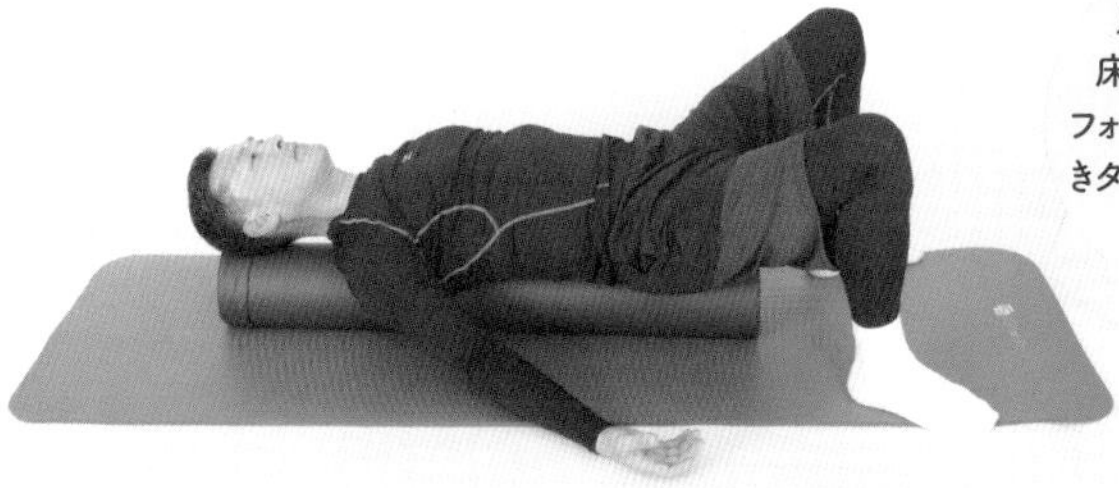

フォームローラーや巻きタオルに寝転がる

2

**この動きで
肩甲骨が開く
（外転）**

腕を伸ばして手の甲を合わせる

3

腕を横に開きながら左右の肩甲骨を背中で近づけ、フォームローラーや巻きタオルをはさ

この動きを10回繰り返す

4

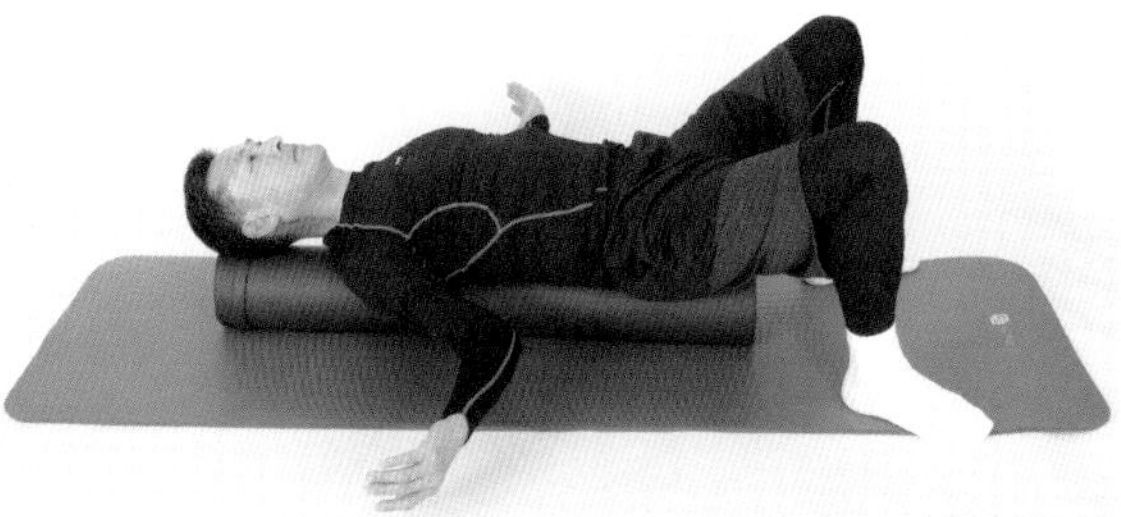

さらに上腕骨を外旋させる。手のひらを頭のほうに向ける

上腕体操②

主に胸郭部から肩甲帯、肩の連動ケア
（肩甲帯：内転、肩：内旋）

やり方

❶フォームローラーか巻きタオルに寝転がり、足裏全体を床につける
❷腕を伸ばして手のひらを頭のほうに向けて肩甲骨を開く
❸手のひらを外側に向けながら胸を開き、左右の肩甲骨を背中で近づけフォームローラーや巻きタオルをはさむ
❹この動きを10回繰り返す

1

フォームローラーや巻きタオルに寝転がり、腕を伸ばして手のひらを頭のほうに向ける

2

手のひらを外側に向けながら胸を開く

3

この動きを10回繰り返す

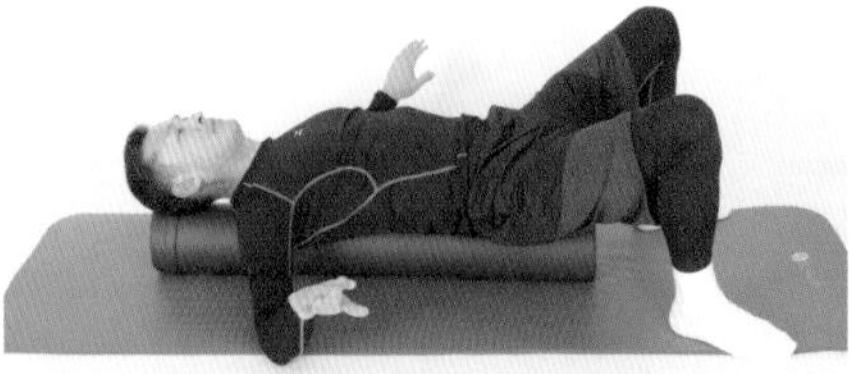

左右の肩甲骨を背中で近づけフォームローラーや巻きタオルをはさむ

正面から見た腕の動き

1

2

3

ここまでの上半身の連動が活きる動き

これまでの連動エクササイズで獲得する胸郭部から肩甲帯、上腕骨の基本的な連動は、上腕骨の位置が肩よりも下で行います。そのため肩への負担が少なく行うことができます。肩甲骨と胸郭部、上腕骨を連動させて動かす身体の使い方は、ほとんどのスポーツの場面で必要となるため重要です。

野球の投球時

ウェイトトレーニングでバーなどを後ろに引く動き

上腕体操③

主に胸郭部から肩甲帯、肩の連動ケア
（肩甲帯：内転・外転、肩：内旋・外旋、プラス腕の上げ下げ）

やり方

❶フォームローラーか巻きタオルに寝転がり、足裏全体を床につける

❷腕を閉じて前腕の内側同士をつけ、肩甲骨を開く

❸手のひらを外側に向けて胸を開く。左右の肩甲骨でフォームローラーや巻きタオルをはさむ

❹そこから腕を頭上に伸ばして手のひらを合わせる

❺この動きをさかのぼるように戻り、10回繰り返す

1

足裏全体を床につける

フォームローラーや巻きタオルに寝転がり、腕を閉じて前腕の内側同士をつける

2

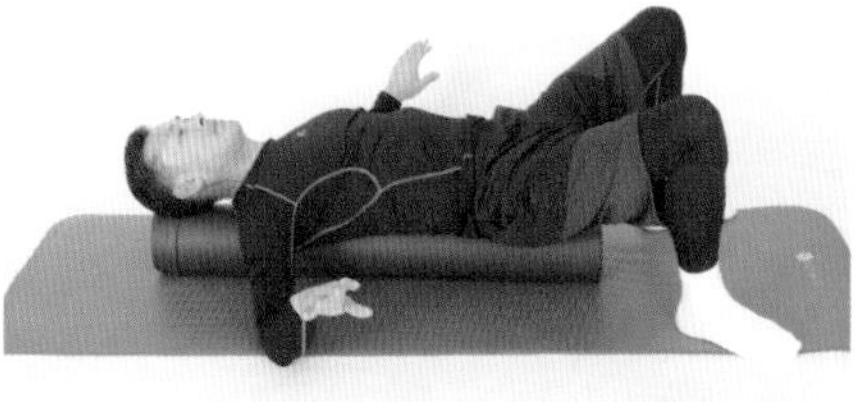

手のひらを外側に向けて胸を開く。左右の肩甲骨でフォームローラーや巻きタオルをはさむ

3

お腹に力を入れて背中とローラーの間に隙間ができないようにする

この動きを10回繰り返す

腕を頭上に伸ばしていく。頭上で手のひらを合わせる

正面から見た腕の動き

1

2

3

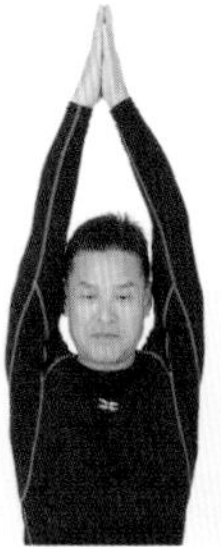

この上半身の連動が活きる動き

肩を安定させるインナーマッスルが十分に機能していないと、肩の位置よりも腕を挙げる動作で肩を痛めやすくなります。まずはインナーマッスルを十分に機能させて肩の安定性を高め、エクササイズ②までを行ってください。十分な仕上がり具合を確認してエクササイズ③を行います。なお、肩よりも腕を高く上げる動きはこのようなシーンでも見られます。

テニスのサービス時にボールをトスする動きやスイングする動き

水泳で腕を前に出して水を捉えようとするまでの動き

立位連動エクササイズ①
足裏全体床踏み

基本的に立って行うスポーツでは、上半身と下半身それぞれの連動エクササイズを行ったら、立位で全身を連動させるエクササイズで仕上げます。1つ目は94ページでも紹介した上虚下実の安定した基本姿勢を取れるようになることが目的です。エクササイズに入る前に上虚下実チェックを行い、その後エクササイズに進み、再度チェックをしてみましょう。

上虚下実の姿勢と下虚上実の姿勢

下虚上実 ×

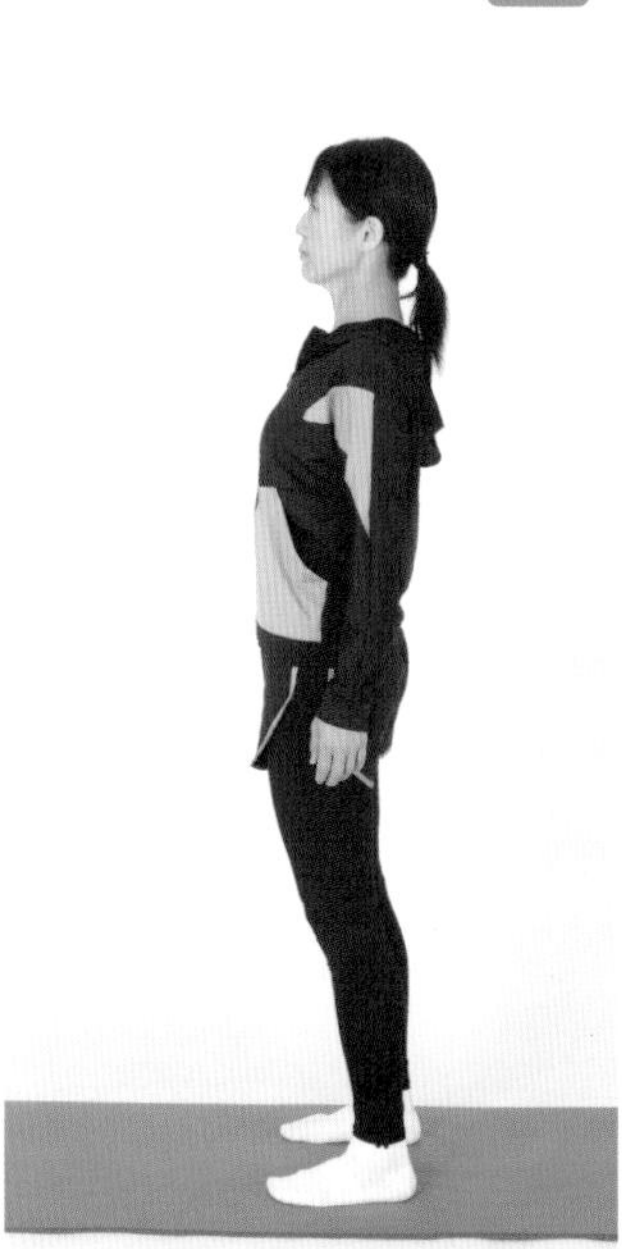

上虚下実 ○

上虚下実チェック

重心が上がった下虚上実の姿勢の場合には、簡単にバランスが崩れてしまう

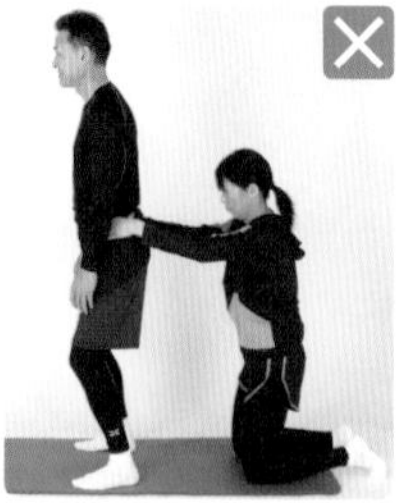

重心が下がった上虚下実の姿勢の場合には、バランスが崩れず安定性を保持できる

パートナーが後ろから腰骨辺りを持ち、前や後ろの斜め上に重心を上げるように骨盤部に力を加える

上虚下実をつくる足裏床踏み

やり方

❶上虚下実チェックを行いよい姿勢が取れているかを確認する

❷股関節と膝、足首をを軽く曲げて立つ

❸右足全体で床を踏む

❹この動きを5回繰り返す

❺続いて左足全体で床を踏む

❻この動きを5回繰り返す

❼これを左右3回ほど繰り返し、最後は両足裏で均等に床を押す感じで静止する

❽再び上虚下実チェックを行う

最後に上虚下実

右5回、左5回を3回行う

左足の裏全体で5回床を踏む

腰幅よりもやや広めに足を開き、股関節と膝を緩めて立つ

股関節、膝、
足首が同時に
動いているか

右足の裏全体で5回床を踏む

※股関節と膝、足裏が少し曲がり、同時に動いて足裏全体で床を踏むことが大切

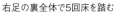

よい姿勢で立つだけで肩こり解消！

下虚上実が基本的な姿勢になっていると、肩に痛みやこりが生じやすくなります。そのような場合には、肩の痛みがある部位を押さえた状態で、ゆっくりと右足→左足と足裏全体で床踏みを行います。すると敏感な方は、上手に足裏全体で床を踏めた際に、肩部の緩みを感じることができるでしょう。結果として上虚下実で立つ＝よい姿勢で立つことで肩こりが解消するわけです。このことは動きケア®が提案している上虚下実や身体の連動の意味や、部分的に対処をしても根本的な解決にはならないことを意味しています。なお立位ではなくイスに座って行っても、同様の反応を確認することができます。

1

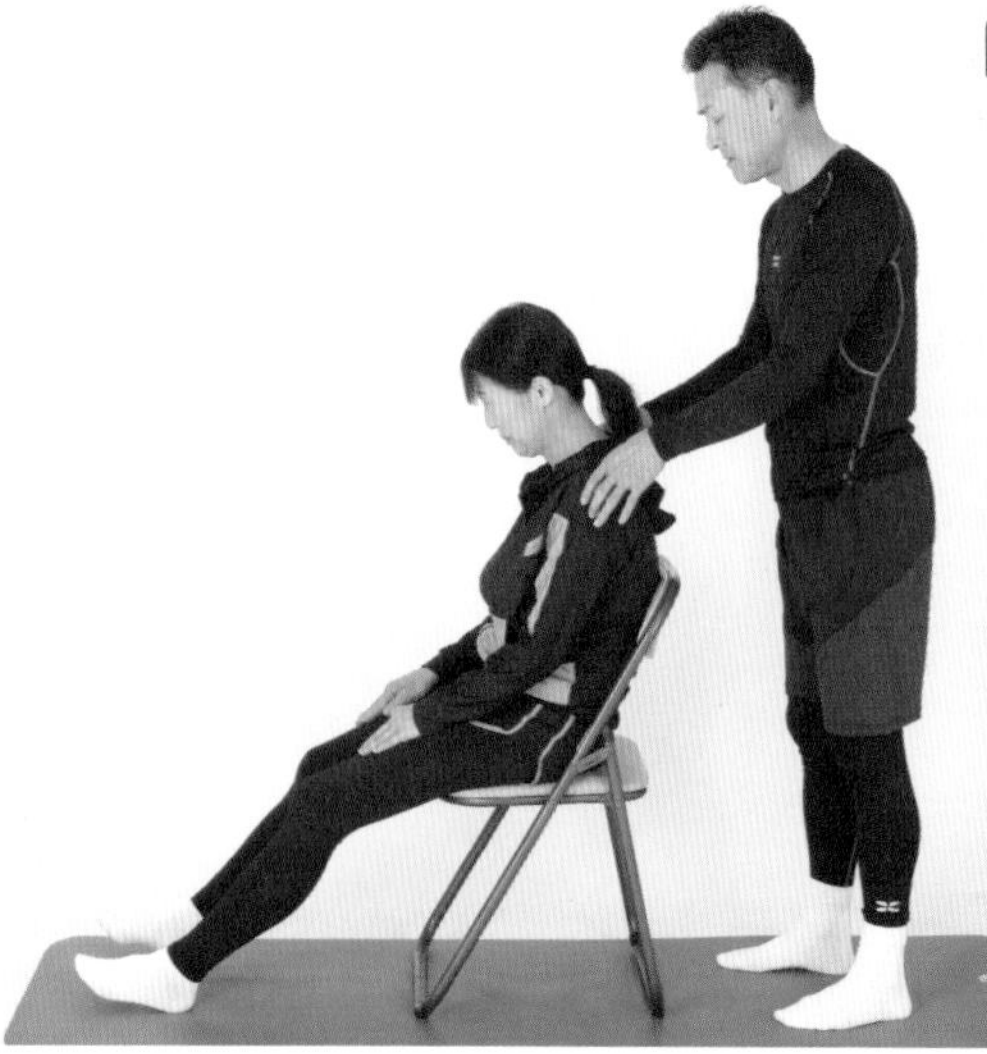

下虚上実が肩こりを生む

2

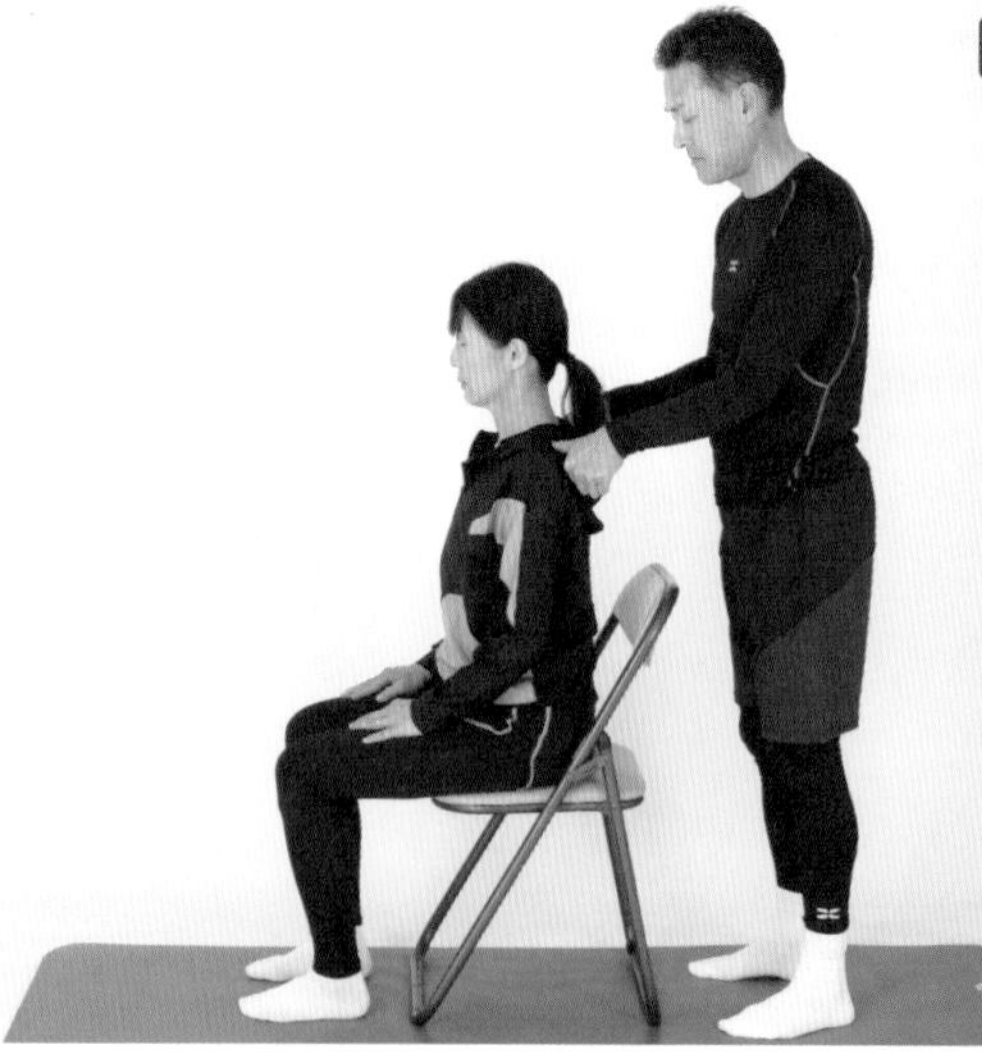

姿勢が上虚下実になるとこっている部位の緩みを体感できる

立位での連動が活きる動き

足裏全体で床が踏め重心が下がった姿勢が上虚下実です。この姿勢は肩の力が抜け、臍下丹田（おへその約3cm下）に力が集約した状態であり、どの競技においても基本姿勢になります。

バスケットボールではパワーポジションが取れていることで瞬時に様々な動きに移行できる

基本姿勢が取れることでバランスが保て、前後上下左右に自由に動くことができる

立位連動エクササイズ②
股関節大きく折り曲げ

野球やゴルフ、テニスなどのスイング動作の核になる動きが「股関節大きく折り曲げ」です。また、「つま先より膝が大きく前に出る」「つま先方向と違う方向に膝が曲がる」など、膝に過度な負担がかかる動きを修正することもできます。正しく行うと衰えやすい腸腰筋や中殿筋、大腿内転筋群に同時に刺激を入れることができます。これらの筋はスポーツ障害予防の核になる動きの源になります。

やり方

❶腰幅程度に足を開いて立つ

❷脚のつけ根にあてた手指をはさむように股関節を折り曲げる

❸右膝を後ろに引くようにして右側の股関節をさらに大きく曲げる

❹今度は左膝を後ろに引くようにして左側の股関節をさらに大きく曲げる

❺この動きを10回繰り返す

股関節の構造

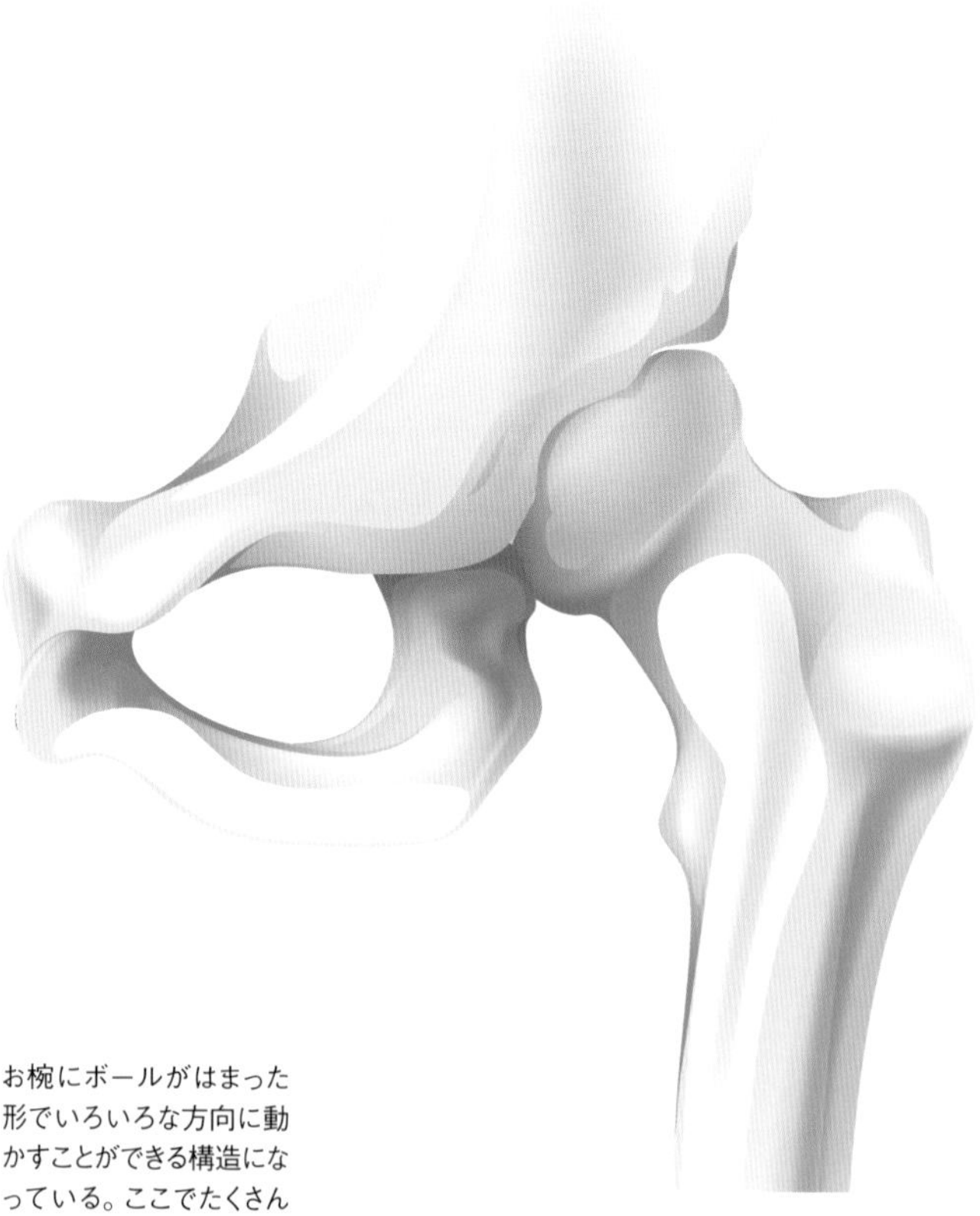

お椀にボールがはまった形でいろいろな方向に動かすことができる構造になっている。ここでたくさん動かすことが理想となる

股関節大きく折り曲げ

横から　正面から

腰幅程度に足を開き、足のつけ根で手指をあてる

手指をはさむように股関節を曲げる

右膝を後ろに引くようにして右側の股関節をさらに大きく曲げる

次に左膝を後ろに引くようにして左側の股関節を大きく曲げる

この動きを10回繰り返す

CHECK パートナーに足を動かしてもらう

右膝や左膝を引いて股関節を曲げた状態で、パートナーに足や膝を動かそうとしてもらいましょう。上手くできていると股関節から足裏まで力が入っているため、足や膝は動きません。その時の右足と左足の荷重配分は50：50になります。

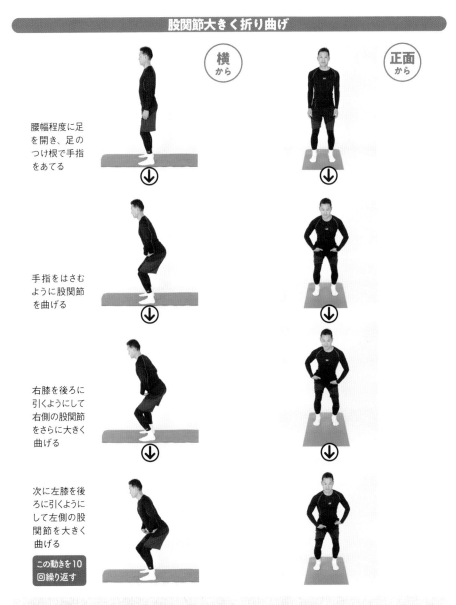

PART 5

補助エクササイズ
イスに座って股関節大きく折り曲げ

先ほどの股関節大きく折り曲げを、回転するイスや座面にボールを置いたイスに座って行います。これらの補助エクササイズで感じがつかめたら、立位で完成させましょう。

やり方

❶イスに座って腰幅程度に足を開き、脚のつけ根に手指を当てる
❷股関節を曲げて手指をはさむ
❸右膝を後ろに引くようにして右側の股関節をさらに大きく曲げる
❹次に左膝を後ろに引くようにして左側の股関節をさらに大きく曲げる
❺この動きを10回繰り返す

回転するイス

回転するイスがある場合にはそのイスを使う

回転するイスがない場合

座面の上にボールを置き、そのボールの上に座る

イスに座って股関節大きく折り曲げ

1

腰幅程度に足を開き、脚のつけ根にあてた手指をはさむように股関節を曲げる

2

右膝を後ろに引くようにして右側の股関節を大きく曲げる

この動きを10回繰り返す

3

次に左膝を後ろに引くようにして左側の股関節を大きく曲げる

“腰”に負担がかからないスイングのために

ゴルフのスイングや野球のバッティングの指導で「腰で打ちなさい」という言葉を耳にすることがあります。腰椎部の構造はねじるようにはできていません。おそらくこの表現は「股関節を主とした動き」を意図したものと感じます。多方向に動かすことができる股関節を動作の核にすることは、スポーツ障害予防の観点からも、効率よくパワーを伝達する意味でも、とても重要です。

軸足の股関節に力を蓄えた状態から前足の股関節に体重移動することで、腰部に過度な負担がかからない全身を連動させたスイングができる

股関節を核としたスイングをすることで、投球の威力に負けないバッティングができる

おわりに

楽しみながら探求してください

本書を手に取っていただきありがとうございました。

本書のテーマはスポーツ障害予防ですが、姿勢改善や健康づくり運動、介護予防などにもお役立ていただけると思います。筋量を増やしたり、脂肪を減らすためには数週間が必要です。そのため運動の効果というと長期間必要と考えるのが一般的です。しかし、本書で紹介した動きケア®のように上手に行うと、こわばりが緩んだり、可動域が増えたり、動作がしやすくなったり、などその場ですぐ変化を実感できる運動のやり方もあることをぜひ、知っていただきたいと思います。その場で成果が確認できれば運動がより楽しいものになります。自分の身体への意識も高

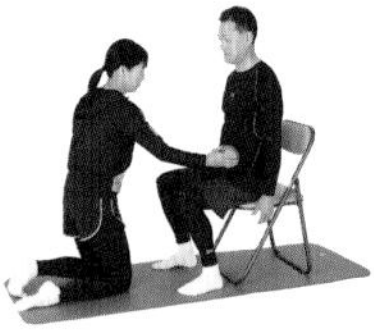

まります。そのような取り組みがスポーツ障害予防にもつながっていきます。

日頃、動きケア®をお伝えしていると「みえているようでみえていなかったことに気づきました」「トレーニングの現場で盲点になっていることがたくさんみえてきました」「知っているつもりだったのに目からうろこが落ちました」などの感想をいただきます。一番身近な存在であるはずの自分の「身体のつくり」が本当にわかるようになること、みえるようになることとは、結構深みのある、難しいことなのかもしれません。ぜひ、楽しみながら探求してみてください。

「大きなケガで夢をあきらめないように」子どもたち、アスリート皆さんが「一歩一歩素敵な夢に近づいてゆかれますように」心から願っております。

土屋真人

EPILOGUE

著者プロフィール

土屋　真人（つちや まひと）

中京大学体育学部体育学科卒業。同大学大学院・体育学研究科博士課程前期修了。体育学修士。人体解剖トレーニングセミナー（名古屋大学大学院医学研究科）修了。NPO法人日本健康体育協会・代表理事。（株）DOU代表取締役。大学で教鞭を取りながら、これまでトレーナー・健康指導者・施術者向け講習会やスクールを6,500回以上開講、13,000人以上の指導者養成に携わる。30年以上のスポーツ実践と現場での指導を通して安全で効果的なノウハウを構築し「動きケア®」として確立、今も現場で笑顔を生み出している。全米ストレングス&コンディショニング協会認定CSCS・CPT、日本トレーニング指導者協会認定上級トレーニング指導者。

STAFF

●企画・構成・編集
佐藤紀隆（株式会社Ski-est）
稲見紫織（株式会社Ski-est）

●デザイン
三國創市（株式会社多聞堂）

●写真提供
Getty Images

●撮影
眞嶋和隆

●イラスト
AdobeStock

●モデル
鈴木真樹

スポーツ障害《しょうがい》予防《よぼう》の教科書《きょうかしょ》　姿勢《しせい》と動《うご》きのコンディショニング

2024年5月20日　第1刷発行

著　者　　土屋　真人
発行者　　吉田　芳史
印刷所　　株式会社 光邦
製本所　　株式会社 光邦
発行所　　株式会社日本文芸社
〒100-0003　東京都千代田区一ツ橋1-1-1　パレスサイドビル8F
TEL 03-5224-6460（代表）

内容に関するお問い合わせは、小社ウェブサイトお問い合わせフォームまでお願いいたします。
URL https://www.nihonbungeisha.co.jp/

Printed in Japan 112240513-112240513 Ⓝ01 (210125)
ISBN978-4-537-22207-4
編集担当　岩田裕介